조선의
걸 크러시

朝鮮

조선의
걸 크러시

임치균
강문종
임현아
이후남

GIRL

CRUSH

'남성' 말고 '여성'으로 보는 조선 시대의 문학과 역사

민음사

『조선의 걸 크러시』를 펴내며

이 책의 이야기들은 조선 시대 여성들의 특별한 삶이고 서사다. 우리의 뇌리에 깊이 박힌 조선 시대 여성들의 정체성을, 즉 요조숙녀와 현모양처라는 정체성을 거부하기도 하고 뛰어넘기도 했으며 받아들이더라도 주체적으로 선택한 여성들이다. 그녀들은 자신들의 기본 직무라고 알려진 침선방직(針線紡織, 바느질과 옷감에 관련된 일들), 봉제사(奉祭祀, 제사를 받드는 일), 접빈객(接賓客, 손님을 접대하는 일) 등에 머물지 않았다. 그래서 이 여성들을 하나로 묶을 수 있는 어휘를 찾아보았다. 많은 고민 끝에 '크러시(crush)'라는 영어 단어를 선택했다. 억압적인 세계와 충돌하고 파격적인 행동을 하기도 하며 주체적으로 자아를 실현하는 조선의 센 언니들이다. '조선의 걸 크러시'로 제목을 잡은 이유다.

이 책은 실존 인물인 여성, 역사적으로 실재했다고 알려진 여성, 길고 짧은 이야기 속에서 캐릭터로 만들어진 여성들을 모았다. 40명을 중심으로 정리했지만, 이야기의 주인공들과 관련된 비슷한 유형의 여성들도 더 등장하므로 훨씬 많은 여성의 이야기가 펼쳐진다. 허난설헌, 사임당 신씨, 황진이, 춘향 등 대중에게 비교적 잘 알려진 여성들은 제외했다. 그래도 전통 시대 여성사 전공자와 고전문학 전공자들이 보면 익숙할 정도로 꾸준히 소개되어 온 여성들이 다수 포함되어 있다. 그러나 조선 시대 여성의 실체를 드러내려면 그녀들을 세상과 대중 앞에 지속적으로 소환해야 한다는 의무감이 앞섰다.

이를 위해 고전소설을 전공하는 임치균 교수와 지도제자인 강문종 교수, 임현아 박사, 이후남 연구교수가 모였다. 조선 시대 여성 중에서 유교적 이데올로기에 포섭된 유형의 여성들보다는 주체적 내면을 갖고 있으면서도 적극적인 삶의 태도를 지닌 여성들을 주목했다. 실록과 문집 같은 역사적 기록을 포함해 한문 단편소설, 야담, 국문소설 등을 주 자료로 분석했고, 기존 연구 성과들 역시 충실히 참고했다. 강문종 교수가 참여했던 《동아일보》의 '조선의 잡史' 연재가 마무리되자 뒤이어 같은 신문에서 2018년 9월 11일부터 '조선의 걸 크러시' 연재를 시작함으로써 드디어 조선의 센 언니들을 소개할 기회를 마련했다. "치마 속 쇠도리깨를 감춘 '다모'"로 시작된 연재는 2019년 3월 26일 자 "밤에 소극적인 남편, 못 참겠다" 편을 끝으로 막을 내렸다. 그러나 신문이라는 지면의 한계로 못다 한 이야기가 너무 많았다. 이에 연재했던 27편의 원고를 보완하는 한편 이 책만을 위해 13편을 더했다.

전체 5부로 구성했는데, 1부에서는 복수를 실천한 여성들을 모았다. 부모의 복수를 위해 검객이 된 여성, 명예를 위해 위법성을 무릅쓰고 살인을 저지른 여성, 남편의 일방적 이혼 요구를 끝까지 방어해 낸 여성까지 다양하게 다루었다. 2부에서는 조선 시대의 여성 경찰 다모를 비롯해 임진왜란 때 일본군 장수를 처단한 여성, 남장하고 이괄의 난 진압에 참여했던 여성, 고전소설 속 여성 영웅, 독립운동에 몸을 던진 여성 등을 모았다. 3부에서는 남성을 능가하는 여성 시인·소설가·학자 들을 모아 보았다. 남장하고 금강산을 오르기도 하고, 바늘과 옷감을 집어 던져 버리기도 했으며, 남편과의 성리학 논쟁에서 앞서기도 했다. 여자로 태어난 것을 한탄하기도 했지만, 그녀들만의 방법으로 자아를 실현한 여성들이었다. 4부에서는 자신만의 기준과 노력으로 사랑을 찾아 나선 여성들을 모았다. 성적 자기결정권을 주체적으로 행사했던 여성, 추한 외모와 장애를 극복한 여성, 전쟁 중에 사랑과 가족을 지킨 여성, 세상의 시선을 두려워하지 않고 남자 사람 친구를 찾았던 여성 등을 집중적으로 다루었다. 마지막 5부에서는 뛰어난 기개와 재주를 지닌 여성들을 모았다. 변방 중의 변방이던 제주에서 정조의 부름을 받고 한양과 금강산을 유람했던 여성 기업인, 조선 최고의 여가수, 남편을 길들이거나 내조해 출세시킨 여성, 혼인을 거부하고 기득권을 비웃었던 여성 등이 중심이다.

이 책은 조선 시대 여성의 삶과 캐릭터에 관심 있는 독자, 요조숙녀와 현모양처로만 조선의 여성들을 기억하는 독자, 제도권 교육 현장에서 역사를 가르치는 교사, 대중문화 콘텐츠 제작 현장 종사자 모두에게 도움이 될 것이다. 전문 연구자의 습관을 완전히 버리지는 못했지만, 최대한 쉬운 어휘와 문장을 사용하려고 노력했다. 이 책이 조선 시대 여성에 대한 이해의 지평을 넓히는 계기가 되기를, 독자들이 고전 산문에 관심을 두는 계기가 되기를 기대한다.

책이 나오기까지 정말 많은 도움을 받았다. 먼저 집필을 시작할 수 있도록 연재의 장을 마련해 준 《동아일보》에 감사드린다. 그리고 비용 증가, 독자 감소, 오디오와 영상의 확대 등과 같은 엄혹한 출판 환경에서도 이 책의 출간을 결정해 준 민음사에 진심으로 감사드린다. 더불어 이 책이 나올 수 있도록 끝까지 고민하고 인내하며 고생해 준 출판 담당 이황재 편집자에게도 고마움을 전한다.

이 책이 여성들을 제대로 이해하려는 모든 남성에게 조그마한 도움이 되기를 바라고, 이 시대에도 여전히 차이가 아닌 차별에 시달리는 모든 여성에게 위로가 되기를 바란다.

2022년 12월 어느 겨울날
저자 일동

차례

일러두기

1 맞춤법과 띄어쓰기는 한글 맞춤법과 외래어 표기법을 따랐다.

2 본문에 사용된 문장 부호는 다음과 같다.

　『 』: 전집이나 총서, 단행본.

　「 」: 단행본에 수록된 개별 작품이나 논문, 기사.

　《 》: 신문, 잡지 등 정기 간행물.

3 글마다 누가 작성했는지 밝히고자 각 저자의 이름을 끝에 표시해 두었다.

4 문헌 출처는 권말에 미주로 두었다.

1부

복수자들

검녀,
조선의 여성 검객

별안간 칼을 뽑더니 몸을 움츠리며 옆구리에 끼었다. 처음에 칼을 사
방으로 휘두르자 꽃잎이 지고 얼음이 부서져 내렸다. 중간에 칼을
둥글게 모으자 눈이 녹고 번개가 번쩍였다. 마지막에는 고니와 학처
럼 훨훨 높이 날아올랐다.

— 안석경, 『삽교만록』

조선 시대 검술 고수인 한 여성의 실력이다. 얼핏 보기에도 천지의
기와 함께하는 대단한 공력의 소유자임을 알 수 있다. 정말 이런 여
성 검객이 있었을까? 의심이 들 만하지만, 이 이야기에는 실존 인물도
등장하고 있어 흥미롭다. 이 이야기는 안석경(安錫儆, 1718년~1774년)이

지은 『삽교만록(霅橋漫錄)』에 제목 없이 수록되어 있는데, 내용에 근거해 '검녀(劍女)'로 지칭된다.

검녀의 이야기는 남자 옷을 입은 한 여성이 소응천(蘇凝天, 1704년~1760년)을 찾아와 첩이 되겠다고 청하는 장면으로 시작된다.

진사 소응천은 삼남 지방에서 기이한 재주가 있는 선비로 유명하였다. 어느 날 한 여인이 와서 절을 하고는 말하였다.
"오래전부터 선비님의 명성을 들어 왔습니다. 천한 몸이지만 모시며 받들고자 하오니 허락하여 주시겠습니까?"

소응천은 여성의 정체를 의심하며 거절한다. 하지만 갈 곳이 없는 천한 몸으로 '천하의 기이한 선비'를 찾아왔다는 말을 듣고는 받아들여 여러 해 동안 함께 지낸다. 그러던 어느 달 밝은 밤, 여성이 독한 술과 좋은 안주를 차려 놓고 자신의 과거사를 고백한다. 여기서 이야기는 과거로 돌아가는 플래시백(flashback) 기법이 활용된다.

춤추듯 쌍칼을 휘둘러 원수를 갚다

그 여성은 어느 양반집 아가씨의 몸종이었다. 아가씨가 9세 되는 해에 그 양반집은 권세가에 의해 가문이 멸망하는 화를 당한다. 간신히 목숨을 건진 아가씨와 몸종은 복수를 꿈꾼다. 하지만 여성의 몸

두 여성이 양손에 칼을 들고 춤추는 모습(한국데이터산업진흥원 자료)

으로는 마음대로 돌아다닐 수도 없는 조선 사회였기에, 두 사람은 남
성으로 변장하고 검객을 찾아 길을 나선다. 그렇게 2년을 헤매다가
검객을 만나 검술을 배웠는데, 5년이 지나자 하늘을 날 수 있을 정도
가 된다.

　그러나 이들은 검술 실력 이외에는 아무것도 없는 상태다. 제대로
된 칼 한 자루조차 없다. 이들은 도회지에서 검술 묘기를 보여 주면
서 돈을 벌어 칼 네 자루를 산다. 두 사람이 네 자루를 샀으니, 이들
은 쌍칼의 고수임이 틀림없다. 마침내 두 사람은 묘기를 자랑하는 사

람인 척하며 원수의 집을 찾아간다. 원수의 집에서 거리낌 없이 받아들인 것을 보면 두 사람의 검술 묘기는 사람들 사이에서 꽤 유명했던 것 같다. 이제 오래 기다린, 인정사정없는 복수가 시작된다.

"달빛을 타고 춤을 추듯이 칼을 휘둘렀습니다. 칼날이 닿는 곳마다 머리가 떨어져 금방 수십이 되었습니다. 원수의 집 안팎식구들이 모두 붉은 피를 쏟으며 쓰러졌습니다. 모든 일이 끝난 후 우리는 춤추듯 날아서 돌아왔습니다."

무척이나 잔인한 복수다. 원수 집안 식구들이 피 흘리며 죽는 모습과 춤을 추듯 가뿐하게 날아가는 아가씨와 몸종의 모습이 대조적이다. 그리고 나서 아가씨는 목욕하고 여자 옷으로 갈아입고는, 술과 안주를 가지고 부모의 무덤을 찾아간다. 부모의 영혼 앞에서 복수했음을 알린 아가씨는 자결을 택한다. 자결 방법은 복수의 수단인 그 칼날에 자신의 몸을 던지는 것이었다.

"남자가 아니니 살아남더라도 가문을 이을 수 없고, 남장으로 8년간 천 리를 떠돌아다녔으니 비록 남에게 몸을 더럽히지는 않았지만, 이 모든 것이 어찌 처녀의 도리이겠느냐? 시집을 가려고 해도 갈 곳이 없다. 설사 갈 곳이 있다고 하더라도 내 마음에 맞는 사내를 만날 수 있겠느냐?"

아가씨가 자결을 택한 이유다. 여성이므로 집안을 이을 수 없고, 여성의 몸으로 세상을 떠돌아다닌 것도 도리에 어긋날 뿐만 아니라, 무엇보다도 자신과 필적할 만한 사내를 찾을 수 없기 때문이다. 즉 남성의 삶을 산 자신을 받아들일 가문은 없을 것이고, 있더라도 마음에 드는 사내를 만날 수 없을 것이라는 말이다. 양반 여성으로서의 고뇌와 검술 고수로서의 우월감이 동시에 드러난다. 양반인 아가씨는 조선 사회의 상황 속에서는 자신이 택할 수 있는 길이 없음을 자각한 것이다.

"너는 하인이니 처신하는 도리가 나와는 다르다. 따라 죽지 말고 나를 장사 지낸 후에 반드시 나라 안을 두루 유람하다가 기이한 선비를 택하여 첩이 되거라. 너 역시 기이한 포부와 걸출한 기상이 있으니, 평범한 남자라면 어찌 달갑게 순종하겠느냐?"

아가씨가 몸종에게 남긴 말이다. 신분 차별적인 인식과 발언 같지만, 남자를 직접 택할 수 없었던 양반 여성인 아가씨가 정말로 꿈꾸었던 삶이 아니었을까? 규범에 따라 자결을 택할 수밖에 없었던 아가씨는 스스로 마음에 맞는 남성을 택할 수 있는 몸종의 처지가 부러웠을 수도 있다. 몸종은 제 역할을 다한 아가씨의 칼 두 자루를 팔아 돈을 마련해 장례를 치른다. 그러고는 논밭을 사서 사람에게 맡겨 아가씨의 제사가 이어질 수 있게 한 다음에 이름 있는 선비를 찾아 3년을 떠돈다.

몸종이 거짓된 명성 속에 사는 선비를 비판하다

여기서 이야기는 현재로 돌아온다. 몸종은 3년을 떠돌았지만, 소응천만 한 사람이 없어서 모시기로 했다고 한다. 하지만 같이 살다 보니, 소응천은 세상의 평판과는 달리 '결코 높은 도에는 이르지 못한 인물'이라고 비판한다.

"전주와 같은 큰 도회지에 살면서 그저 적당하고 평범하게 아전들의 자제나 가르치고 의식의 충족이나 도모하며 다른 희망을 품지 않으면 세상의 화는 면할 수 있을 것입니다. 이미 나리가 기이한 선비가 아님을 알고도 죽을 때까지 우러르고 따른다면, 이는 저의 품은 뜻은 물론이고 아가씨의 명령도 저버리는 일입니다."

몸종이 소응천에게 하는 충고다. 거짓 명성 속에 살면서 잘난 선비인 척하지 말고 능력에 맞게 돈이나 벌면서 속세에서 평범하게 살아가라는 말이다. 계속 거짓 명성으로 살아간다면 이 세상에서 화를 당할 것이라는 경고도 잊지 않는다. 이는 당시의 사대부들에게 엄격한 자기반성을 요구한다. 어디 조선만의 문제이겠는가? 실상에 맞지 않는 명성을 가지고 뻔뻔하게 잘난 척 살아가는 요즈음의 많은 사람도 자유롭지 못하다. 이런 사람을 따르는 무리가 있다면 몸종처럼 행동해야 할 것이다.

마지막으로 몸종은 자신의 엄청난 검술을 소응천에게 보여 준다.

몸종은 소응천에게 평소 주량 이상의 술을 권한다.

"칼바람이 매우 매서운데 나리께서는 정신이 강하지 못하니 앞으로 술의 힘에 의지해 버티셔야 합니다. 그러니 만취하지 않으시면 안 됩니다."

술에 취하지 않고서는, 소응천의 정신 상태로는 자신의 검술을 감당할 수 없다는 말이다. 몸종이 못난 소응천의 실상을 제대로 파악하고 있음을 보여 준다. 결국 하늘과 땅을 오가는 몸종의 뛰어난 검술을 본 소응천은 덜덜 떨다가 자빠져 정신을 차리지 못한다. 몸종의 담대한 모습과 기이하다고 알려진 소응천의 우스꽝스러운 모습을 마지막까지 대비해 보여 줌으로써 선비들에 관한 외부의 평가가 얼마나 부정확한 것인지 분명히 한다.

'검녀'는 몸종이 새벽에 어딘지 모를 곳으로 떠나는 것으로 결말을 짓는다. 아니다 싶으니 미련 없이 버린 것이다. 작품 마지막 부분에서 저자 안석경은 말한다.

몸종도 보통 사람에게는 가볍게 몸을 맡기지 않았다. 허니 선비들이여! 제대로 된 사람을 택하여 따라야 한다.

안석경은 몸종의 행위를 선비들에게 주는 교훈으로 활용한다. 그렇지만 안석경의 의도와 달리 '검녀'에서 주목되는 부분은 조선 여성의 주체적 삶의 모습이다. '검녀'는 일단 여성들의 검술이 흥미롭다. 집안의 멸망과 남장, 복수라는 것들 또한 여성이 중심이 되어 이루어진다. 무엇보다도 끝내 죽음으로 조선의 규범에 항거한 양반 아가씨와 자신의 판단으로 삶을 살아간 몸종의 캐릭터가 예사롭지 않다.

(임치균)

윤혜빙,
예의 없는 남편을 거부하다

현수문이 윤혜빙과 동침한 이후로는 정이 두터워져 과격한 행동을 하지 않았다. 그러나 윤혜빙은 현수문을 절대 받아들이지 않았다. 오히려 독하고 냉정한 태도가 날로 더해 갔다. 본래 성미가 급한 현수문은 이 때문에 날마다 윤혜빙과 다투었고, 죄 없는 윤혜빙의 유모를 때리곤 하였다. 그래도 화가 가라앉지 않으면 윤혜빙에게 모욕을 주면서 방에 있는 가구와 물건들을 마구 집어 던졌다. 그러나 윤혜빙은 맞아 죽는 한이 있어도 결코 현수문을 받아들일 마음이 없었다.[1]

—「현씨양웅쌍린기」

여기 격렬하게 부부 싸움을 하는 남녀가 있다. 바로 고전소설 「현씨양웅쌍린기(玄氏兩雄雙麟記)」 속 현수문(玄壽文)과 윤혜빙이다. 현수문은 윤혜빙에게 남편의 위엄을 보이려고 일부러 윤혜빙의 유모를 때리고, 급기야는 윤혜빙에게 물건을 던지기까지 한다. 그럴 때마다 윤혜빙은 돌부처처럼 앉아 꿀 먹은 벙어리마냥 아무런 반응을 하지 않는다. 이에 현수문의 화는 머리끝까지 돋는다.

한 나라의 관리이자 현씨 집안의 장남인 현수문이 이렇듯 폭력적인 성향을 보이는 데는 그만한 이유가 있을 것이다. 또한 전통 시대의 혼인한 여성이라면 남편을 잘 따르며 내조하는 것이 옳다고 여겨지기 마련인데, 윤혜빙이 이토록 어긋난 행동을 하는 이유도 궁금해진다. 대체 어떤 사연이 있어서일까?

사실 현수문이 윤혜빙에게 원하는 것은 딱 한 가지였다. 다른 집 아내들처럼 고분고분하게 순종하는 것이다. 그러나 윤혜빙은 그러기 싫었다. 차라리 맞아 죽을지언정 현수문에게 절대 굴복하고 싶지 않았다. 이는 윤혜빙이 아내가 지녀야 하는 부덕(婦德)을 배우지 못해서도 아니고, 타고난 심성이 악해서도 아니다. 윤혜빙 나름의 타당한 이유가 있어서다.

강제적인 첫날밤이 상처로 남다

본래 윤혜빙은 명문가에서 귀한 외동딸로 태어났다. 그런데 다섯

조선의 걸 크러시

살 때 밖에 잠깐 나갔다가 길을 잃어버리는 바람에 집으로 돌아가지 못하게 되었다. 그래서 우연히 만난 설씨 할머니의 조카딸이 되어 살았다. 설씨 할머니는 장씨 집안에서 유모로 일하는 낮은 신분이었으므로 윤혜빙도 할머니의 허드렛일을 도우며 자랐다. 그리고 어느덧 아리따운 처녀로 성장한 윤혜빙은 항상 자신의 친부모를 찾고 싶어 했다. 그러나 성이 윤씨이며 부잣집 딸이었다는 것밖에는 기억나는 것이 없었다. 그래서 하루하루를 남몰래 애태우며 지냈다.

그러던 어느 날 현수문이 외가인 장씨 집안에 왔다가, 우연히 윤혜빙을 보고 첫눈에 반한다. 현수문은 윤혜빙이 설씨 할머니의 조카이므로 아주 천한 신분으로만 생각했다. 그래서 자기 친척인 장씨 형제들과 짜고 윤혜빙을 다짜고짜 겁탈했다. 오늘날로 치면 중대한 성범죄에 해당하겠지만, 이 시대에 높은 신분의 남자가 낮은 신분의 여자를 겁탈하는 것은 그리 큰 죄가 되지 않았다. 현수문이 이런 행동을 당당하게 저지른 것도 이런 이유에서다.

이때 현수문에게는 이미 아내가 있었다. 그래서 신분이 낮은 윤혜빙을 나중에 첩으로 들이겠다는 생각을 품고 혼자 들뜬다. 그러나 처음 보는 남자에게 강간당한 윤혜빙의 생각은 전혀 달랐다. 윤혜빙은 양반가의 딸답게 기품 있고 강직한 성품을 지녔다. 또한 남녀 사이의 예의를 매우 중시했다. 그런데 현수문이 자신의 본래 신분을 제대로 알아보지도 않고, 아무런 절차 없이 동침할 수 있는 비천한 여자로 대한 것이 수치스러웠다. 그래서 이때부터 현수문에 대한 원한이 가슴에 박히기 시작한다.

현수문이 돌아가고 새벽이 되자, 윤혜빙은 치욕스러움을 못 이겨 자결을 결심한다. 그래서 연못에 몸을 던지는데, 현수문의 동생인 현경문이 침을 놓아 목숨을 건진다. 그러나 윤혜빙은 현경문이 오히려 원망스러웠다. 죽는 것조차 마음대로 할 수 없는 현실이 절망스럽게만 느껴졌기 때문이다.

결국 이 사건은 현씨 집안과 장씨 집안에 다 알려지게 되고, 양쪽 집안에서 수소문한 끝에 윤혜빙은 극적으로 친부모를 찾는다. 그리고 양반인 윤기화의 딸이라는 본래 신분을 되찾는다. 이제 더는 함부로 대할 수 있는 미천한 신분의 여자가 아닌 것이다.

윤혜빙이 상층 신분이라는 것을 알게 된 현씨 집안에서는 윤씨 집안에 정식으로 혼인을 요청한다. 이왕에 현수문과 윤혜빙이 동침했으니, 정식 부부로 맺어 주고자 해서다. 그러나 마음의 큰 상처를 입은 윤혜빙은 현수문과 혼인하기를 극구 거부한다. 그 결심이 너무 굳어 윤혜빙의 가족들도 그녀를 설득하지 못한다.

윤혜빙이 자신을 거부한다는 것에 자존심이 상한 현수문은 우격다짐으로 윤혜빙의 고집을 꺾으려고 한다. 교묘한 꾀를 내어 윤혜빙을 또 한 번 강간하는 폭력적인 방식으로 말이다. 그러자 윤혜빙은 다시 목을 매 자결을 시도하고, 이번에는 가족들이 구출해 목숨을 구한다.

현수문은 첫날밤 강간 사건은 윤혜빙의 신분을 모르고 저지른 일이고, 남자라면 당연히 그럴 수 있다고 자기 합리화를 했다. 또한 이미 인연을 맺었으니 지난 일은 잊어버리기를 원했다. 윤혜빙에게 첫날밤의 트라우마가 강하게 남아 있다는 사실은 전혀 신경 쓰지 않은 것이다.

세 번에 걸쳐 남편을 골탕 먹이다

현수문에게 두 번에 걸쳐 모욕당한 윤혜빙은 이제 현수문에게 복수하기로 결심한다. 주변에 감시하는 사람이 너무 많아 자결할 수 없게 되자, 그 길은 포기하고 다른 방법을 찾은 것이다. 윤혜빙은 자기 몰래 현씨 및 윤씨 양가의 부모가 합의해 혼례 날짜를 잡자, 고분고분 따르는 척 혼례식을 올린다. 그러고는 그날 밤 '귀신 모습을 한 여자'라고 해서 귀형녀(鬼形女)로 불리는 몰골이 흉측한 여자를 데려다가 신부인 것처럼 꾸민다. 그리고 자기 대신 신방에 들여보낸다.

원래 이 여자는 빌어먹는 거지인데, 매우 해괴망측한 얼굴을 타고났다. 낯은 얽어 기왓장처럼 길고 푸르렀으며, 기다란 두 눈썹 위에는 큰 혹과 붉은 사마귀가 엉겨 있었다. 두 눈은 왕방울같이 튀어나왔는데 겨우 사람을 알아볼 정도로 검은 동자가 작았다. 코는 추켜올라 갔으며, 입은 비뚤어져 좌우 양쪽으로 송곳니가 튀어나와 있었다. 말소리는 수컷 오리가 꽥꽥대는 소리 같았고, 한쪽 다리를 절었다. 몸은 뚱뚱하였고 등이 굽었는데, 전염병을 앓아 몸과 얼굴에 흰 부스럼이 가득하였다.

이날 밤 현수문이 취해 정신이 어지러워 추악한 귀형녀와 동침하니, 윤혜빙이 통쾌하게 복수한 셈이었다. 새벽에 현수문이 술이 깨어 신부를 자세히 보니, 꿈에도 보지 못하던 천하에 다시없을 귀신 얼굴이지 윤혜빙이 아니었다.

귀형녀는 윤혜빙의 곱고 아름다운 얼굴과는 정반대의 얼굴을 가진 여자다. 그런데 술에 크게 취해 어두컴컴한 신방에 들어간 현수문은 귀형녀가 윤혜빙인 줄 알고 동침한다. 그리고 다음날 귀형녀의 모습에 식겁하고, 자신이 윤혜빙에게 속은 것에 몹시 분노한다. 윤혜빙이 아주 통쾌하게 복수한 것이다.

윤혜빙의 복수는 여기서 그치지 않았다. 윤혜빙은 귀형녀를 신방에 들여보내고 곧바로 이모에게 가서 몸을 숨겼다. 그리고 이모 일행을 따라 이모의 본가인 화주로 간다. 이때 현수문이 알아채고 윤혜빙의 가마를 막아 문을 여는데, 그 안에는 못생긴 할머니가 있었다. 윤혜빙이 미리 알고 가마를 바꾸어 조치한 것이다.

마지막으로 윤혜빙은 현수문을 또 한 번 속인다. 윤혜빙이 화주에 있는 것을 안 현수문이 사람을 보내어 억지로 오게 하자, 짚으로 자신의 형상을 만들어 가마에 태워 보낸다. 이 사실을 모르는 현수문은 가마에서 끌어낸 허수아비를 윤혜빙으로 알고 일장 연설을 하다가 웃음거리가 된다.

이후로도 윤혜빙은 남장하고 절에 머물며 계속해서 현수문에게 가지 않았다. 그러다 결국은 신분을 들켜 현수문의 집으로 들어오지

가마를 다고 이동하는 신부(국립민속박물관 소장)

만, 여전히 현수문을 용서하지 않았다. 맨 앞의 글에서 보았던 것처럼 부부 싸움을 하기 일쑤였다. 결국 시아버지인 현택지가 윤혜빙에게 여자로서 지켜야 하는 도리를 이야기하자, 비로소 윤혜빙은 순종적인 아내로 살아간다.

현수문은 윤혜빙을 처음 만났을 때부터 줄곧 그녀를 모욕했고, 그에 대해 단 한 번도 정식으로 사과하지 않았다. 그렇기에 윤혜빙은 진심으로 현수문의 아내가 되기 싫었다. 그러나 사회 법도로 보았을 때 이미 한 번 관계를 맺은 현수문의 여자가 될 수밖에 없었다. 조선 시대에 여성에게 요구된 규율을 벗어던질 수는 없었던 것이다. 그래서 여러 차례 남편을 골탕 먹이는 것으로 분풀이했다.

세 번에 걸친 윤혜빙의 속임으로 인해 현수문은 주변 사람들에게 온갖 놀림과 비웃음을 받았다. 여자 하나를 제압하지 못하고 농락당하는 못난 사내가 되었기 때문이다. 이는 윤혜빙이 개인적 원한을 푼 것이기도 했지만, 현수문에게 부부로서 예의를 지키라고 요구한 것이기도 하다. 두 사람이 잘 살았다는 결말이 윤혜빙의 메시지가 통해서인지는 알 수 없지만 말이다. (이후남)

조선의 걸 크러시

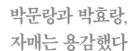

박문랑과 박효랑,
자매는 용감했다

사건 처리를 위하여 파견된 안핵사가 성산 태수와 함께 나란히 앉아 관을 열었다. 의상은 이미 썩어 검게 되었지만, 냄새는 그다지 심하지 않았고 신체의 모습도 전혀 변하지 않았다. 그러나 피 묻은 상처는 또렷해서 실로 다섯 군데의 흔적이 분명했다.

— 안석경, 『삽교집』

죽은 사람의 무덤을 파헤쳐 살인 여부를 조사하는 장면이다. 장소는 성산(星山), 곧 지금의 경상북도 성주이고, 무덤의 주인공은 박수하(朴壽河)의 첫째 딸 박문랑(朴文娘)이다. 박문랑이 죽어서도 고이 묻히지 못한 이유는 무엇일까? 그 자세한 내용은 안석경의 『삽교집(雪橋

集)』에 실려 있는 「박효랑전(朴孝娘傳)」을 통해 알 수 있다.

사건의 발단은 1709년, 대구에 사는 박경여(朴慶餘, 1651년~1715년)가 박수하의 선영에 조부를 몰래 장사 지내면서 시작된다. 박수하는 어려서 아버지를 여의어 집안이 여유롭지 못했다. 하지만 그와 달리 박경여는 사육신 중 한 사람인 박팽년(朴彭年, 1417년~1456년)의 후손으로 재물과 권세가 넉넉했다. 이러한 배경의 차이에서 우리는 남의 선영에 멋대로 묘를 쓴 박경여가 쉽게 처벌되지 않았으리라는 것을 예상할 수 있다.

박수하는 잘못을 고쳐 달라며 관아에 소송을 제기한다. 이른바 묏자리와 관련된 송사 사건인 산송(山訟)을 제기한 것이다. 하지만 패소하고 만다. 박수하는 곧바로 상경해 다시 소송했으나, 관아에서는 그 어떤 결정도 내리지 않고 해를 넘기며 시간만 끌 뿐이다. 그사이에 박경여는 나무를 베고 비석을 세우며 박수하의 선산을 훼손한다. 박수하도 가만히 있지 않고 그 일에 동원된 하인들을 매질하며 막는다. 박경여가 이 일을 경상도 관찰사 이의현(李宜顯, 1669년~1745년)에게 알린다. 박수하는 이의현과 박경여가 혼인으로 맺어진 인척 관계라는 사실을 거론한다. 아무래도 잘 봐주지 않겠냐는 것이다. 이 소식을 들은 이의현은 크게 노해 말을 타고 바로 성산까지 와서 박수하에게 혹독한 매질을 가한 후 그를 옥에 가둔다. 박수하는 결국 이레 만에 죽고 말았다.

박수하가 진술서에서 이의현이 인척인 박경여를 두둔한다며 배척하

조선의 걸 크러시

였다. 박경여가 이의현의 아저씨뻘인 이세최(李世最)의 자형이기는 하지만, 남인인 윤휴와 허목을 따르는 사람이었기에 노론인 이의현이 두둔할 수 있는 상황은 아니었다. 박수하가 이를 빙자해 말한 것은 이의현을 협박하여 송사를 다스리지 못하게 하려 함이었다. 이의현이 법에 따라 박수하를 매로 때려 가며 한 차례 심문하였는데, 그만 죽어 버렸다.

— 『숙종실록』 40년(1714) 6월 9일

윤휴(尹鑴, 1617년~1680년)와 허목(許穆, 1595년~1682년)은 남인에 속하고, 이의현은 노론에 속한다. 당색이 달라 박경여를 도와줄 리 없었던 이의현이 법에 따라 심문하다 보니 박수하가 우연히 죽었다는 논리다. 「박효랑전」과는 달리 다분히 노론의 핵심 인물인 이의현을 옹호하는 시각이다. 어쩌면 권력이 역사적 진실을 감출 수도 있었던 것은 아닐까?

두 딸이 아버지의 복수에 나서다

당시 박수하의 아내는 임신 중이었다. 박수하는 죽기 전에 복중 태아의 이름을 '추의(追意)'라고 짓고는 차고 있던 패도를 큰딸 문랑에게 전해 준다. 그리고 피 묻은 옷을 병구완하던 사람에게 주며, 훗날 자기 원수를 갚을 후손에게 보여 주라는 말을 남기고 숨을 거둔다.

이 소식을 들은 박문랑은 정신을 잃었다가 깨어나서는 통곡한다. 그리고 큰 도끼를 들고 곧장 박경여의 조부 무덤으로 갔다. 열 손가락에 피가 나도록 무덤을 파헤친 후, 물을 붓고 불을 지르며 쇠꼬챙이와 몽둥이로 내려쳐 관을 부숴 버린다. 남의 조상 묘를 파헤쳐 훼손하는 행위는, 지금도 그렇지만 조선 시대라면 더욱더 엄벌을 받아 마땅한 죄다. 하지만 통쾌하게 원수를 갚는 행동으로 인식되기도 했는데, 묘를 파헤쳐 시체에 매질을 가한다는 뜻의 굴묘편시(堀墓鞭屍)라는 말이 있을 정도다. 이는 중국의 오자서(伍子胥, ?~기원전 484년)가 초나라를 정벌한 후, 아버지와 형을 죽인 초 평왕(楚平王, ?~기원전 516년)의 무덤을 파헤쳐 그 시신에 300번 채찍질했다는 것에서 유래한 고사다.

박문랑이 이렇게 난리를 쳤지만, 상황은 조금도 달라지지 않는다. 칠팔일 후, 충주에 있던 박경여가 칼과 창을 든 수백 명을 이끌고 와 조부의 무덤을 둘러본다. 박문랑은 아버지의 원수가 가까이 왔다며 칼을 들고 말에 올라 한가운데로 달려들어 갔다가 여러 사람의 칼에 맞아 죽는다. 남종 동달과 여종 시양 또한 싸우다가 죽는다.

문랑이 죽게 된 목 밑의 칼날 흔적은『무원록(無寃錄)』(중국 원나라의 왕여(王與)가 지은 법의학서)에서 스스로 목을 찌른, 즉 자문(自刎)에 대하여 조목조목 설명한 글에 부합한다. 이에 여러 논의가 점차 문랑이 자결한 것으로 모아졌다.

─『숙종실록』 40년(1714) 6월 9일

생각해 보면 굳세고 결단성 있는 성품으로 원통하고 절박한 심정을 참지 못한 박문랑은 스스로 목을 찔러 자결한 것입니다. …… 사람들은 대부분 박문랑이 자결하였다는 것을 알고 있습니다. 그런데 영남 선비들의 의견이 강하여 혹여 박문랑이 자결했다고 말하는 사람이 있으면 그녀의 효를 가린다고 해서 공공연하게 미워하며 시끄럽게 떠듭니다. 이 때문에 전후의 조사관들이 혹 의심이 가더라도 감히 자결이라 하지 못하였으므로 옥사가 지금까지도 결말이 나지 않은 것입니다.

— 『승정원일기』 영조 2년(1726) 12월 20일

앞의 글은 『숙종실록』의 기록이다. 뒤의 글은 『승정원일기(承政院日記)』의 기록으로, 당시에 안핵사(按覈史)의 직책으로 사건을 조사한 홍치중(洪致中, 1667년~1732년)이 영조(英祖, 1694년~1776년)에게 보고한 말이다. 두 기록 모두 공식적으로 박문랑의 죽음을 자결로 결론 내린다. 하지만 "자결이라 하지 못하였으므로 옥사가 지금까지도 결말이 나지 않았다."라는 서술에 주목하면, 박문랑이 자결했다는 설에 반대하는 여론도 만만치 않았던 듯하다.

그러자 증랑(曾娘)으로도 불리는 박수하의 둘째 딸 박효랑(朴孝娘)이 나선다. 박효랑은 서울로 올라가 격쟁(擊錚)한다. 격쟁은 임금이 행차할 때 길거리에서 징이나 꽹과리를 쳐서 호소하는 제도다. 서울에 머무는 동안 박효랑은 억울함이 풀릴 때까지 언니 박문랑의 시신을 절대로 땅에 묻지 말라고 가족에게 편지를 보낸다. 이 때문에 박문랑

행차 중인 사또의 길을 막고 송사를 제기하는 백성(한국데이터산업진흥원 자료)

의 장례는 오랫동안 치러지지 않는다.

마침내 안핵사가 내려와 두 박씨 가문의 범죄 기록을 살핀다. 박경여는 박문랑이 스스로 자기 목을 찔렀다고 주장하는데, 서류에도 한 번 찌른 흔적이 있을 뿐이라고 기록되어 있었다. 박효랑의 여종인 설례가 거짓이라며, 안핵사에게 관을 열어 시신을 살펴 달라고 요청한다. 결국 안핵사는 박문랑의 몸에 난 상처 다섯 군데를 확인하고 그 사실을 바로 보고한다.

「박효랑전」은 박문랑이 살해당한 것으로 결론짓는다. 게다가 박수하를 죽게 한 이의현에 관해서는 "늙어 외아들을 잃었는데, 그 아들에게도 자식이 없어 끝내 홀로 슬피 울다가 울음을 삼키고 죽었다." 라는 서술까지 덧붙여 인과응보의 사고관을 보여 준다.

「박효랑전」에서는 박경여가 끝내 처벌받지 않았다고 서술한다. 하지만 숙종 41년인 1715년 3월 5일 자 『승정원일기』에는 살인 사건의 근본 원인이 남의 땅에 묘를 쓴 데 있다며 박경여에게 곤장 80대를 치되 벌 대신 내는 돈인 속전(贖錢)으로 갈음한다는 판결이 실려 있다. 살인죄를 염두에 둔 「박효랑전」의 저자는 속전 정도는 벌도 아니라고 여겨 벌을 받지 않았다고 한 듯하다.

과연 진실은 무엇일까? 자결일까? 아니면 죽임을 당한 걸까? 논란이 심했던 만큼 당시에도 많은 의심이 제기되었던 듯하다. 이 의심은 어떻게든 풀어야만 할 과제다. 이제 문학이 그 영역을 담당할 차례다. 조선에서는 이 사건을 여러 장르 속에 담아냈다. 「박효랑전」을 제외하고도 실기류(實記類)인 「이효랑선후기사(二孝娘先後記事)」, 이광정(李光庭,

1674년~1756년)이 1719년에 지은 서사 한시 「석유소불위행(昔有蘇不韋行)」, 한글 고전소설 「박효랑전」 등에서 이 사건을 다룬다. 관심이 대단했음을 알 수 있다.

왕마저도 인정한 의로운 복수

영조 2년인 1726년에 나라에서는 박문랑에게 정려(旌閭)를 내려 준다. 칼을 끼고 말을 달려 많은 사람 가운데로 뛰어드는 늠름한 모습은 『삼강행실도(三綱行實圖)』에 실어도 조금도 손색이 없다며 영조가 박문랑을 칭찬할 정도다. 논란은 있었지만, 나라에서도 박문랑의 행동을 의롭다고 인정한 것이다.

국가 입장에서는 살인자는 죽여야 하는 죄인이 되고, 자식 입장에서는 살인자는 세상에서 함께 살아갈 수 없는 원수가 된다. 만일 국가의 법이 실행되어 '살인자는 죽인다는 죄목'으로 그 살인자를 죽인다면, 자식은 함께 살아갈 수 없는 원수에게 복수한 것이 된다. 그 자식의 의리가 퍼져서 함께 살아갈 수 없는 원수를 죽인다면, 살인자는 죽인다는 국가의 법도 실행된 것이다.

— 양득중, 「복수의」

덕촌(德村) 양득중(梁得中, 1665년~1742년)이 「복수의(復讐議)」에서 박

문랑 사건을 거론하며 한 말이다. 자식이 원수인 살인자를 죽이는 것은 나라의 법을 대신 집행하는 것이라는 논리를 펴고 있다. 부모를 위해서라면 사적 복수도 용납할 수 있다는 효 의식이 무시무시하다. 다만 이때가 유교 이념을 강조하던 조선 시대였다는 사실만은 참작할 필요가 있다. (임치균)

신태영과 한 여자,
이혼을 둘러싼 사랑과 전쟁

저는 …… 20세에 혼인하였습니다. 남편은 25세였습니다. 남자가 25세가 되었다면 남녀의 성관계에 익숙하고 잘 알 것입니다. 이 남자와 함께 밤을 맞이한 지 이제 6년에서 7년이 되었습니다. 그런데 저는 단 한 번도 이 남자와 성관계의 즐거움을 느끼지 못하였습니다.[2]

— 「박명첩원정소지」

아아, 이 남자 정말……!

조선 시대에 간절히 이혼하고 싶었던 여자와 끝까지 이혼을 거부한 여자의 이야기다. 가끔 전통 시대를 배경으로 한 영화나 드라마에서 한 여성이 남편 혹은 시댁 식구들에 의해 조그만 보따리와 함께 대문 밖으로 내처지는 장면을 종종 보게 된다. 그럴 때마다 여성은 무기력하게 현실을 수용하고 친정 부모들은 오히려 딸을 나무라기도 한다. 조선은 유교적 이데올로기와 가부장제가 여성들을 억압하던 사회였다. 여성을 둘러싼 모든 환경은, 심지어 여성 자신들도 그 억압을 자연스럽게 받아들이고 억압이 억압인지를 스스로 인식하지 않았다. 사실은 인식하고 싶지 않았을지도 모른다.

이혼 앞에서 여성들은 자기 권리를 주장할 수 없었다. 이는 조선 시대 여성들이 처한 사회적 위치를 잘 보여 준다. 그런데 이러한 현실에 정면으로 도전한 여성들이 있었다. 이들은 우리가 아는 조선 시대 이혼 과정과 그에 관한 인식을 보기 좋게 무너뜨린다.

혹 미모가 부족하여 소박을 맞기도 하고 정이 떨어져 소박을 맞기도 합니다. 그런데 저는 미모가 부족하여 그런 것이 아니고 정이 떨어져서 그런 것도 아니었습니다.

남편과의 불화로 관에 이혼을 신청한 글의 앞부분 내용이다. 외모가 부족하지도 않고 사랑하는 정이 없었던 것도 아닌데 이 여자는 왜 소박을 맞았을까? 그리고 무엇이 이혼을 신청하게 할 만큼 그녀를 억울하게 했을까? 그것은 놀랍게도 남편의 성관계 거부였다. 그녀는 20세에 금성(錦城, 전라남도 나주 지역)에 사는 25세의 남성과 혼인했는데, 7년 동안 성관계에서 만족을 거의 느낄 수 없었다. 남편이 성관계를 거부한 이유는 자세하게 드러나지 않는다. 성적 취향이 달랐을 수도 있다. 확실한 것은 그녀가 성적 욕망을 윤리적 혹은 도덕적 이유로 억누르지 않았다는 것이다. 심지어 성에 대한 자기 결정권을 매우 적극적으로 행사했다.

청춘의 마음으로 성적 욕망을 이기지 못하여 밤마다 옷을 풀어헤치고 남편을 잠자리로 데려가 온몸을 어루만지며 성관계를 강하게 요구하였으나 그 남자는 들은 척도 하지 않았습니다. 긴 밤을 헛되이 보내고는 고달픈 아침을 기다립니다. 표정을 밝게 하고 말과 웃음을 꾸며 내어 지난밤의 서운한 마음을 물리치려 하다 보니 남편을 보아도 보이지 않습니다.

그녀는 이러한 밤을 7년 동안 반복했고 아침이 되면 부부 사이가 마치 원수가 된 듯하다고 표현했다. 속된 말로 속궁합이 맞지 않았던 그녀는 우울해지기 시작했다. 입었던 옷이 헐거워질 만큼 살이 빠지고, 눈썹 화장과 아름다운 머리 장식이 무슨 소용이 있느냐며 통곡하다가 결국 자결을 결심하기에 이른다. 자결을 결심했던 그녀 옆에는 다행히도 그녀의 상황을 이해하고 적극적으로 대응하기를 바라는 고모가 있었다. 결국 그녀는 고모의 권유를 받아들여 이혼 신청서를 작성했다.

이런 삶은 차라리 죽느니만 못합니다!

우리는 이토록 성적 욕망에 진솔하고 성관계에 대한 자기 결정권을 적극적으로 행사하는 조선 시대 여성의 모습을 단 한 번도 배우지 못했고 만나지도 못했다. 여자들이 성을 밝히는 경우는 신분에 상관없이 질투심이 강한 여자로, 또는 음탕하고 부도덕한 성매매 여성으로 이미지화되었다. 그리고 그녀들은 예외 없이 모두 나쁜 여자들로 취급받았다. 그러나 남편의 성관계 거부로 우울감에 빠졌던 그녀는 악녀가 아니었다. 그저 당돌한 여성이었을 따름이다.

남편의 외모를 보면 얼굴, 몸, 수염이 보통의 남자들과 다르지 않습니다. 그러나 성관계에 이르면 스님과 마찬가지입니다. 성기는 서 있는 나무처럼 모양을 갖추었지만, 크기만 할 뿐 힘이 없어 사나운 호랑이가 주저하듯 하여서 벌이나 벌레가 쏘는 것만도 못합니다. 장군이 무예를 쓰지 못한다면 함곡관이 저절로 열리는 것은 만무하다는 이치입니다.

그녀의 남편은 성불구가 아니다. 외모도 성적 기능도 보통 남자와 다를 바 없었다. 그런데 성관계에 직면해서는 유독 소극적이다. 물론 성관계에 대한 남편의 소극성이 근원적인 거세 공포에 기인한 것일 수도 있으나, 기록상으로는 알 길이 없다. 다만 조선 시대에는 발기된 남성의 성기를 주장군(朱將軍)이라고 하고, 여성의 성기를 관부인(灌夫

人)이라고 부르기도 했다. 그리고 남녀의 성관계를 전쟁에 비유하기
도 했다. 따라서 '장군'이라는 용어가 발기된 남성의 성기를 나타내고
'함곡관(函谷關)'(오늘날의 중국 허난성에 있었던 관문)이 여성의 성기를 의미
하는 것만은 틀림없다.

이처럼 그녀는 성관계뿐만 아니라 남편과의 관계에서 발생하는 안
타깝고도 서운한 속마음을 매우 직설적으로 표현했다. 그녀는 전생
과 현생, 내생의 인연이 모여서 부부가 되는 것임을 강조하고서 곧바
로 전생과 내생은 믿을 것이 못 되고 지금 살아가면서 느끼는 행복이
중요하다고 강조했다. 아름다운 옷도 맛있는 음식도 필요 없으며 단
지 부부의 아름다운 정이 간절했던 그녀는 자기 삶을 가련하다고 표
현하면서 툭 던진 한마디가 바로 "이런 삶은 죽느니만 못합니다."였다.
단순한 성적 욕망의 화신이나 음탕한 생각으로 치부하기에는 너무도
간절하고 진솔한 내용이었다.

신태영, 참으로 억울했겠네!

남편에게 성적 자기 결정권이 받아들여지지 않자 이혼 신청서를
제출했던 앞의 여성과는 달리 끝까지 이혼을 거부한 사대부 여성이
있었는데, 이름은 신태영(申泰英)이었다. 유정기(兪正基, 1645년~1712년)는
첫 번째 아내와 사별한 후 신태영을 만나 1677년에 재혼하고 12년 동
안 다섯 명의 자녀를 낳아 행복하게 살고 있었다. 그런데 갑자기 남편

에게 첩이 생겼다. 애정의 중심축이 바뀌는 순간이었다. 유정기는 아내를 심하게 구박했을 뿐만 아니라, 아내가 난폭하고 사당에서 행패를 부렸다는 이유로 내쫓는다. 신태영은 남편 전처 자식의 집에 의탁했지만, 계속되는 남편의 구박에 그 집에서조차 나올 수밖에 없었다. 이에 남편은 아내가 정절을 잃었다며 별거한 지 15년이 지난 1704년에 이혼 신청서를 제출했다. 조정에서는 수많은 관리가 이 사건을 두고 찬반양론을 펼쳤다. 신태영을 비판한 내용 중에 가장 심한 것은 바로 남편과 집안의 과오를 들추어냈다는 지적이었다. 심지어 이러한 지적은 남편을 구타한 것보다 더욱 엄중한 죄를 물어야 한다는 남성들의 청원이 빗발쳤다.

신태영에게 씌워진 누명은 질투심이 강하다는 것과 행실이 난폭하고 사당에서 난동을 부렸다는 것이 주를 이루었다. 신태영이 집을 나갈 때 혼자서 나간 행위는 곧 정절을 잃은 것으로 간주되기도 했다. 그런데 15년 동안 다섯 명의 자녀를 낳고 행복하게 살다 갑자기 첩을 들였다면, 불만과 서운함이 없을 수 있겠는가? 이 반응이 질투라면 할 말이 없다. 남편에게 따지고 화내고 서운한 마음에 남편의 몸을 때렸다. 이런 반응을 난동을 부렸다며 폭행으로 간주하면 더 말해 무엇하겠는가? 게다가 집을 나갈 때 혼자였다고 해서 절개를 잃었다고 주장했지만, 여종들이 함께 나갔다는 사실이 밝혀지면서 이 혐의도 벗었다. 이 모든 일은 결국 신태영이 남자가 아니라 여자여서 발생한 것이었다. 이러한 일련의 사건이 『숙종실록』과 『승정원일기』, 개인 문집에까지 자세히 기록되었다. 신태영은 정말 억울했을 것이다.

이혼, 누구 좋으라고……!

많은 신하가 격렬한 논의를 벌인 끝에 예조(禮曹)에서는 유정기의 이혼 신청을 기각했다. 유정기는 집안사람 50명의 서명을 받고 다시 이혼 신청서를 제출했지만 역시 기각되었다. 결국 유정기는 숙종(肅宗, 1661년~1720년)에게 이혼시켜 달라고 직접 청원했고, 이에 의금부에서 신태영을 옥에 가두고 조사했지만, 그녀는 당당하게 논리적으로 무죄를 증명했다. 이 과정에서 유정기는 관리를 매수했다는 사실이 드러나 7개월간 구속되었다가 보석으로 석방되었지만, 신태영은 논리적 반박으로 남편과 가문을 모욕했다고 해서 유배되었다. 정말 어처구니없는 일이었다.

> 그러나 만약 부부의 도리를 논한다면 설령 남편에게 핍박받았다고 하더라도 문밖으로 한 걸음이라도 나가는 것은 옳지 못한 일이다. 그런데 자신을 집안에 묶어 두지 않고서 욕된 누를 스스로 취했으니 전혀 죄가 없다고 말할 수 없습니다.
>
> —『숙종실록』 30년(1704) 11월 14일

신태영이 상대했던 대상은 남편 한 사람이 아니었다. 당시의 유교적 이데올로기와 가부장제의 시선을 따라가는 남성 사회가 집단으로 신태영에게 억압적 폭력을 가한 것이다. 이러한 남성 중심 사회에서는 아내가 남편에게 핍박받더라도 집을 나가서는 절대 안 된다는 인식이

절개를 지키고자 코를 자르는 여성(국립민속박물관 소장)

확고했다. 대부분 남성에게 지지받았던 유정기는 끝까지 신태영과 이혼하는 것을 포기하지 않았다. 신태영 역시 부당한 이혼 요구에 끝까지 저항했다. 결국 유정기는 다시 숙종에게 이혼을 위한 청원서를 직접 제출했으나, 이 일을 처리하는 과정에서 68세로 사망했고, 예조는 유정기가 죽은 후에도 그의 이혼 신청을 끝내 받아들이지 않았다.[3]

무려 9년간에 걸친 이혼 소송이었다. 당대의 수많은 윤리적·사회적 논란이 있었지만, 결국은 신태영이 이겼다. 유정기는 죽어서도 이혼에 실패했고, 아내 신태영은 가부장의 횡포 앞에서 당당하게 자신을 지켰다. 우리는 지금 상반된 주장을 했던 조선 시대의 두 여성을 만나고 있다. 「박명첩원정소지(薄命妾原情所志)」에 등장하는 여성은 부

부 사이에 성적 자기 결정권을 주체적으로 행사하는 당당함을 보여
주었고, 신태영은 남성 사회가 집단적으로 요구했던 이혼 신청을 혈
혈단신으로 거부하며 자신을 지켰다. 과연 이 두 여성의 모습이 우리
가 교육을 통해 배웠던 조선 여성들의 모습일까? 조선 시대 여성을
대표했던 현모양처(賢母良妻) 캐릭터의 진실과 실상은 무엇이었을까?

(강문종)

조선의 길 크러시

은애,
나는 음탕한 여자가 아니다

은애가 칼을 비껴들고 앞으로 나아가 눈썹과 눈을 치켜뜨고 따졌다.
"어제의 모함은 평소보다 심했다. 내가 마음먹은 대로 할 것이니, 너
는 이 칼을 받아라."
노파는 가냘프고 약한 은애가 어떤 일도 할 수 없을 것으로 생각하
여 대꾸했다.
"찌를 테면 찔러 봐라."

— 이덕무, 「은애전」

이덕무(李德懋, 1741년~1793년)가 지은 「은애전(銀愛傳)」의 한 장면으
로, 정조 13년인 1789년에 전라도 강진현에서 발생한 살인이 시작되

는 부분이다. 이후 김은애(金銀愛)라는 양갓집 여성은 노파의 어깨와 겨드랑이, 팔다리, 갈비, 젖가슴 등 모두 열여덟 군데를 찔러 살해한다. 그런데 대부분 상처가 왼쪽에 있다. 은애가 넘어진 할머니를 올라타서 오른손으로 내려 찌르다 보니 생긴 결과다. 아주 잔인하고 끔찍하다. 그런데 은애는 왜 이런 몹쓸 짓을 저질렀을까? 이 사건에 관해 정조(正祖, 1752년~1800년)도 깊은 관심을 보이며 사건의 전모를 기록하라고 명한다. 이에 이덕무가 지어 바친 것이 「은애전」이다.

모함을 당해 음탕한 여자로 소문나다

은애가 죽인 노파의 성은 안이다. 두 사람 모두 탑동리(塔洞里)에 산다. 안 노파는 기생 출신이었는데, 성질이 험악하고 변덕스러웠으며 생각 없는 말도 많이 하는 사람이다. 온몸에는 옴이 퍼져 있었는데, 가려워도 마음대로 긁을 수 없으면 더욱 심술을 부린다. 이렇게 보면 안 노파는 정말 못된 사람이다. 이덕무는 정성스럽게 안 노파의 나쁜 점을 적시한다. 마치 살인의 원인이 안 노파의 문제 있는 성품에 있다고 미리 암시하는 것처럼.

안 노파는 종종 은애 어머니에게 쌀, 콩, 소금, 메주 등을 꾸러 왔다. 간혹 빌려주지 않으면 화를 내며 해칠 마음을 먹곤 한다. 그것이 은애를 향한 것이다.

"은애 같은 여자를 아내로 얻으면 어떻겠느냐?"

"은애는 아름답고 고우니 무척 행복하겠지요."

"네가 이미 은애와 사사로이 사랑하고 있었다고 말만 내면, 내가 너를 위하여 성사되도록 하겠다."

안 노파가 자기 시누이의 손자인 최정련(崔正漣)과 나눈 대화다. 참으로 무서운 흉계다. 당시의 관점으로 보면 얌전히 있는 처녀를 몰래 남자나 만나고 다니는 여자로 만들어 버리겠다는 말이다. 물론 안 노파는 최정련에게 일이 성사되면 옴을 치료할 수 있는 약값을 달라고 요구한다. 최정련으로서는 은애가 예쁜 데다가 집안도 훌륭하니 마다할 이유가 없었다. 최정련이 약속하자 안 노파는 본격적으로 계획을 실행한다. 그러고는 "최정련을 좋아한 은애가 니에게 중매를 서 달라고 했다. 내가 다리를 놓아 우리 집에서 은애와 최정련이 몰래 만나려고 했다. 그 순간 최정련의 할머니에게 발각되어 은애가 담을 기어 넘어 도망쳤다."라며 거짓으로 소문을 낸다. 안 노파가 은애를 정절을 지키지 않는 음탕한 여자로 만든 것이다. 조선 시대에 이런 낙인은 사형 선고와 다름없다. 실제로 이 소문은 온 마을에 퍼져 은애는 시집을 갈 수 없게 된다. 이러한 서술을 통해 이덕무는 안 노파가 은애를 사회적으로 매장하는 악행을 저질렀다는 사실을 강조한다.

다행히 같은 마을 사람 김양준(金養俊)이 모든 것이 거짓임을 알고 은애와 혼인한다. 하지만 그 이후에도 무고하는 말은 더욱 심하게 퍼져 나간다.

"애초에 정련이 중매를 해 주면 내 약값을 갚아 주겠다고 약속하였는데, 은애가 홀연히 배반하고 다른 남편에게로 시집을 가 버렸다. 이에 정련이 약속대로 하지 않는 바람에 내 병이 이때부터 더 심해졌다. 은애는 참으로 나의 원수다."

마을 사람들은 안 노파의 이야기가 거짓인 줄 알면서도 그 어떤 대꾸도 하지 않는다. 어설프게 나섰다가는 안 노파에게 괜한 봉변을 당할 수도 있어서다. 안 노파의 악행은 그 후 2년 동안이나 계속된다.

원수를 죽여 결백을 주장하다

은애도 더는 참을 수가 없어 반드시 안 노파를 죽여 원통함을 풀겠다고 결심한다. 그러던 어느 날, 저녁 7시에서 9시 사이에 은애는 부엌칼을 들고 안 노파가 혼자 잠자는 침실로 쳐들어간다. 안 노파는 당당하게 굴었지만, 이미 죽이기로 마음먹은 은애는 망설임 없이 칼을 휘두른다.

은애가 몸을 기울여 목 왼쪽을 찔렀다. 그런데 노파가 오히려 죽지 않고 살아서 급히 칼을 쥔 은애의 팔목을 잡았다. 은애가 재빨리 뿌리치고는 다시 목 오른쪽을 찔렀다.

양쪽 목을 찌른 것은 절대 살려 두지 않겠다는 의지의 표출이다. 안 노파가 입었던 흰 적삼과 푸른 치마는 색깔을 분별할 수 없을 정도로 빨갛게 피로 물든다. 안 노파를 죽인 은애는 피 묻은 칼을 들고 곧바로 최정련의 집으로 향한다. 남은 분을 풀기 위해서다. 그러나 은애의 어머니가 울며 말리는 바람에 그냥 집으로 돌아온다. 그때 은애의 나이는 불과 18세다.

마을에서 사무를 보는 이정(里正)이 놀라서 관가로 달려가 신고하자, 현감 박재순(朴載淳, 1737년~?)이 은애를 결박한 채 형구를 펼쳐 놓고 심문한다. 주위의 모든 사람이 그 모습을 두려워했지만, 은애는 전혀 겁을 먹지 않고 의연하게 "노파를 죽였으니 벌은 달게 받겠으나, 무고를 받는 동안 관가에서 해 준 것이 없으니 그 대신에 최정련을 때려주여 달라."라고 말한다. 심문은 관찰사, 추관(推官)으로 이어지며 아홉 차례나 계속되었지만, 은애는 한결같이 대답한다. 관리들은 은애의 행위를 장하다고 여기면서도 법에 따라 사형될 죄인으로 조정에 보고한다. 그리고 최정련은 어린 나이에 안 노파에게 잘못 이끌렸다고 해서 죄를 묻지 않기로 한다. 은애의 사건을 보고받은 정조는 다음과 같이 판결한다.

"정숙한 여자가 음란하다는 무고를 당한 것은 세상에서 지극히 원통한 일이다. 은애의 정렬(貞烈)로 한 번 죽는 것 정도는 도리어 쉬웠을 것이다. 그러나 한갓 죽기만 하면 진실을 아는 이가 없을 것이 두려워 칼을 쥐고 원수를 죽임으로써 마을 사람들에게 자신은 하자가

여성의 죄를 다스리는 모습(국립민속박물관 소장)

없고 저 노파는 죽어야 한다는 것을 분명히 알게 한 것이다. …… 은애를 용서하지 않는다면 어떻게 풍속을 교화할 수 있겠는가? 특별히 사형을 면한다.”

채제공(蔡濟恭, 1720년~1799년)이 살인죄를 용서할 수는 없다고 반대했으나, 정조는 개의치 않는다. 게다가 정조는 은애의 사적을 호남 지

조선의 걸 크러시

역의 모든 사람이 알 수 있게 하라고 명하기까지 한다. 정조는 은애의 행위를 하나의 살인 사건보다는 풍속과 관련된 고귀한 것으로 판단했음을 알 수 있다. 은애가 혼인한 후에도 안 노파가 추가로 거짓말을 퍼뜨리지 않았다면 살인은 일어나지 않았을 것이다. 은애는 거짓소문에 단호하게 대처한 것뿐이다. 자신의 억울함을 살인으로 해결하는 것이 온당하냐고 반문할 수도 있다. 그렇지만 이리하지 않았다면 지금까지도 은애는 음란한 여자로 남았을 가능성이 크다. 사람들은 은애의 정렬(貞烈)보다는 음탕함에 더 흥미를 느끼며 소문을 확산시켰을 것이기 때문이다.

은애의 억울함은 풀렸을까?

실제로 정약용(丁若鏞, 1762년~1836년)은 『흠흠신서(欽欽新書)』에서 1801년에 자기가 강진에 유배되었을 때 마을 사람들에게 들었던 은애의 사건에 관한 이야기를 다루는데 그 내용이 놀랍다. 그들은 시집가기 전부터 최정련과 몰래 정을 통했던 은애가 자신을 돕다가 이익이 적어지자 소문을 퍼뜨린 안 노파를 살해한 것으로 알고 있다는 것이다.[4] 기록된 사실과는 전혀 다르다. 은애가 억울하다며 사람까지 죽였지만, 당시에도 이처럼 소문은 진실을 따지지 않고 퍼졌던 것이다. 이에 정약용은 일갈한다.

간음에 관련된 다툼에서는 한번 지목되면 여러 사람이 따라서 사실로 여기게 된다. "도둑의 누명은 끝내 벗을 수 있으나 간음에 대한 모함은 씻기 어렵다."라고 한 속담은 바로 이를 일컫은 것이다. 만일 실제 음란한 행실이 있었다면 움츠러드는 것이 당연한 이치니, 이처럼 통쾌하게 죽이지는 못했을 것이다.

— 정약용, 『흠흠신서』

은애가 스스로 떳떳했기에 살인까지 할 수 있었다고 강조하지만, 은애는 평생 주위의 곱지 않은 시선에 시달리며 살아가지 않았을까? 자신의 결백을 가장 극단적으로 증명했음에도 피할 수 없었을 것이다.

인터넷이 발달하면서 이른바 가짜 뉴스와 악성 댓글이 판치고 있다. 성적으로 피해를 본 사람에게 무책임한 짓을 하는 것도 서슴지 않고 있다. 어쩌면 우리는 사실보다는 흥미를 앞세우며, 익명성 뒤에 숨어 매일매일 또 다른 억울한 은애를 만들어 내고 있는지도 모른다.

(임치균)

조선의 걸 크러시

길녀,
도적의 손에 죽느니 내가 도적을 죽이리라

"도적의 손에 부질없이 죽느니 차라리 내 손으로 도적놈을 죽여서
죽어도 원수를 갚아야지. 그러자면 억지로라도 밥을 먹어서 기운을
차려야 할 일이다."[5]

— 신돈복, 『학산한언』

　길녀(吉女)는 평안도 영변 고을의 여자로 일찍 부모를 여의고 삼촌
의 집에 의탁해 있었다. 게다가 읍내 향청(鄕廳)의 서녀(庶女)여서 나이
스물이 되었으나 시집을 가지 못하고 길쌈과 바느질로 생계를 이어
가고 있었다. 서녀에다가 일찍 부모를 여의고 나이가 차도록 시집을
못 갔으니 어쩐지 이 여성에게서 '짠내'가 풍기는 듯하다. 이는 조선

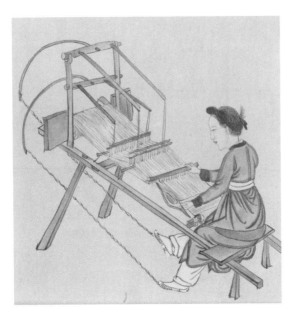
베를 짜는 모습(국립 기메 동양 박물관 소장)

후기의 사회적 현상인 듯한데, 정조의 명으로 지어진 「김신부부전(金申夫婦傳)」이나 희곡 「동상기(東廂記)」 등에서도 나타나듯이 임금이 직접 나서서 혼인을 주도할 정도로 당시의 혼인은 국가의 중대한 일이었음을 능히 짐작할 수 있다. 물론 이들이 혼기를 놓친 가장 큰 이유는 바로 넉넉지 않은 살림이었다. 이처럼 예나 지금이나 가난으로 혼인을 못 하는 사정은 비슷하니, 더욱이 가난한 노처녀의 어려움을 짐작할 수 있다.

사실 길녀는 그저 평범한 여성이 아니었다. 우아한 품행과 아름다운 외모뿐만 아니라 최고의 베 짜기 기술을 소유하고 있었다. 객관적 조건이 절대 부족하지 않은 길녀에게 꽃길을 걷게 해 줄 남자가 운명의 상대라면 좋으련만, 운명의 남자는 경기도 인천에 사는 신명희(申命熙)라는 사람이었다. 신명희는 마흔이 넘은 나이에 사별한 아내를 대신해 집안일을 맡아 줄 여성을 찾는 그저 평범한 사람이었다. 그는 두 번의 꿈을 통해 길녀를 미리 보았는데, 한 노인으로부터 입이 열한 개 달린 여자와 혼인해 해로할 것이라는 말을 들었다. 첫 번째 꿈에서 본 여아는 대여섯 살쯤 되었으나 두 번째 꿈에서 보았을 때는 이미 장성해 있었다. 꿈에 보았던 11구(十一口)가 길할 길(吉) 자라는 것을 알게 된 신명희는 하늘이 점지한 운명에 감동한다. 길녀로 인해 꽃길을 걸을 사람은 바로 신명희였던 것이다.

혼인한 지 몇 달 후 신명희는 길녀를 데려가겠다는 말만 남겨 놓고 혼자 고향으로 돌아가 버렸다. 3년이 넘도록 남편이 나타나지 않자 주변 사람들은 신명희를 믿지 못할 사람이라며 길녀를 다른 사람에게 넘기려고 생각한다. 혼인했으나 길녀를 지켜 줄 남편이 떠난 후 소식이 없자 길녀의 당숙은 신명희가 자기 조카딸을 버렸다고 확신했다. 그리고 돌아올 희망이 없는 사람을 기다리는 것보다는 젊고 이름난 무인을 택하는 것이 더 나은 선택이라고 회유한다. 게다가 서녀라는 위치는 다른 사람의 소실로 보내기에 적당했으니, 길녀에게 닥칠 상황은 강제 혼인뿐이었다. 물론 길녀가 당숙의 말을 순순히 따라 줄 리 만무했다. 당숙은 계교를 써 길녀를 자기 집으로 부른 다음에 말을 듣지 않는 길녀를 가둔 후 고을 원님의 첩으로 보내려고 한다.

당숙의 집에 갇힌 길녀는 처음에는 울부짖고 욕설을 퍼부으며 음식을 거부했으나 곧 생각을 고쳐먹었다. 오히려 힘을 내서 어떻게든 자신이 처한 상황을 바꾸고자 한 것이다. 자신을 다른 사람의 첩으로 보내려는 당숙에게 길녀는 서녀로서 지켜야 할 도리도 아랑곳하지 않고 분노한다. 방에 갇힌 길녀가 할 수 있는 일은 없었고, 기력만 점점 쇠했다. 그러나 길녀는 자신의 처지를 인정하고 순응하는 대신에 오히려 싸워 보자고 마음을 먹는다. 자신의 의지를 꺾는 외부의 압력에 맞서기로 한 것이다. 길녀는 음식을 먹고 기운을 차린 후 혼인하는 날이 되었을 때 숨겨 놓은 칼을 휘두르기 시작한다. 그 누구도 길녀의 맹렬한 기세를 막을 수 없었다. 길녀는 자신이 다치는 것에도 아랑곳하지 않고 미친 사람처럼 문짝을 걷어차고 온몸을 써 가며 앞을 막는 사람들을 모두 벤 끝에 자신을 탐내던 원님을 찾는다.

길녀, 사나운 말로 원님을 꾸짖다

"나라의 두터운 은혜를 입어 고을을 맡아 다스리면 응당 백성을 사랑하고 임금께 힘써 보답해야 하거늘, 도리어 백성에게 잔학하고 여색을 탐한 나머지 흉악한 읍민과 결탁하여 양반의 소실을 겁탈하려 하다니, 개돼지도 하지 않는 짓이요, 천지에 용납 못 할 일이라. 나는 어차피 네 손아귀에 죽을 목숨이다. 너는 꼭 죽여야 할 놈이니 내 너를 죽이고 함께 죽겠다!"

조선의 걸 크러시

길녀의 이러한 외침은 자신이 원님에게 맞서는 행동이 절대 용납되지 않으리라는 것을 이미 각오한 자의 처절한 항변이었다. 길녀는 더는 당숙 집안의 사람들을 믿을 수 없었으며, 자신을 이러한 지경에 놓이게 한 원님 또한 가만둘 수 없었다. 길녀에게 당숙과 원님은 모두 '흉악한 놈'들이었고, 그들의 손에 자신의 생을 맡길 수 없다는 것이 길녀의 생각이었다. 길녀의 통렬한 외침에 사람들은 눈물을 흘리고 탄복해 마지않았다.

원님, 길녀에게 자신의 죄를 빌다

"부인의 정절이 이처럼 곧고 저자가 이런 흉악한 놈인 줄 잘 몰랐소. 이 흉악한 놈을 죽여서 사죄하겠으니, 부인은 제발 용서해 주오."

결국 길녀의 기개에 눌린 원님이 길녀에게 잘못을 빌고 오히려 길녀의 당숙에게 모든 잘못이 있다고 변명한 후 서둘러 관아로 돌아간다. 이후 길녀는 그녀의 편이 되어 준 이웃과 평양 감사의 도움으로 위기에서 벗어나 신명희와 재회했다. 길녀는 마침내 빈곤을 해결했으며 주변 사람들은 그녀를 더욱 훌륭한 여자라고 칭찬했다.
사람들이 길녀를 칭찬하며 훌륭한 여자라고 생각한 것은 그녀가 신명희를 위해 정절을 지켰기 때문만은 아니었다. 베를 짜던 손에 칼을 쥐고 맹렬히 휘두르며 날뛸 때 길녀 자신은 어떤 생각을 했을까?

조선 시대에 부모를 여읜 서녀라는 신분은 그리 대우받지 못한 삶이었을 것이다. 더욱이 자신과 혼인을 약속한 신명희가 고향으로 돌아간 후 몇 년간 연락이 없었던 것은 길녀의 삶을 더욱 비참하게 했을 것이다. 그렇기에 길녀가 휘두른 칼은 자신의 인생을 멋대로 쥐락펴락하려던 타인에 대한 경고라고 볼 수 있다. 사실 신명희가 길녀를 하늘이 정해 준 짝이라고 감동해 혼인을 정한 것과 달리, 그 후에 보여 준 태도는 원님과 크게 다를 바 없다. 물론 신명희가 자신의 인연이 길녀인 것에 감사해 부부간의 의리와 정을 돈독히 두었지만, 길녀의 아름다운 용모와 재주가 당시 조선 사회가 칭송해 마지않을 정도로 뛰어났기 때문에 그녀를 더욱 마음에 들어 한 것도 사실이다.

자신의 정절이 꺾일 위기에 놓였을 때 죽음을 택해야 하는 것은 조선 시대 여성들이라면 누구나 당연하게 여길 법한 일이다. 또한 죽음을 택한 여성에게는 정절을 지켰다고 칭송함으로써 다른 선택의 여지가 없음을 깨닫게 만든다. 길녀는 자신의 인생을 다른 사람이 바꾸어 놓는 것이 인생을 도적질당하는 것이라고 생각했다. 또한 자기 잘못이 아닌 타인의 선택으로 순순히 죽음을 택하는 것을 원하지 않았다. 그렇기에 길녀는 자신의 인생을 마음대로 바꾸려던 세상을 향해 무기를 들고 맞서 자기 삶을 적극적으로 지켜 낸 것이다.

결국 길녀가 신명희와 재회해 복을 누리는 삶을 산 것은 절개를 지켜 냈기 때문일 것이다. 그러나 다시 한번 생각해 봐야 할 것은 이 모든 것을 길녀가 스스로 지켜 냈다는 것이다. 단순히 절개를 지키기 위해서라면 당숙과 원님에게 맞서기보다 죽음을 택할 수도 있었을 것이다. 그러나 길녀는 자신이 맞서 싸우는 정당한 이유를 외침으로써 자신이 이후 죽게 되더라도 자기 행동이 그만한 가치가 있었음을 증명해 내었고, 여기서 우리는 조선 시대 여성들의 의지가 얼마나 강했는지 짐작할 수 있다. (임현아)

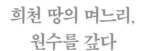

희천 땅의 며느리,
원수를 갚다

시아버지가 죽은 지 만 두 돌이 되는 제삿날에 마침 읍내에 큰 장이
섰다. 며느리는 몸을 떨쳐 몰래 나아가 저잣거리에서 원수를 칼로 찔
러 죽였다. 그러고는 원수의 배를 갈라 간을 뽑아낸 후 돌아와 시아
버지 제사상에 올렸다.

— 조수삼, 『추재기이』

　지금의 평안북도 희천(熙川)에서 평범하게 농사를 지으며 살았던
이름 모를 아낙의 살벌한 복수극이다. 서울에서 멀리 떨어진 곳에 사
는, 낮은 신분의 아낙이 저지른 살인이기에 관심을 끌지 못할 수도 있
었다. 하지만 당대의 뛰어난 문인인 조수삼(趙秀三, 1762년~1849년)이

　　　　　조선의 걸 크러시

『추재기이(秋齋紀異)』에 「보수식부(報讎媳婦)」, 즉 '원수를 갚은 며느리'라는 제목으로 간략하게나마 수록해 두었던 덕에 사건의 전말을 알 수 있게 되었다.

2년을 기다리며 치밀하게 복수를 준비하다

아낙의 삶은 고단하다. 시집온 지 5년 만에 남편을 여의고, 슬하에는 남편이 죽은 후 태어난 두 살 난 아들이 있을 뿐이다. 혼인하고도 약 서너 해 동안 자식이 없었던 셈이니, 아들을 낳지 못하면 미움을 받던 조선 사회에서 마음고생도 적지 않았을 것이다. 그래도 아낙은 열악한 환경 속에서 시아버지를 모시고 열심히 산다. 그런데 유일한 버팀목이었던 시아버지가 이웃 사람에게 칼로 살해당하고 만다.

사람이 죽었으니 마땅히 관아에 알려야 했지만, 아낙은 그렇게 하지 않는다. 왜 그랬는지는 아무도 모른다. 지금도 그렇지만, 법이 만인 앞에 평등하다고 느끼는 사람은 거의 없을 것이다. 그러니 신분이 낮고 힘없는 아낙은 관아가 자기편이 아닐 수도 있다고 판단했던 듯하다. 혹은 관아에서 이런저런 이유를 들어 살인자에게 적당히 벌을 내린다면 억울함은 영영 풀 수 없을 것이라는 생각이 앞섰을 수도 있다. 이른바 상식에 맞지 않는 판결을 애초에 거부한 것인지도 모른다. 술을 먹고 운전해 사람을 치어 죽였는데도 '음주 상태에서의 행위'라는 것이 정상참작되는 경우를 생각해 보면 충분히 이해할 수 있을 것이다. 그렇다고 해도 신고하지 않아 사건 기록이 남지 않은 바람에, 아낙의 시아버지가 죽은 이유를 알 수 없는 것은 아쉽다.

아낙은 조용히 시아버지의 시신을 거두어 장례를 치른다. 그렇게만 2년이 지났는데, 그동안 아낙은 시아버지의 죽음에 관해 한마디도하지 않는다. 누가 보더라도 어떤 원한이나 원망을 가슴속에 담은 것같지 않았다. 살인자 또한 그렇게 생각하고 '아비' 없는 자식을 둔 과부'가 자기를 두려워한 나머지 모르는 척하고 잠자코 있는 것으로 판단해 마음을 놓는다. 하지만 그것은 착각이었으니, 아낙은 아무도 눈치채지 못하는 사이에 치밀하게 복수를 준비한다.

며느리는 매일 밤 몰래 칼날을 서릿발같이 날카롭게 갈았다. 그러고는 자세를 잡고 칼을 휘두르며 찌르는 훈련을 단 하루도 쉬지 않고 하였다.

드러내지 않아 더 무서운 법! 아낙은 살인은 오직 살인으로 갚을 수 있다고 마음먹은 것으로 보인다. 살림밖에 몰랐던 아낙은 자신이 칼을 능수능란하게 쓸 수 있게 될 때까지 연습하며 기회를 노린 것이다. 2년이라는 시간이 꼬박 필요했던 이유다. 그러고는 마침내 시아버지가 죽은 지 만 두 돌이 되는 제삿날에 그 칼을 이용해 살인자를 죽인다. 원수의 배를 갈라 간을 잘라 내어 시아버지 제사상에 올리는 것으로 복수를 완성한다. 상당히 괴기하고 엽기적이며 잔인하지만, 당시 사람들에게는 당연한 일로 받아들여졌던 모양이다. 비록 허구이지만, 조선 시대 고전소설에서도 주인공이 부모님의 원수를 잔혹하게 죽이고 시신을 훼손하는 경우를 종종 발견할 수 있다.

> 수레 모는 소를 채찍질하여 원수 정한담의 사지를 찢어 놓자, 장안의 모든 백성이 벌떼같이 달려들어 토막 난 시신을 올려놓고 간도 끄집어내어 씹기도 하고, 살도 잘라 먹어 보며 유충렬의 높은 덕을 칭송하였다.[6]
>
> ―「유충렬전」

조선 시대에 가장 통속적인 작품 가운데 하나라고 할 수 있는 「유충렬전(劉忠烈傳)」의 내용이다. 소설이기에 다소 과장된 표현이라고 할 수는 있겠으나, 주인공의 복수를 주위 사람들이 함께한다는 점이 흥미롭다. '눈에는 눈, 이에는 이'보다 더 심하다고 할 수 있는 이러한 행위가 받아들여졌다는 것은 당시 사람들이 법보다는 '공동선에 의한 악의 처벌'을 상당히 긍정적인 시선으로 바라보며 공감했다는 의미다. 어쨌든 원수의 간으로 시아버지의 제사를 마친 아낙은 이웃 사람을 불러 사실을 알리고 관아로 가서 자수한다. 이제 아낙은 정상이 참작되더라도 살인에 따른 벌을 받을 수밖에 없다.

사적 복수, 어떻게 볼 것인가?

조선 시대의 법에서 규정한 살인에는, 사전에 살해 계획을 세워 사람을 죽인 모살(謀殺), 고의로 죽인 고살(故殺), 싸우다가 죽인 투살(鬪殺), 장난으로 시작했다가 싸움이 되어 죽인 희살(戲殺), 다른 사람을 잘못 죽인 오살(誤殺), 의도하지 않았는데 사람이 죽은 과실살(過失殺), 위력을 써서 사람을 죽게 한 위핍치사(威逼致死) 등이 있다.[7] 이렇게 보면 희천 땅 아낙의 살인은 모살이다. 이 경우 주동자는 참수형에, 도움을 준 자는 교수형에 처하게 되어 있다. 문제는 아낙의 살인이 피살된 시아버지의 복수를 위한 것이었다는 점이다.

> 조부모나 부모가 피살되었는데, 흉포한 살인을 한 자를 그 자손이 마음대로 죽이면 곤장 60대에 처한다. 그 즉시 죽인 경우, 죄를 논하지 않는다.
>
> ―『대명률직해』

마음대로 죽인다는 말은 바로 공권력에 의지하지 않고 개인이 복수를 내세워 멋대로 원수를 살해하는 것을 가리킨다. 조선에서는 모살이라고 해도, 복수로 인한 살인은 정상참작을 해서 처형하지는 않았음을 알 수 있다. 그렇다고 해도 즉시 행동에 옮기지 않고, 2년이나 계획을 세워 실행한 아낙은 이 법에 따라 최소 곤장 60대를 맞아야만 한다. 그러나 조선 관아의 판단은 달랐다. 아낙을 효성스러운 며느

참수형 장면을 묘사한 그림(국립민속박물관 소장)

리요, 의롭고 열을 지킨 여성으로 판결하고는 용서해 준다. 조선을 지배한 '효' 이념은 살인을 저지른 중죄인마저도 용서하고, 나아가 높이 평가하는 결과까지 낳았다. 물론 이것은 자칫 살인을 정당화하는 수단이 될 수도 있다. 당시 이에 대한 우려의 목소리가 없었던 것도 아니다.

생각해 보니 근래에 복수 사건에서는 본 사건에 관해서는 캐묻지 아니하고 오직 열과 절만을 인정하여 대개는 불문에 부치고 있다. 이는 큰 폐단이다. 심지어 피살 경위가 분명하지 아니함에도 사사로이 원수로 지목하여 공공연히 복수하는 자도 있으니 어찌 작은 걱정거리이겠는가?

— 정약용, 『흠흠신서』

복수를 위한 살인의 폐단이 심각할 수 있음을 경고하는 말이다. 열과 절이라는 유교 이념만 잣대로 할 경우, 그것을 핑계로 이루어지는 사사로운 살인이 더 벌어질 수 있다는 비판이다. 법은 늘 악용하는 사람이 있다는 사실을 고려할 때, 사건의 본질을 조사해 판단해야 한다는 정약용의 지적은 타당하다.

하지만 희천 땅의 아낙은 법을 이용할 마음은 애초부터 하지 않았다. 아니, 그런 생각조차 할 수 없는 사람이었다. 무식하고 힘없는 여성으로서 오직 억울하게 죽은 시아버지의 복수만을 가슴에 새기고 행동한 것이다. 현대의 우리는 그 복수가 살인이라는 결과로 이어진 것을 이해하기 어려울 수도 있다. 시대의 상황과 조건이 다르기 때문이다. 희천 땅의 아낙은 자신이 처한 환경에서 최선의 방식을 선택한 것이다. 비록 그로 인해 자신이 처형당할 수도 있었지만 머뭇거리지 않았다.

그래서인지 조수삼은 글의 마지막 부분에서 아낙을 칭송하며 다음과 같이 노래했다.

조선의 걸 크러시

삼 년 동안 밤마다 칼을 갈며
가을 매가 재빠르게 끈을 벗어나 사냥하는 듯한 자세를 취했네
원수의 머리를 자르고 간을 씹어 시아버지 원수를 갚고는
스스로 마을 사람에게 알리고 관아에 자수했네

    오늘날 사적 복수는 범죄다. 그래서 더욱 중요한 것이 사법 정의다. 믿을 만한 사법 기관이 존재한다면 누가 원수를 갚겠다고 살인하겠는가? 예전에 어떤 범죄자가 힘 있고 돈 있는 사람은 법 앞에서도 특혜를 받는다며 외친 말이 더는 공감을 받는 일이 없어야 할 것이다.
(임치균)

2부

영웅의 기상

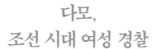

다모,
조선 시대 여성 경찰

아! 이익을 탐하는 폐단이 끝내 예의염치를 돌아보지 않고 인륜을
저버리는 데까지 이르렀으니 참으로 경계하지 않을 수 있겠느냐?

— 송지양, 『낭산문고』

송지양(宋持養, 1782년~1860년)의 『낭산문고(郎山文稿)』에 실린 「다모
전(茶母傳)」의 마지막 구절이다. 송지양은 이익을 위해서라면 예의와
염치도 모두 버리는 세상의 풍조에 따끔한 경고를 한다. 바로 다모와
관련된 어느 사건 때문이다.

다모라는 단어가 익숙하게 느껴질 수도 있다. 예전에 인기를 끌며
방영된 「다모」라는 드라마 덕택일 것이다. 실제 역사 속 다모는 노비

신분으로, 관가에서 잔심부름을 하거나 연회에서 기생 역할을 하며 흥을 돋우는 존재다. 한마디로 온갖 허드렛일을 도맡아 하는 하층 여성이라고 할 수 있다.

식당이 열릴 때면 늘 성균관의 서리가 북쪽 대청 아래에 서서 빨리 음식을 내라고 재촉하고, 우두머리 노비가 분주히 점검한다. 밥을 하는 사모(食母), 반찬 만드는 채다모(菜茶母), 국을 맡아 하는 탕다모(湯茶母), 해물을 담당하는 어전(魚廛) 등이 각기 많은 종류의 음식을 맡아 했다. 이 때문에 매우 분주하고 떠들썩하다.

— 윤기, 『무명자집』

윤기(尹愭, 1741년~1826년)의 문집인 『무명자집(無名子集)』에 실린 「반중잡영(泮中雜詠)」 가운데 나오는 글이다. 조선 시대 최고 교육기관인 성균관의 식사 시간 모습인데, 다양한 다모가 등장한다.

그런데 포도청에 소속된 다모는 여성 경찰 역할도 했다. 『숙종실록』과 『정조실록』에는 포도청에 다모간(茶母間)이 있었다는 기록이 있다. 일곱 살만 되어도 남자와 여자가 함께 있을 수 없다고 외치던 조선 시대였던 만큼 여성 범죄자를 다루려면 다모가 꼭 필요했을 것이다. 실제로 오시수(吳始壽, 1632년~1681년)의 『수촌문집(水村文集)』에서 다모가 여성을 담당하는 기록을 찾아볼 수 있다. 그 기록에 따르면 1679년에 영의정 허적(許積, 1610년~1680년)의 서자(庶子)인 허견(許堅, ?~1680년)이 서억만(徐億萬)의 아내 이차옥(李次玉)을 납치해 겁탈한 사건이 있었는데, 포도청에서 다모 분이(粉伊)에게 이차옥의 진술을 듣게 한 사실을 확인할 수 있다. 양반집 아녀자를 남성 관리가 직접 대면해 심문할 수가 없었기 때문이다.

그렇다면 여성 경찰 역할을 맡게 된 다모의 신체적 조건은 어떠했을까? 아쉽게도 천민이었던 다모에 관한 기록이 거의 없어 실상을 알기가 쉽지 않다. 다만 전언에 따르면 다모는 키가 5척이 넘어야 하고, 막걸리 세 사발을 단숨에 마셔야 하며, 쌀 다섯 말을 번쩍 들 수 있어야 한다. 다모는 치마 속에 2척 정도 되는 쇠도리깨와 오랏줄을 차고 있었는데, 죄가 의심되면 언제든지 도리깨로 문을 부수고 오라로 죄인의 몸을 묶어 올 수 있었다고도 한다.[1] 남다른 신체 조건과 체력, 담력 등이 요구되었던 것은 분명하다.

다모가 증거를 인멸하다

「다모전」은 한성부에 속한 다모 김조이[金召史]의 활약을 다룬다. 소사(召史)는 조이라고 읽는 이두식 표현인데, 평민층 이하의 과부를 점잖게 이르는 말이다. 이 글은 1832년을 배경으로 한다. 당시 조선에는 가뭄이 심했는데, 이에 순조(純祖, 1790년~1834년)는 금주령을 내리고, 위반하면 죄의 경중에 따라 벌을 주겠다며 관리들에게 엄격하게 단속하라고 명한다. 관리들은 어떻게든 성과를 내어야만 하다 보니 불법으로 술을 빚는 사람을 색출하기 위한 온갖 편법이 횡행한다.

술을 파는 주막의 모습(한국데이터산업진흥원 자료)

관리가 이를 고의로 숨겨 술 빚은 이를 붙잡지 않으면 그 관리에게
죄를 묻는데 절대 용서해 주지 않았다. 이에 관리들은 급히 잡아들
이지 못하여 그 벌이 자신에게 미칠 것을 근심하여 백성들에게 몰래

조선의 걸 크러시

고발하게 하였다. 그리고 고발한 사람에게는 벌금의 10분의 2를 나눠 주겠다고 하였다.

벌금의 20퍼센트를 나누어 주겠다고 했으니 당연히 은밀한 고발이 급증했고, 그로 인해 관리들은 밀주를 만드는 사람을 귀신같이 적발해 낼 수 있게 된다. 돈 때문에 서로서로 감시하게 된 것이다. 범법 행위는 막을 수 있었는지 모르지만, 보호하고 믿어 주며 정으로 함께 살았던 이웃사촌의 인간관계는 위기를 맞을 수밖에 없다.

이때 다모는 밀주를 담근다고 의심되는 양반집을 수색하라는 명령에 따라 출동한다. 다모가 막 담근 술이 담긴 항아리를 집 안에서 발견하자, 그 집 노파는 놀라 그만 기절하고 만다. 노파가 정신을 차리자, 다모는 양반의 신분으로 나라에서 금하는 술을 담근 이유를 추궁한다.

"우리 집 늙은 영감은 평소 고질병을 앓고 있었소. 그런데 술을 마시지 못하고부터 먹어도 삼키지를 못하여 병이 더욱 심해졌소. 가을부터 겨울이 지나도록 음식을 끊은 것이 꽤 여러 날이 되었기에, 영감의 병을 구완하려고 어제 쌀 몇 되를 빌려다가 두려움을 무릅쓰고 부득이 밀주를 빚는 죄를 범한 것이오."

노파는 남편의 병을 고치기 위해 밀주를 담갔다며 인정에 호소한다. 하지만 섣불리 죄를 감추어 주었다가 발각된다면, 다모도 가볍지 않은 벌을 받을 것이다. 그런데도 다모 김조이는 조금도 고민하지 않고 인정을 택한다. 법보다는 사람이 우선이라고 생각한 다모는 술을 아궁이 속 재에 쏟아부어 버린다. 증거를 인멸한 것이다. 그러고는 밖으로 나와 남자 포교들에게 밀주는 없다고, 자칫 시체만 치울 뻔했다고 너스레를 떤다.

패륜을 저지른 양반을 꾸짖다

여기서 멈추었으면 이 사건은 확대되지 않았을 것이다. 그런데 갑자기 다모는 딱한 사정의 양반집을 밀고한 사람을 찾기 시작한다. 아마도 다모는 인정에 어긋나는 일을 두고만 볼 수 없었던 듯하다. 다모는 콩죽을 사 들고는 다시 노파를 찾아가 술 빚은 일을 아는 사람이 있는지, 혹시 누군가에게 술을 팔았는지 묻는다. 노파가 그런 일이 없다고 하자, 술을 마신 사람은 있었는지 질문한다. 노파가 성묘 가는 시숙에게 아침밥을 해 줄 형편이 안 되어 술 한 잔 주었다고 대답한다. 시숙은 노파 남편의 친동생이다.

모든 것을 확인한 다모는 시숙의 용모를 파악한 후, 곧바로 찾아나선다. 시숙을 찾는 일은 어렵지 않았다. 밀고한 대가를 받기 위해 사거리에서 서성이며 기다리고 있었기 때문이다.

다모는 손을 들어 시숙의 뺨을 때리고 침을 뱉으며 꾸짖었다.

조선의 걸 크러시

"네가 양반이냐? 양반이라는 자가 형수가 밀주 빚은 것을 일러바치고는 밀고한 대가로 돈을 받으려는 것이냐?"
길가에 있던 사람들이 매우 놀라 울타리처럼 빙 둘러서서 구경했다.

아무리 밉다고 해도 하층 신분인 다모가 양반의 뺨을 때리고 침을 뱉을 수 있었을까? 불가능해 보이지만, 다모는 이러한 행동을 거침없이 행한다. 그것도 오가는 사람이 많은 사거리에서 말이다. 다모는 거침이 없고 당당하며 자신감이 넘치게 행동한다. 돈 때문에, 세상의 이익 때문에 법을 이용하기보다는, 사람을 이해하고 감싸는 것이 더 바람직하다는 신념의 표출이다. 여기에서 형수를 고발하는 패륜(悖倫)도 서슴지 않는 양반의 인간성과 하층민인 다모의 인간성이 확연하게 비교된다.

통쾌하기는 했지만, 아이러니하게도 이 때문에 밀주한 범법자를 숨겨 준 다모의 죄가 드러나고 만다. 책임자인 주부(主簿)는 화를 내면서, 변명하지 않고 순순히 자백하는 다모에게 곤장 20대의 벌을 처분한다. 흥미롭게도 송지양은 「다모전」에서 화를 낸다는 글자 앞에 '거짓' 또는 '척하다'라는 뜻의 '양(佯)' 자를 넣었다. 다모의 마음을 이해한 주부가 실제로는 조금도 노여워하지 않았음을 드러낸 것이다. 그렇다면 큰 충격이 없는, 잘 부러지는 매로 곤장을 쳤을 수도 있다.

"내가 너를 용서하였다면 법이 제대로 설 수가 없다. 그래서 곤장을 치게 하였지만 너는 의로운 사람이다. 내가 그것을 아름답게 여겨

상을 준다."

주부는 다모에게 상으로 돈 열 꾸러미를 준다. 그것이 어느 정도인지는 알 수 없으나, 적지는 않았던 듯하다. 이렇게 보면 주부는 법도 지키면서 사람의 인정도 살피는 참 괜찮은 법 집행관이다. 다모는 돈 열 꾸러미를 노파에게 주면서, 다시는 밀주를 빚지 말라고 당부한다. 빈곤해 밀주를 만들 수밖에 없었던 노파의 처지까지 헤아리는 다모의 모습은 끝까지 멋지다.

「다모전」은 사람들의 심성을 해치는 정책 속에서 야기되는 비인간성을 파헤치고 있다. 밀주 단속과 유사하게 우리나라도 교통법규 위반 등 여러 위법 행위를 촬영하고 신고하는 사람에게 포상금을 지급하는 정책을 시행한 적이 있었다. 그 결과 '파파라치'나 '학파라치' 등으로 불리는 사람들이 등장했다. 이들에게 어찌 그런 방법으로 돈을 버느냐고 나무랄 수는 있지만, 비난을 받아야 할 주체는 그렇게 유도한 정부다.

다모의 행적은 칭찬받아 마땅하다. 하지만 「다모전」에서 잘못된 정책을 비판하기보다는 염치도 모르는 인간이라며 시숙 개인을 희생양으로 삼은 문제의식에는 동의하기 어렵다. 송지양의 날카로운 시선이 국가나 정부 기관으로 향했다면, 다모의 행위가 더 큰 울림으로 다가올 수 있었을 것이다. (임치균)

방관주와 영혜빙,
내면으로 완성한 동성혼 서사

여성 영웅소설, 새로운 캐릭터를 만들다!

"방관주와 같은 여성 영웅을 만나 평생의 친구가 되어 부부의 도리
와 형제의 정을 맺고 일생을 마치는 것이 바로 나의 소원이다. 나는
원래 한 남자의 부인이 되어 남편의 통제를 받으면서 남편에게 아름
답게 보이려고 화장하는 것을 괴롭게 여겼으며, 부부로서 화목하게
살아가는 삶을 원하지 않았다."

— 「방한림전」

19세기 여성 영웅소설인 「방한림전(方翰林傳)」의 주인공 영혜빙(永

惠憑)의 발화다. 여성끼리 혼인해 살아가는 것이 평생의 소원이라고 말하는 이 여성은 참으로 당돌하고 발칙한 여성이다. 오늘날에도 이러한 내용의 글이 인터넷에 올라온다면 동성혼에 대해 "찬성한다!", "반대한다!", "옳지 않다!", "무엇이 문제인가?" 등 찬반과 시시비비를 따지는 댓글이 다양하게 달릴 것이다. 그뿐이겠는가? 성 소수자와 여성들에 대한 혐오의 표현 역시 난무할 것으로 예상된다. 그런데 이러한 내용이 조선 시대에 버젓이 소설 속에 등장한다는 사실은 다소 충격적이다.

조선은 19세기를 지나면서 다양한 분야에서 주체적인 여성 의식이 조금씩 감지되기 시작했다. 소박맞은 여성이 오히려 이혼을 요구하는 문서를 관에 제출하는데, 그녀가 내세운 이혼 사유는 놀랍게도 남편이 정상적인 부부 관계를 거부했다는 것이었다. 변화된 여성 의식을 수용하지 못한 변 사또가 실정법을 무리하게 적용하면서 악인으로 전락하는 「춘향전(春香傳)」이 등장하기도 했다. 이러한 흐름 속에서 고전소설의 서사적 전통은 변화하는 여성 의식을 수용하고 흥미성을 더해 여성 영웅소설을 만들어 냈다. 그리고 그 극단에 「방한림전」이 있다.

「방한림전」은 실로 조선인들의 상상을 초월하는 새로운 서사와 새로운 캐릭터를 만들어 냈는데, 바로 여성 동성혼의 서사와 방관주(方官珠) 및 영혜빙이라는 여성 주인공이다.

다시는 내게 여자로 살아야 한다고 말하지 말라!

소설 속 주인공인 방관주는 스스로 여성의 정체성을 포기하고 남성의 모습으로 살아간다. 놀라운 것은 방관주의 이러한 모습이 부모에 의해 시작되었다는 것이다. 방관주의 부모는 딸아이의 뜻에 맞춰 그녀의 소원대로 남성의 옷을 지어 입히고 어린아이 때부터 여성이 당연히 배워야 할 바느질과 옷감 만드는 일을 가르치지 않으면서 또래 남자아이들처럼 공부시켰다. 이처럼 방관주의 부모는 적극적으로 그녀의 정체성을 만드는 데 도움을 주었고, 방관주가 선택한 삶의 가치와 지향을 계속 존중해 주었다. 이러한 부모의 지원과 지지를 받고 성장하던 방관주는 부모를 일찍 여읜 후에도 여성이 아닌 남성으로서의 자아실현 의지를 일관되게 펼쳐 나간다.

"나는 이미 부모님의 명을 받아서 남자로 살아온 지 10년이 다 되었다. 단 한 번도 여자의 옷으로 갈아입었던 적이 없는데 갑자기 남자로 살아가겠다고 했던 결심을 바꿀 수가 있겠느냐! 나는 당연히 출세하여 이름을 날리고 부모님의 뒤를 이으며 이름을 세상에 빛나게 할 것이다. 다시는 내게 그런 말을 하지 마라."

방관주는 부모님이 돌아가시고 삼년상을 마친 후 9세가 되었다. 이때 방관주가 여자임을 유일하게 알았던 유모가 방관주에게 더는 세상을 속이며 남자로 살지 말고 본연의 모습으로 돌아오라고 충고했다. 그러나 방관주의 대답은 단호했다. 자신이 남자로 살아가는 것은 자기 뜻이기도 하지만, 부모님의 뜻임을 강조한다. 방관주는 당연히 과거에 급제해 출세하고 부모님의 이름과 자신의 이름을 세상에 날리며 부모님의 뒤를 잇겠다고 다짐한다. 방관주는 유모에게 다시는 그런 말을 하지 못하게 하고는 더욱 공부에 매진하고 무예를 익혀 문무를 겸비한 영웅의 자질을 갖추어 간다.

해가 바뀌고 10세가 되었을 때 드디어 국가에서 새로운 인재를 채용하기 위한 과거 시험을 개설한다. 방관주는 과거 시험에 응시하기에 앞서 "나는 비록 여자지만 남자로 살아가는데, 어찌 세상의 여자들이 남편 섬기며 사는 도를 내가 행할 수 있겠는가?"라고 스스로에게 말하고는 곧바로 과거 시험장으로 달려가 장원급제했다. 방관주가 여타 여성 영웅소설의 주인공과 다른 점은 타인의 도움 없이 스스로 자신의 운명을 결정하고 능력을 향상해 자신만의 길을 개척한다는 것이다.

조선에서 여자로 태어나 성장하는 과정에서 처음으로 주어지는 완벽한 유형이 바로 착하고 얌전하며 아버지의 말을 잘 듣는 요조숙녀(窈窕淑女)다. 그러나 방관주는 조선의 여성들에게 주어진 정체성을 단호하게 거부하고 남성의 영역이었던 입신양명(立身揚名)의 길을 선택했다. 결국 그녀는 사회적으로나 국가적으로 최고의 인물로 인정받기 시작한다. 그러고는 금기의 선을 넘어 버렸다. 방관주는 유모가 반대하는데도 불구하고 평생 남자로 살아가기 위해 여성과 혼인하기로 결심한다.

내 소원은 여성 영웅을 만나 평생을 함께하는 것이다!

이러한 방관주 앞에 그녀의 개성을 넘어서는 영혜빙이 등장한다. 그녀는 최고의 가문에서 7남 4녀 중 막내딸로 태어났다. 그리고 당돌하게도 남자 형제들의 구차함을 비웃는 13세의 아름다운 소녀다. 가부장적인 시각을 견지한 남자 형제들은 이러한 영혜빙의 활달함을 조롱했고, 부모는 막내딸의 성격을 이상하다고 여겨 걱정을 놓지 못했다. 영혜빙은 가족과 충돌하면서 시대에 어울리지 않는 자신의 자아를 자각하기 시작했다. 그러고는 자기 내면을 향해 날카로운 비수를 꽂는다.

"여자는 죄인이다. 모든 일에 대하여 스스로 결정할 수 없고 남성들에게 조정받게 되므로, 남자가 되지 못한다면 인류을 그침이 옳을 것이다."

조선이라는 나라에 여자로 태어났기 때문에 스스로 할 수 있는 것이 없었다. 어려서는 아버지를 따라야 하고 혼인해서는 남편을 따라야 하며 늙어서는 아들을 따라야 하는 조선의 여성들, 그녀들은 주체적으로 할 수 있는 것이 하나도 없었다. 영혜빙은 결국 "여자는 죄인이다!"라는 결론을 내렸다. 아니나 다를까, 본인의 의사와는 전혀 상관없이 아버지의 명을 받아 선을 보는데, 그때 영혜빙의 앞에 나타난 인물이 바로 방관주였다.

장옷을 두른 두 여성(국립 기메 동양 박물관 소장)

　영혜빙은 지혜로웠다. 방관주를 보자마자 그 자리에서 곧바로 그가 남자가 아니라 여자라는 사실을 간파했다. 그리고 몇 마디 대화를 통해 그가 남자로 변장해 살아갈 수밖에 없었던 사정을 알게 된다. 속으로 쾌재를 불렀다.

　영혜빙은 방관주를 만난 후 "방관주와 같은 여성 영웅을 만나 평생의 친구가 되어 부부의 도리와 형제의 정을 맺고 일생을 마치는 것"이 소원이라고 자신에게 말한다. 「방한림전」의 서술자는 이러한 영혜빙의 생각을 "기괴하고도 아름다운 일이이구나!"라고 정리한다. 여

조선의 길 크러시

성끼리 혼인한다는 부분에서 기괴하다는 평은 이해되지만, 아무리 친구처럼 지낸다고 하더라도 여성끼리 혼인해 부부가 되는 장면을 아름답다고 평하는 것은 다소 의외의 반응이다. 방관주는 여성이면서도 남성의 모습으로 변장해 자아를 실현해 나가지만, 영혜빙에게 주체적 자아의 형성과 여성 의식의 실현을 위해서는 가부장적인 남성이 필요 없었다. 이러한 방관주와 영혜빙의 서사는 고전소설을 통해 조선 시대에 전무후무한 동성혼 담론으로 펼쳐졌다.

혼례를 마치고 첫날밤을 지낸 후 영혜빙은 남편이 된 방관주가 여자임을 이미 알았다고 고백하면서도 동시에 평생 함께 살아갈 것을 맹세한다. 방관주는 놀라면서도 반가웠다. 자신이 남성으로 살아갈 길이 열려서다. 그리고 서로를 부를 때 형제의 예로 호칭할 것을 제안했지만, 영혜빙은 그러면 남들이 이 모든 사실을 알아차릴 것이라고 주장하며 여전히 부부의 호칭을 유지하자고 했다. 역시 영혜빙이다. 이처럼 두 사람은 행복한 부부 생활을 은밀하면서도 치밀하게 유지하게 된다.

그런데 혼인을 했으면 자식이……?

주변에서는 방관주가 수염이 나지 않는다는 사실과 아름다운 소년 같은 모습을 조금은 신기하게 생각하지만, 이러한 특징들이 성 정체성을 의심하는 단계로 나아가지는 않는다. 그런데 혼인 후 자식이 없다는 사실은 그동안 방관주의 외모에 대해 느낀 기이함과 함께 주변의 의심을 사기 시작한다.

"한편 천둥소리와 함께 큰 별이 떨어지니 …… 떨어진 별의 광채는 없어지고 한 아이가 놓여 있었다. …… 하늘이 나에게 주신 것이다."

주변의 의심스러운 눈치를 느낄 때쯤인 가을 어느 날, 한가한 틈을 타 주변 산으로 가 경치를 구경하고는 큰 바위 위에서 담배를 피우며 시 한 편을 지어 노래로 부르는데, 하늘에서 별과 함께 한 아이가 떨어진다. 방관주는 이 아이를 데리고 와 이름을 낙성으로 짓고 입양하면서 자식 문제까지 완벽하게 해결한다.

이후 방관주는 북방 오랑캐들이 반란을 일으키자 자원해 입대하고 대원수의 자격으로 출병해 오랑캐들을 무찌르는 등 여성 영웅으로서의 삶을 영위했다. 그러나 갑작스러운 병으로 삶을 마감하기 직전에 황제에게 여성임을 고백하고 용서를 구한다. 이에 황제는 놀라면서도 방관주의 모든 업적을 공식적으로 인정했고, 그녀의 희생정신을 칭찬한다. 결국 방관주는 39세에 죽게 되고, 영혜빙 역시 방관주가 죽자 바로 기절했다가 명을 달리했다.

조선 시대라는 현실에서는 방관주와 영혜빙의 동성혼 서사는 불가능한 일이다. 그러나 고전소설 속 두 여성 주인공은 사회적·국가적 역할을 주체적으로 선택하고 실천했을 뿐만 아니라, 이상적인 부부 관계를 보여 주었다. 영혜빙은 남성에게 얽매이는 삶에서 벗어나려는 방편으로 동성혼을 선택했으나, 「방한림전」의 서술자와 등장인물인 황제는 두 여성의 삶에 대해 "기괴하지만 아름다운 이야기이자 기특한 일"이라고 위로한다. 이처럼 방관주와 영혜빙의 이야기는 조선 후기에 서서히 싹트기 시작했던 주체적 여성 의식을 반영해 동성혼이라는, 당시로서는 받아들이기 어려웠을 이질적 관계를 완성했다. 실로 놀라울 따름이다.[2] (강문종)

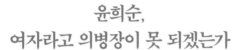

윤희순,
여자라고 의병장이 못 되겠는가

아무리 왜놈들이 강성한들

우리들도 뭉쳐지면

왜놈 잡기 쉬울세라

아무리 여자인들

나라 사랑 모를쏘냐

아무리 남녀가 유별한들

나라 없이 소용 있나

우리도 나가

의병하러 나가 보세[3]

— 윤희순, 「안사람 의병가」

조선의 걸 크러시

애국하는 데 남녀 구별이 없고 안사람도 의병 운동을 할 수 있다는 이 용감한 여성은 누구일까? 어느 조선 유생의 아내 윤희순(尹熙順, 1860년~1935년)이다. 아니, 윤희순은 한 남자의 아내보다는 '여성 의병장'이자 '여성 교육자'라는 명칭이 더 잘 어울리는 인물이다.

윤희순은 16세에 외당(畏堂) 유홍석(柳弘錫, 1841년~1913년)의 장남 유제원(柳濟遠, 1859년~1915년)과 혼인했다. 그런데 유제원은 학업으로 인해 집을 늘 떠나 있었다. 그래서 강원도 춘천에서 홀시아버지 유홍석을 모시고 살림과 육아를 하며 살아갔다.

그런데 이때는 일본이 조선을 강점하기 바로 직전의 상황이어서 나라가 매우 어지러웠다. 그러다가 1895년에 일본이 명성황후(明成皇后, 1851년~1895년)를 시해하고 단발령을 반포하는 사건을 계기로, 유생을 중심으로 한 전국적인 의병 운동이 전개되었다. 춘천 지역도 예외는 아니어서 윤희순이 사는 곳에서도 의병 전투가 일어났다.

당시 윤희순의 시아버지인 유홍석은 환갑을 바라보는 나이였는데도 의병이 되어 참전했다. 그러자 윤희순도 시아버지를 따라가겠다고 나선다. 자신도 나랏일에 동참해야겠다는 굳은 신념을 가지고 있었기 때문이다. 그러나 시아버지가 집을 지키고 아들 셋을 키우는 데 전념하라며 간곡하게 만류했다. 유홍석은 30대의 여린 부인이 전투에 나가는 것이 위험할 뿐만 아니라 큰 도움이 안 되리라고 생각했다. 또한 어린 손자들을 돌보는 것이 며느리의 임무라고 판단했다. 결국 윤희순은 어쩔 수 없이 집에 남는다. 그러나 의병 운동에 대한 열망은 쉽사리 포기되지 않았다.

전투에 나가지 않고도 나라를 위해 싸우다

윤희순은 자신의 위치에서 다른 방식으로 의병 운동에 동참하기로 한다. 먼저 군량이 떨어져 굶주린 의병들을 위해 곡식을 몽땅 털어 밥을 해 먹이고 버선을 손질해 주는 일부터 시작했다. 그리고 뛰어난 웅변 실력으로 동네 사람들을 설득해 의병 운동을 지원하도록 독려했다. 이를 통해 군자금을 모으고 전투에 쓸 화약과 탄환을 만들어 의병대에 전달할 수 있었다.

또한 글쓰기에도 소질이 있어 의병들의 사기를 북돋워 주는 의병가를 지어 보급하기도 했다. 윤희순이 지은 의병가의 노랫말에는 일제와 매국노들을 비판하는 내용과 함께 안사람들도 의병 운동에 참여해야 한다는 메시지를 담아냈다. 그 어투는 직설적이면서도 강렬했다. 앞에서 제시한 「안사람 의병가」가 그중 하나다.

이처럼 윤희순은 비록 전투에 나가 직접 싸우지는 못했지만, 후방에서 자신만의 투쟁을 해 나갔다. 시아버지는 그저 집안을 잘 지키고 자식을 무사히 보호하고 있으라고 당부했지만, 윤희순은 그러한 평범한 며느리와 어머니로 살고 싶지 않았다. 집안에서나마 나랏일에 보탬이 되는 사람이 되고 싶었다.

그러나 이러한 노력에도 불구하고 1910년, 조선은 일본의 식민지가 되고 만다. 그러자 일본인들이 곧바로 윤희순의 집에 찾아와 시아버지 유홍석의 행방을 캐물었다. 윤희순의 큰아들을 붙잡아 죽이겠다고 위협하고 나머지 어린 두 아들에게도 매질하면서 말이다. 일본인

조선의 길 크러시

윤희순의 『의병가사집』(강원대학교 중앙박물관 소장)

들은 자식을 인질로 삼고 있으니 윤희순도 여느 어머니처럼 벌벌 떨면서 시아버지가 있는 곳을 곧바로 말할 줄 알았다. 그녀를 잘못 보아도 크게 잘못 본 것이다.

　윤희순은 조금도 주눅 들지 않고 쩌렁쩌렁한 목소리로 이렇게 외쳤다. "자식을 죽이고 내가 죽을지언정 큰일을 하시는 시아버님을 돌아가시게 할 줄 아느냐?" 두려운 기색이라고는 전혀 없었고 여자라고 믿기지 않을 정도로 당찬 기세였다. 결국 일본인들은 아들들을 내려놓고 물러났다. 어차피 원하는 것을 절대 알아내지 못할 테고, 괜한 목숨을 죽여 봐야 조선 사람들의 투쟁심만 더 돋우는 꼴이라고 판단해서였다.

이처럼 윤희순은 유씨 가문을 이어 갈 아들들의 목숨보다 시아버지의 목숨을 선택했다. 또한 시아버지로 상징되는 의병 운동을 자신의 목숨보다 더 귀하고 중요하게 여겼다. 그러나 아무리 강건하게 버텨 나간다고 하더라도 일제의 거센 탄압을 견디기 어려웠다. 이에 윤희순은 가족들과 함께 중국 랴오둥(요동)으로 망명한다.

랴오둥에서의 생활은 조밥과 옥수수로 끼니를 해결해야 할 만큼 가난하고 고단했다. 그러나 그에 굴하지 않고 시아버지, 남편, 아들, 손자에 이르기까지 4대가 독립운동을 해 나갔다. '가족 부대'라는 명칭을 얻은 것도 바로 이때다.

조선에서는 의병 활동을 지원했다면, 랴오둥에서는 교육 현장에 뛰어들었다. 1912년에는 랴오둥 환런현(환인현)에 노학당(老學堂)을 세워 학생들에게 반일 정신을 심어 주었다. 조선에서부터 좌중을 압도하던 웅변 실력이 어디 가지 않아, '연설 잘하는 윤 교장'으로도 불렸다.

윤희순은 여러 마을을 돌며 반일 정신을 알렸는데, 이때 중국 사람들에게 한 말이 참으로 인상적이다. "우리 조선 사람들은 목숨을 내놓을 테니 중국 사람들은 식량과 터전을 주시오." 이 같은 조국 독립에 대한 윤희순의 강한 열정은 망명한 조선인뿐만 아니라 중국인들에게까지 큰 감동과 깊은 울림을 주었다.

칠순이 되어서도 독립운동을 하다

이렇게 열성적으로 독립운동을 이어 가던 윤희순에게 불행이 잇달아 찾아온다. 1913년에는 시아버지가, 1915년에는 남편이 세상을 떠난 것이다. 이때 윤희순도 환갑이 다 된 나이였는데, 그럼에도 계속해서 반일 선전을 하며 군자금을 모으러 다녔다. 그리고 아들 셋도 모두 어머니를 본받아 독립운동을 해 나갔다.

그런데 1935년에 큰아들이 체포되어 랴오둥 감옥에서 모진 고문을 당한 후 죽는 사건이 발생한다. 시아버지와 남편의 죽음 앞에서도 의연했던 윤희순은 큰아들의 죽음 앞에 한없이 무너지고 만다. 결국 윤희순은 자기 삶을 정리한 『일생록』을 지은 뒤, 1935년 8월에 생을 마감한다. 죽기로 마음을 굳게 정하고 곡기를 끊은 지 딱 12일 만이었다.[4]

시골 유생의 아내이자 아이 셋의 엄마였던 여성이 30대부터 70대에 이르기까지 의병장과 교육자의 길을 자발적으로 걸어갔던 원동력은 무엇이었을까? 조선의 유부녀 대부분은 나라가 위태로운 상황에서도 집안에 얌전히 있는 것이 미덕이었다. 윤희순 역시 시아버지의 말대로 집안 살림이나 꾸리면서 아이들을 돌보는 것에 그쳐도 되었다.

그러나 윤희순은 이러한 사회적 통념과 틀을 뛰어넘어 온전히 나랏일에 헌신했다. 애국에는 성별이나 신분의 구분이 없다고 생각했기 때문이다. 이로 인해 주변 사람들에게 실성했다는 손가락질도 받고 양반의 체통을 무너뜨렸다는 질책을 받기도 했지만, 그 어떤 것도 윤희순의 용기와 굳은 결심을 꺾을 수는 없었다.

> 어리석은 백성들은 왜놈 앞에 종이 되어
> 저 죽을 줄 모르고서 왜놈 종이 되었구나
> 슬프고도 슬프도다 맺힌 한을 어이할꼬
> 자식 두고 죽을쏘냐 원수 두고 죽을쏘냐
> 내 한목숨 죽는 것은 쉬울 수도 있건마는
> 만리타국 원한 혼이 될 수 없어
> 서럽구나 이내 신세 슬프고도 서럽구나
>
> — 윤희순, 「신세타령」

최근 강원도를 중심으로 윤희순을 새롭게 조명하는 작업이 진행되고 있다. 의병 운동에 대한 투지가 열렬했고 지도자로서의 자질이 뛰어났던 여성 윤희순이 제대로 평가받기를 바란다. (이후남)

정수정,
남성과 여성의 경계를 뛰어넘다

"그대는 일이 돌아가는 형세를 모른다. 우리는 국가의 중대사를 맡
았고, 그대는 이미 내 수하에 있다. 그대가 법을 어겼다면 어찌 부부
의 의리에 구애되어 군법을 어지럽히겠는가? 그대가 나를 하찮게 여
기는데 나 또한 그대 같은 장부는 원하지 않는다."[5]

— 「정수정전」

"수나 놓으며 꽃으로만 살아도 될 텐데. 내 기억 속 조선의 사대부
여인들은 다들 그리 살던데." 어떤 드라마 속 남자 주인공의 말이다.
조선의 사대부 여성들은 그 대사 속에 비친 것같이 정말 꽃처럼 살았
을까? 그리고 그러한 삶에 만족했을까? 그랬을 리 만무하다. 유교적

이데올로기가 강요했던 역할들은 물론이고 집안이 몰락했을 경우 가정경제까지 책임지는 경우가 허다했던 여성들의 삶이 꽃처럼 귀한 것만은 아니었다. 조선 여성들은 여러모로 억압적인 환경에서 지냈다. 따라서 그녀들은 억압된 규율에서 잠시나마 벗어날 판타지가 필요했고, 이른바 여성 영웅소설이 그 역할을 수행했다.

　여성 영웅들이 처음부터 존재했던 것은 아니었다. '영웅'이라고 하면 대부분 강한 남성을 떠올리듯 조선 시대 영웅들도 남성이 주류를 이루었고, 여성은 남성 영웅들이 고난을 겪을 때 뒷받침하거나 도움을 주는 작은 역할에 그쳤을 뿐이다. 그렇다면 조선 시대 여성들은 자신을 보호하기 위해 어떤 준비를 했을까? 사실 조선 시대 여성들이 가문의 보호 없이 자신을 지킨다는 것은 쉬운 일이 아니었다. 가문의 몰락 또는 전쟁과 같은 국란, 늑혼(勒婚, 고전소설에서 흔히 등장하는 억지 혼인) 등으로 인해 집 밖에서 위기를 맞았을 때 여성들이 자신을 지키는 방법은 남장하거나 자결하는 것이었다. 이 때문에 소설 속의 여주인공 대부분은 위험이 닥쳤을 때 남장하고 위기에 대처하거나 전형적인 여성의 모습에서 벗어나 외적으로 강한 남성에게 견줄 만한 용맹한 능력을 보여 준다. 조선 시대 여성들이 바랐던 '판타지'를 이렇게 소설 속 여주인공의 활약으로 구체화한 것이다.

　「정수정전(鄭秀貞傳)」의 주인공 정수정(鄭秀貞) 또한 그러하다. 어린 수정을 돌봐줄 부모가 모두 세상을 떠나고 홀로 남겨지자 처지를 비관하는 대신에 앞날을 고민하고, 남자로 변장한 후 문무를 겸비한 영웅으로 성장한다. 그뿐만 아니라 과거 시험에 장원급제해 높은 관직

　　　　　조선의 걸 크러시

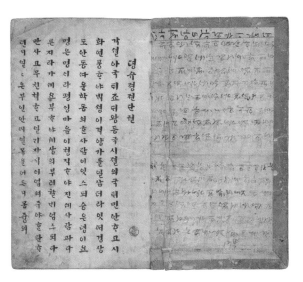

『정수정전』필사본(국립한글박물관 소장)

을 얻기까지 한다. 수정은 규방의 담장을 훌쩍 뛰어넘어 위험한 전쟁
터까지 나아간다. 오랑캐가 침입하자 대원수가 되어 전쟁터로 나가기
전에 임금 앞에서 "몸에 갑옷을 입었기에 신하의 예를 행하지 못합니
다"라고 말할 정도로 당당했으며 전쟁터로 나가 큰 공을 세운다. 수
정 자신이 여성의 한계를 딛고 세상에 나아가 남성과 동등한 위치에
설 수 있음을 증명해 낸 것이다. 그러나 수정의 이러한 성공은 임금의
명으로 흔들린다. 임금이 국가를 구한 영웅을 사위로 삼으려고 하자
수정은 어쩔 수 없이 자신이 여성임을 고백한다. 수정이 여성으로 밝
혀지자 임금은 그녀의 경제력을 제외한 사회적 지위를 박탈해 버린

다. 단지 여성이라는 이유에서였다. 어쩔 수 없이 남성의 정체성을 벗어 버리고 여성으로 돌아온 수정은 주체적 여성의 삶을 살아가기로 결심한다. 수정은 곧 임금에게 혼자 살겠다고 청해 보았다. 그러나 사회적 통념은 수정에게 동료이자 정혼자였던 장연과 혼인하라고 강요했고, 그녀는 따를 수밖에 없었다.

부덕을 따르지 않는 정수정의 행동을 남편이 질책하다

"그대는 한낱 공후의 작위만 믿고 여자로서 남편을 공경하는 도리 없이 감히 남편의 사랑하는 첩을 죽이기까지 하였으니 교만하고 방자하기가 이를 데가 없다. 이런 것을 온순한 부인의 도리라고 할 수 있는가?"

정수정은 남장했을 때는 장연과 함께 학문을 논하고 북방 오랑캐의 침입으로 위기에 빠진 나라를 구하기 위해 함께 전쟁터에 나아가 싸우는 용맹함을 보였다. 또한 수정은 장연이 다른 여자와 혼인했을 때도 거리낌 없이 축하해 주었다. 그러나 결국 신분이 탄로 난 수정은 장연과 혼인했고, 수정의 위치는 전과 크게 달라진다. 임금이 수정의 공을 높이 샀지만, 여성임이 밝혀진 후 수정이 가야 할 곳은 규방이었다. 또한 공신임을 인정받아 제후로 봉해지지만, 실질적 직위는 환수당한다. 그동안 수정이 쌓아 올렸던 인생이 180도로 바뀌는 순간이

조선의 걸 크러시

었다. 이후 장연은 수정을 조선의 여성으로만 대한다. 이름뿐인 공후의 작위는 수정의 위치를 받쳐 줄 수 없었고, 집안 내에서 시어머니와 남편의 말에 순종해야 하는 여성으로 격하된 것이다.

이러한 대우에 정수정이 가만히 있을 리 만무하다. 부모님의 유언을 저버리지 못하고 황제의 명에, 그리고 옛 약속을 지키기 위해 부부의 삶을 선택했던 수정은 결국 장연의 말에 순종하지 않고 임금이 내린 땅인 청주로 돌아간다. 부덕(婦德)을 따라야만 하는 억압된 여성의 삶에서 벗어나 주체적인 삶을 다시 한번 스스로 선택한 것이다.

이 무렵 북쪽 오랑캐가 다시 침입했고, 정수정은 자기 능력을 펼칠 기회를 다시 얻었다. 이제는 남성의 모습으로 나설 필요 없이 여성으로서 당당하게 국가의 부름을 받을 수 있었다. 이미 이전 전쟁에서 큰 활약을 펼쳤던 수정의 능력을 임금도 조정 신하들도 인정하지 않을 수 없었다. 임금이 오랑캐를 몰아내기 위해 수정에게 대원수의 지위를 내리면서 수정과 장연의 위치가 역전된다. 장씨 가문에서는 수정이 장연에게 순종해야 하는 위치였다면, 사회적·공적 지위에서는 수정이 남편보다 더 높은 자리로 올라선 것이다. 수정이 여성으로 밝혀진 후에 그 어떠한 차별도 없이 공식적으로 능력을 인정받은 일은 놀라울 수밖에 없다.[6]

전쟁에 승리한 수정이 장연에게 자신의 위치를 일깨워 주다

"이제 도적이 국경을 침범하여 황상이 근심하여 나에게 도적을 막으라 하셨다. 내가 임금의 명을 받아 밤낮으로 근심하는 때에 그대는 어찌하여 막중한 군량미를 때에 맞추어 대령하지 않았는가? 대장의 명령을 어긴 죄를 면하지 못할 것이다. 군법에는 사사로움이 없으니 그대는 나를 원망하지 말라!"

남편 장연은 정수정이 대원수가 아닌 자기 아내라는 생각에 그녀가 내린 명령과 지휘를 받고 싶어 하지 않았다. 이를 안 수정은 부부라는 사적 관계를 무시하고 군법으로써 남편을 처벌했다. 그리고 남편에게 공사를 구별하라고 요구했다. 장연은 수정이 군법을 핑계로 자기에게 모욕을 준다고 생각했지만, 결국 수정의 정당한 논리에 수긍할 수밖에 없었다. 수정은 장연의 명령 불복을 용서해 주면서도 곤장을 쳐 군의 기강을 바로 세운다.

이러한 정수정의 뛰어난 능력과 리더십 덕분에 국가는 안정을 되찾고, 그녀의 능력과 사회적 지위를 인정해 준다. 두 번째 전쟁에서 승리를 거둔 후에야 사회적 지위를 되찾은 것이다. 수정은 임금의 인정을 받고 당당하게 장씨 가문으로 돌아온다. 현실의 조선에서는 절대 일어날 수 없는 일이었다. 비록 수정이 자신만의 삶을 살지 못하고 예전의 삶으로 돌아온 것 같지만, 시어머니도 남편도 더는 그녀에게 조선 시대 여성들의 삶을 강요하지 않는다. 조선 시대의 여성 영웅소설은 유교적 삶에 순종했던 여성이 자기 능력을 펼치고 주체적 삶을 찾는 성장 과정을 그려 나간다. 그리고 여성의 주체적 삶이 유교적 이념을 존중하는 삶과 균형을 이루었기에 많은 사랑을 받았다. 이처럼 정수정은 19세기 한복판에서 주체적 여성의 모습을 그려 낸다. 여성들에게 보이지 않는 장벽이자 깨뜨릴 수 없었던 유리 천장을 깬 여성, 이것이 고전소설 속 정수정을 불러낸 이유다. (임현아)

계월향,
왜장을 죽인 평양 기생

왜장은 고니시 유키나가(소서행장(小西行長))의 부장이다. 용기와 힘이
매우 뛰어나 앞장서서 진을 함락하는 것을 좋아하였던 왜장은 사로
잡은 계월향을 지극히 사랑하였다. 왜장의 거처는 매우 깊숙한 곳에
자리한 데다가 철통같이 방어하고 있어 사람들이 접근할 수 없었다.
오직 계월향만이 드나들 수 있었다.

— 이긍익, 『연려실기술』

조선의 가장 낮은 계층인 기생 계월향(桂月香, ?~1592년)과 임진왜란
당시의 왜장이 관련된 이야기다. 계월향은 평양의 기생으로, 우리가 잘
알고 있는 논개(論介, ?~1593년)와는 다른 층위의 활약을 한 인물이다. 왜

장의 거처를 드나들 수 있었던 계월향은 과연 어떤 행동을 했을까?

이 글은 『연려실기술(燃藜室記述)』에 실려 있다. 저자 이긍익(李肯翊, 1736년~1806년)은 계월향의 행적을 『평양지(平壤志)』에서 인용한다.

여기에 등장하는 또 다른 인물은 김응서(金應瑞)다. 김응서는 명나라 장군 이여송(李如松, 1549년~1598년)과 함께 1593년에 평양성을 공격해 탈환한 공을 세운 것으로 유명한 김경서(金景瑞, 1564년~1624년)의 초명(初名), 즉 첫 번째 이름이다. 김응서는 신라의 명장 김유신(金庾信, 595년~673년)의 후예로, 태어날 때 양쪽 겨드랑이에 새의 날개 같은 이상한 뼈가 있었다고 한다. 이는 조선 후기 민중 사이에 유행했던 '아기장수 설화'를 연상시킨다. 아기장수는 양 겨드랑이에 날개가 돋은 채로 태어난 영웅이다. 이러한 탄생 이야기를 담을 만큼 김응서는 뛰어난 인물로 설정된다.

계월향이 김응서를 성 안으로 들이다

이 서사의 주인공인 평양 기생 계월향은 전쟁 중에 그만 왜장에게 사로잡힌다. 여기서는 왜장의 이름이 나오지 않지만, 야사에서는 고니시 히다노카미(소서비(小西飛) 또는 소서비탄수(小西飛彈守))라고 하기도 한다. 왜장은 계월향을 지극히 아끼고 사랑했지만, 계월향은 줄곧 도망칠 생각만 한다. 탈출하기 위해 계월향은 부모를 방문할 수 있게 해 달라고 왜장에게 부탁한다. 왜장이 허락하는데, 이것이 계월향과 김응서가 만나는 계기가 된다.

계월향이 곧바로 성 위로 올라가서 외쳤다.

"오빠! 어디에 있어요?"

그때 마침 왜적의 동태를 정탐하기 위하여 성 아래에 와 있던 김응서
가 그 소리를 듣고는 답하였다.

"나 여기 있다."

계월향이 맞이하며 은밀하게 말하였다.

"공께서 나를 탈출시켜 준다면 죽음으로라도 은혜를 갚겠습니다."

그러고는 이끌고 들어가 왜장을 만나게 하였다. 왜장은 김응서를 계
월향의 오빠로 생각하여 친밀하게 믿음으로 대하였다.

계월향이 없었다면 김응서는 방어가 철저하고 깊은 곳에 자리한
왜장의 거처까지 갈 수 없었을 것이다. 이 글에서 아쉬운 것은 계월
향과 김응서가 어떤 관계인지 분명하게 드러나지 않는다는 점이다.
김응서가 계월향이 외치는 소리를 듣고 작전상 나아간 것인지, 아니
면 계월향이 조선의 장군 김응서를 나오게 하려고 일부러 여러 번 소
리친 것인지는 알 수 없다. 서로 일찍이 아는 사이였는지도 알 수 없
다. 일부에서는 계월향이 김응서의 애첩이었다고 하기도 하나, 확인되
지 않은 주장이다.

어쨌든 계월향으로서는 위험을 무릅쓰고 김응서를 평양성 안으로
들인다. 그 조건은 탈출이다. 죽음으로라도 은혜를 갚겠노라고 한 한

조선의 걸 크러시

마디는 계월향이 왜장과 함께 있는 상황에서 벗어나고 싶은 소망이 그만큼 강렬했음을 보여 준다. 비록 기생이지만 조선의 여성으로서 왜장의 시중을 들기가 죽기보다도 싫은 것이다. 계월향의 이러한 의식은 결국 왜장의 목을 땅으로 떨어뜨리는 쾌거를 이룬다.

왜장이 깊이 잠든 틈을 타서 계월향은 몰래 김응서를 인도하여 장막 안으로 들어갔다. 얼굴 전체가 붉은색인 왜장은 두 눈을 부릅뜬 채 왼손에는 방울이 달린 노끈을 잡고 있었고, 오른손에는 금방이라도 사람을 내리칠 듯이 칼을 들고 걸상에 앉아서 자고 있었다. 김응서가 곧바로 앞으로 가 왜장의 머리를 베었다. 목이 떨어지면서 방울이 울렸다. 그 순간 왜장이 칼을 땅으로 던졌다. 칼날의 반 이상이 땅속에 꽂혔다.

왜장의 목을 벤 것은 성공을 기약하는 서막이다. 머리가 땅에 떨어진 상태에서 던진 칼이 땅속 깊이 박힐 정도로(목 없는 왜장이 칼을 뽑아 기둥을 치는 바람에 칼자국이 났다는 이야기도 있다.) 무시무시한 왜장의 제거는 곧 전투의 승리를 기대하게 한다. 그런데 이 과정에 가장 낮은 계층의 인물인 기생 계월향이 개입되어 있다. 계월향의 활약은 여기에서 그치지 않는다. 왜장의 죽음은 또 다른 위기를 가져온다. 바로 방울 소리를 듣고 왜군이 왜장의 처소로 달려온 것이다. 계월향은 침착하게 왜장이 술에 취해 방울을 떨어뜨렸을 뿐 별일 아니라고 속여 왜군들을 돌려보낸다. 이로써 마침내 계월향은 그토록 소망하던 탈출의 기회를 맞게 된다.

김응서가 왜장의 머리를 가지고 성을 빠져나가려고 하자, 계월향이 그의 옷을 잡고 뒤따랐다. 김응서는 두 사람이 모두 살아 나갈 수 없다고 생각하였다. 이에 계월향을 베어 죽이고는 성을 넘어 군대로 돌아와 왜군들이 볼 수 있도록 왜장의 머리를 높이 매달았다. 왜군들이 더욱더 사기가 떨어져 감히 나서지 못하였다.

실망스러운 결말이다. 김응서는 탈출시켜 주겠다는 약속을 지키지 않았다. 현실적으로 적진에서 남녀가 함께 도망치는 것이 불가능할 수도 있다. 적발되기라도 하면 낭패다. 그렇다고 해도 계월향을 죽이는 모습은 다소 충격을 준다. 대를 위해 소를 희생한 것처럼 보이지만, 천한 기생의 목숨을 하찮게 여긴 결과일 수도 있다. 아니면 결과만 전하려고 하다 보니, 김응서가 그렇게 할 수밖에 없었던 까닭을 제대로 제시하지 않았을 수도 있다.

김응서는 왜 계월향과 함께 돌아가지 않았나?

이 지점에서 계월향의 죽음에 관한 여러 가지 설명이 덧붙게 된다. 조선 후기의 문인인 조면호(趙冕鎬, 1803년~1887년)의 『옥수집(玉垂集)』에서는 계월향이 웃음을 머금고 김응서의 칼을 받아들인 후 의젓하

계월향 초상(국립민속박물관 소장)

고 점잖게 죽음으로 나아갔다고 서술한다. 더 큰 일을 위해 죽음을 담담하게 받아들이는 계월향의 영웅적 모습이 느껴진다.

　조선 민중도 계월향이 왜 죽어야만 했는지 궁금했었던 듯하다. 다만 같은 조선인인 김응서가 계월향을 죽였다는 사실을 받아들이려고

하지 않는 태도도 보여 준다. 그래서인지 설화적 색채가 강화된 『임
진록(壬辰錄)』에서는 이본(異本)에 따라 자신이 죽지 않으면 왜장의 혼
이 자기를 꾀어 조선을 어지럽힐 것이니 죽이라고 요구했다거나, 김응
서가 힘을 다해 막았지만 결국 추격하는 왜적에게 계월향이 죽임을
당했다고 설명하기도 한다.

　계월향은 기생으로서 나라의 원수인 왜장을 죽이는 데 동참해 공
을 세운다. 비록 죽음으로 생을 마감하는 비극적 결말을 맞았지만,
계월향의 의거는 후세 사람들에게 기억되고 평가는 확대된다. 조선
후기의 문인 신광수(申光洙, 1712년~1775년)는 다음과 같이 노래한다.

　　청양관 안에 있던 소서비(靑陽館裏小西飛)

　　비늘 덮인 몸엔 피가 튀고 철갑옷이 뚫렸네(血濺鱗身透鐵衣)

　　당시의 칼자국은 여전히 기둥에 남아 있는데(當日劍痕猶着柱)

　　김응서 장군은 계월향과 함께 돌아가지 못했네(將軍不與桂仙歸)

　계월향 서사를 서정적으로 바꾸어, 사건을 요약해 보여 준다. 특히
함께 돌아가지 못했다는 구절은 진한 아쉬움이 배어 나온다. 이후에
도 『이계집(耳溪集)』과 『연경재전집(硏經齋全集)』 등에서도 계월향을 다
룬다. 이러한 관심은 일제강점기에도 이어져 계월향의 행적은 강연
주제가 되기도 한다. 일제의 강압 속에서 왜장을 죽인 계월향을 이야
기하는 것은 소극적 반일 의식의 표출이라고 할 수 있다.

　그래서인지 일제는 1928년 6월 4일에 소설 『임진병화절대명기 계

월향전(壬辰兵火絶代名妓 桂月香傳)』이 황당무계하고 치안에 방해가 된다는 이유로 출판을 허가하지 않는다. 왜장을 살해하는 데 활약한 계월향의 행위를 일제로서는 용납할 수 없었을 것이다. 이후 영화감독 임권택이 1977년에 정윤희와 신성일 두 배우를 앞세워 「임진왜란과 계월향」을 연출한다. 이 영화에서는 김응서와 계월향은 서로 사랑하는 사이로 그려진다. 여기까지였다. 계월향은 더는 우리의 기억이나 대화 속에 등장하지 않는다. 구국의 여성 영웅은 잊히고 만 것이다. (임치균)

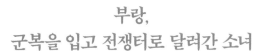

부랑,
군복을 입고 전쟁터로 달려간 소녀

전쟁놀이를 좋아하던 소녀

"사실 저는 남자가 아닙니다. 연로한 아버지를 군대에 보낼 수 없어 감히 목란(木蘭)처럼 행동한 것인데, 요행히 공께 등용되어 항오에서 이리저리 일을 하다가 공의 용맹에 힘입어 오늘 같은 날을 맞이하였습니다. 만일 저를 버리지 않고 거두어 주신다면 공의 휘하에서 명을 받들겠습니다."[7]

— 장지연, 『일사유사』

나 때는 그랬다! 무슨 꼰대 소리냐 하겠지만, 어릴 적 놀이 문화 이야기다. 구슬치기, 딱지치기, 제기차기, 닭 붙잡기, 팽이치기, 술래잡기, 숨바꼭질, 굴렁쇠 굴리기 등 수도 없이 많았다. 그런데 제주도 중산간에 있는 평범한 시골 마을에서 자란 남자아이들은 여자아이들과 달리 '싸움' 놀이를 많이 했다. 닭싸움, 흙 싸움, 팔자 놀이, 폭총 놀이, 전쟁놀이 등이 대표적이다. 이에 비해 여자아이들은 고무줄놀이, 인형 놀이, 공기놀이 등으로 남자아이들과는 크게 달랐다. 운동회를 하는 날이면 남자아이들은 활과 화살, 화약을 포함한 장난감 총을 주로 사고, 여자아이들은 고무줄과 풍선 등을 많이 샀던 기억이 난다. 1970년대에서 1980년대 사이의 이야기다.

시간을 조선 시대로 돌려보자. 소녀 시절을 지배하는 단어는 '요조숙녀'다. 말 잘 듣는 착한 소녀를 넘어서지 못한다. 성장해 혼인하고 자식을 낳으면 '현모양처'로 정체성의 변화를 겪는다. 요조숙녀와 현모양처들에게 주어진 기본 직무 중에 가장 중요한 것은 음식 관련 일과 함께 '침선방직(針線紡織)', 즉 바느질과 옷감 다루기, 옷감 만들기 등이다. 그런데 이러한 전형적인 조선 여성과 다른 당찬 소녀가 있었다. 그 아이를 부랑(夫娘)이라고 불렀다.

부랑은 목축문화와 수렵 문화의 전통을 계승한 집안에서 태어나고 성장했다. 부랑의 선조들은 원래 부여씨의 후손이었으며, 명나라 말기에 만주 지방 남쪽의 여진족을 누르고 관리하기 위해 설치했던 건주위(建州衛)에서 자성군으로 이주했다. 그리고 대대로 목축과 수렵을 생업으로 삼았다. 이러한 집안의 전통으로 인해 부랑 또한 말타기와 활쏘기에 익숙했다.

부랑은 어려서부터 전쟁놀이를 좋아하여 매양 목장에 가서 아이들과 더불어 대열을 갖추고 전진을 만들며 스스로 말에 올라 대장이 되었다. 나뭇가지를 꺾어 활, 화살, 창 등의 기물을 만들어 여러 아이에게 나눠 주었는데, 호령이 엄격하고 기율이 가지런하였다.

부랑이 좋아하고 즐겨 했던 놀이는 동네 남자아이들과 함께하는 전쟁놀이였다. 집안에서 자연스럽게 습득한 말타기와 활쏘기는 이 놀이의 핵심이자 또래 집단에서 하는 전쟁놀이에서 부랑을 대장으로 만들어 주었다. 부랑은 단순히 말을 잘 타고 활을 잘 쏘며 칼과 창을 잘 다루는 정도가 아니었다. 장수로서 리더십을 발휘할 줄 알았다.

이런 딸의 모습을 지켜보던 부친은 부랑에게 여자의 본분을 잊고 남자아이들이 하는 일을 하지 말라고 꾸짖으면서 이런 것들을 배워 어디에다 쓰겠느냐고 늘 지적했다. 이에 부랑은 "훗날 나라에 변고가 생기면 제가 아버지를 대신해 군대에 가려고 합니다."라고 대답했다. 부랑은 여기서 멈추지 않았다. 종종 서당에 다니는 아이들과 어울려 문자를 배웠으며 낮에는 말을 기르고 밤에는 책을 읽었다.

건장한 아들이 없으니 제가 입대하겠습니다!

부랑이 성장했을 즈음에 인조반정이 일어났다. 후금을 상대로 국경 분쟁이 잦았으므로 반정에서 공을 세운 이괄(李适, 1587년~1624년)

이 국경을 경비하고 있었다. 이괄은 오랑캐를 방어한다는 명분으로 각 군현에 명을 내려 속오군(束伍軍)을 뽑고 건장한 사냥꾼과 포수들을 모집했다. 이때 부랑은 아버지에게 "아버지는 건장한 아들이 없고 저는 이미 장성했으니 아버지를 대신해 군대에 가고 싶습니다."라고 청했다. 내외법이 엄격했던 조선 시대에 딸이 자신을 대신해 군인으로 지원하겠다고 했을 때 찬성하는 아버지는 없었을 것이다. 부랑의 부친 역시 그랬다. 그러나 부랑의 설득은 끈질겼고 부친은 허락할 수밖에 없었다.

부랑이 이에 남자의 옷을 입고 변장하여 속오군에 편성되어 이괄의 군영에 이르렀는데, 이괄이 여러 날 동안 병사들을 조련하다가 부랑이 기예에 정통한 것을 알고 매우 좋게 여겨서 승진시켜 초장(哨將)으로 삼았다.

이괄의 군으로 입대한 부랑은 다른 병사들보다 뛰어났다. 부랑은 무과에 급제한 것도 아니고 참전 경험이 있었던 것도 아니다. 부랑이 리더에게 인정받은 것은 순전히 자신의 능력 때문이었다. 말타기를 비롯해 어릴 때부터 익혔던 각종 무예는 부랑이 단순한 병사의 역할이 아닌 주도적 역할을 수행하게 했다. 이상했다. 부랑은 군에 입대해 국가를 위해 오랑캐와 싸울 줄 알았다. 그런데 이괄의 칼끝은 조선 국왕을 향하고 있었다. 이를 알게 된 부랑은 마구간에서 말을 훔쳐 안주 목사로 있던 정충신(鄭忠信, 1576년~1636년)에게로 달아났다.

아버지 대신 종군했다는 전설상의 중국 남장 여성 목란(Wikimedia
Commons 자료)

이후 부랑은 우선 이괄이 이끄는 반군의 실상을 정확하게 알렸고, 이괄과 친한 정충신이 오해에서 벗어날 계책을 알려 주기도 했다. 그뿐만 아니라 이괄이 한양으로 쳐들어갈 때 어느 곳을 거쳐 어떤 방법으로 들어갈지에 관한 자문까지 했다. 정충신은 부랑의 계책과 의견이 모두 맞아떨어지는 것을 보고 그녀를 참모로 기용했다. 부랑은 이괄의 난을 진압하는 과정에서 각종 조언을 하는 한편, 기병 몇 기를 데리고 봉화가 있는 고개 위로 올라가 봉화를 담당하던 반란군을 사로잡고 관군이 봉화를 확보하는 데 공을 세우기도 했다.

사실 저는 남자가 아니라 여자입니다!

정충신은 이괄의 난을 진압하는 과정에서 큰 공을 세우고 인정받았다. 그는 자신이 받은 돈과 비단 등을 부랑에게 나누어 주며 고마움을 표했다. 그리고 부랑에게 자신의 막하에 남아 자신을 계속 도와달라고 부탁했으나, 부랑은 정중하게 사양했다. 자기 능력을 알아주는 것은 고맙지만, 연로한 부모를 모실 다른 자식이 없다는 것이 이유였다. 정충신에게 부랑의 상황은 큰 문제가 되지 않았다. 가족을 모두 이사시키면 되는 일이기 때문이다. 그래서 거듭거듭 부탁했다. 그러자 부랑은 크게 한숨을 한 번 내쉬고는 일단 생각해 보기로 했다. 사실 부랑이 걱정한 것은 부모의 봉양도 있었지만, 자신이 남자가 아니라는 사실이었다. 결국 부랑은 사실을 밝히기로 했다.

부랑은 자신이 여자임을 당당히 밝히면서 늙은 아버지를 대신해 군에 입대한 후 공을 세우고 고향으로 돌아가 부모를 모시고 살았던 목란처럼 행동했음을 밝혔다. 정충신은 놀라지 않을 수 없었다. 몇 개월 동안 전장을 누비면서도 부랑이 여자였음을 전혀 몰랐던 것이다. 다음 날 정충신은 부랑을 위해 잔치를 열었다. 그리고 그 자리에서 모든 비장(裨將)에게 부랑이 여자임을 밝혔다.

"오늘은 참으로 나에게 좋은 날이네. 제장은 수놓은 치마와 비단 저고리를 가지고 와서 부랑이 치장하고 화촉을 밝힐 수 있도록 준비해 주게."

부랑이 여자였다는 사실도 놀랍지만, 주변 반응 역시 우리가 알던 조선의 남성적 시선이 아니었다. 모든 비장은 놀라면서도 한편으로는 칭찬해 마지않았다. 부랑은 정충신의 도움으로 가족들을 모두 병영으로 이사시킨 후 함께 지내게 되었다. 더더욱 놀라운 사실은 부랑이 여자임이 밝혀졌는데도 그녀에게 부여되었던 사회적 역할은 계속 유지되었다는 점이다. 조선 시대에는 여자가 병영에서 공무를 부여받는 것이 사실상 불가능했다. 그런데도 부랑은 끊임없이 정충신을 보좌했고, 그 역할은 정묘호란 현장에서도 계속되었다. 이후 부랑은 충주에서 정충신과 함께 지내다가 정충신이 죽자 삼년상을 마치고 비구니가 되어 묘향산으로 들어갔다는 언급으로 이야기는 끝을 맺는다.

19세기를 거치면서 조선에서는 여성 영웅소설이 크게 유행한다.

여자로 태어나 남자로 변장해 살아가면서 과거에 합격한 후 부랑처럼 전쟁에서 공을 세우고 국가에 충성하며 부모에 효도하는 이야기다. 이러한 여성 영웅은 허구의 세계에서 구현된 캐릭터라는 사실을 부인할 수 없다. 19세기의 여성 영웅소설처럼 부랑의 이야기는 충효와 정절을 기본으로 한다. 그러나 이를 실천하는 양상은 우리가 생각하는 조선 여성의 모습이 아니다. 여성 영웅소설 속 캐릭터들과 부랑에게서 보이는 당찬 모습은 우리가 조선의 여성을 이해하는 과정에서 다시 한번 소환해 볼 필요가 있어 보인다. (강문종)

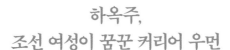

하옥주,
조선 여성이 꿈꾼 커리어 우먼

진세백이 웃으며 말하였다.

"오늘 밤! 우리 부부가 조용히 원앙금침 속에서 즐거이 지내면 내일 돌아가겠지만, 그렇지 않으면 100일이 지나더라도 여기서 떠나지 않을 것이오."

하옥주가 정색하며 응대하였다.

"왕의 이 같은 이상한 행태는 경박한 무리나 하는 일입니다. 조금도 왕으로서의 위엄과 태도가 없으니 어찌 부끄럽지 않겠습니까?"

— 「하진양문록」

고전소설 「하진양문록(河陳兩門錄)」의 여성 주인공인 하옥주(河玉珠)

『하진양문록』 본문(한국학중앙연구원 소장)

가 남편인 진세백(陳世伯)에게 하는 말이다. 하옥주는 함께 밤을 보내
자고 보채는 남편의 요구를 칼같이 거절한다. 조선 시대 여성이었다
면 남편의 적극적이고도 무례한 애정 공세에 이처럼 자기 결정권을
가지고 응대하기는 쉽지 않았을 것이다. 그렇지만 하옥주는 그 일을
해낸다. 하옥주가 소설 속 인물이기에 가능했던 일이라고 말할 수도

있다. 하지만 소설은 그저 없는 이야기를 만들어 내는 문학이 아니다. 가능성이 있는 그럴듯함을 소설이 담고 있다는 점에서 조선의 많은 여성은 하옥주의 서사를 읽으면서 그처럼 행동하는 것을 꿈꾸었다고 볼 수 있다.

마음껏 능력을 펼치며 자기 일을 소신 있게 해 나가는 커리어 우먼! 그것은 조선 시대 여성들에게는 바라되 이룰 수 없는 꿈이다. 그런데 소설 속의 하옥주가 그 꿈을 이루어 주니 여성들은 충분히 대리 만족을 느꼈을 것이다.

하씨 가문과 진씨 가문의 이야기를 다룬 「하진양문록」은 남성들도 넘볼 수 없는 최고의 성공을 이루는 여성 인물 하옥주를 주인공으로 한다. 「하진양문록」에서는 소녀, 남성, 성인 여성으로 살아가는 하옥주의 일생을 그린다.

하옥주, 소녀에서 여성 영웅으로

자식이 없었던 하옥주의 아버지 하희지는 후사를 잇기 위해 주씨를 둘째 부인으로 맞이한다. 주씨는 기대한 대로 영화, 계화, 종화라는 세 아들과 딸 교주를 낳는다. 그런데 그 후 자식을 갖지 못했던 첫째 부인 윤씨가 딸 옥주와 아들 백화를 두게 된다. 하지만 불행하게도 윤씨가 일찍 죽는 바람에 하옥주는 주씨의 손에 맡겨진다. 이때까지만 해도 소녀 하옥주는 좋은 집안에 훌륭한 부모를 둔 안정된

조선의 걸 크러시

환경 속에서 성장했는데, 아버지가 진세백을 데려오면서부터 문제가 발생한다. 하옥주와 진세백을 정혼시켰기 때문이다. 진세백은 집안이 망해 천하를 떠돌던 청년이다. 하희지는 진세백이 영웅의 기상을 가졌다며 높이 평가했지만, 주씨를 비롯한 그 자식들의 눈에는 그저 걸인일 뿐이다. 주씨는 하씨 집안의 모든 재산이 하옥주와 진세백에게 돌아갈까 봐 걱정하며 옥주를 학대하기 시작한다. 그때 주씨 소생의 딸로 진세백을 사모했던 교주가 사랑의 뜻을 이루지 못하자 그에게 겁탈을 당했다며 모함한다. 진세백은 모함을 눈치챈 하옥주의 편지를 받고 피신한다. 그러자 주씨가 하옥주를 다른 남자와 혼인시키려고 하면서 갈등은 심해진다. 결국 다른 남자에게 시집을 갈 수 없다고 판단한 하옥주는 후원 연못에 몸을 던진다. 이로써 소녀 하옥주는 삶을 마감한다.

소녀 하옥주는 당대의 이념에 충실한 삶을 사는 인물이다. 아버지가 정해 준 남성과 혼인하려고 했고 그를 따른다. 죽음을 무릅쓰더라도 다른 남성은 가까이할 수 없다. 이러한 의식이 하옥주가 극단적 선택을 한 이유다.

이후 「하진양문록」은 남성 하옥주의 삶을 그려 낸다. 아이러니하게도 하옥주는 자결을 통해 가정을 벗어나 더욱 넓은 세계로 나가게 된다. 죽지 않고 누군가의 구조를 받았기 때문에 가능했던 일이다. 물에 빠진 하옥주를 구한 인물은 진원 도사다. 하옥주는 진원 도사에게 도술과 무예를 전수받아 연마한다. 그러고는 남장하고 이름을 하재옥으로 바꾸어 과거에 응시해 장원급제한다. 한편 도망쳤던 진세백은 이름을 진세위로 바꾸고 하옥주보다 앞서 장원급제해 황제의 총애를 이미 받고 있다. 하옥주는 첫눈에 진세백을 알아본다. 그러나 진세백은 하옥주를 알아보지 못한 채 "그대가 여성이었다면 혼인했을 것"이라며 친근하게 지낸다. 독자들이 흥미를 느낄 부분이다. 독자들은 하재옥이 남장한 하옥주임을 안다. 그렇기에 하재옥을 남성으로 대하는 진세백의 행동에 안타까우면서도 즐거운 이중적 감정을 가질 수 있다.

남성 하옥주는 나라 안의 반역을 제압하고 외적의 침입을 격퇴하는 등 영웅적 행위를 수행한다. 이 전쟁에 정혼자 진세백은 부하로 참전해 하옥주의 명령에 따라 움직인다. 어쨌든 남성이 여성의 명령을 따르는 장면은 남존여비인 조선 시대에 이 소설이 쓰였다는 점을 고려할 때 파격적이다. 이 전쟁에서 하옥주는 그만 병이 드는데, 그런 와중에도 오직 진세백에게만 간호를 맡긴다. 아무리 병을 치료한다고 해도 정혼자가 아닌 다른 남자에게는 자기 몸을 보여 줄 수도, 만지게 할 수도 없기 때문이다. 그래서 운 좋게도 진세백은 하옥주가 여자라는 사실을 알게 되었다.

빨리 알고 싶은 것이 있어 약 쓰는 것을 천천히 하고 먼저 가슴을 헤치고 보니 진짜 여자였다. 다시 왼쪽 팔을 보니 옥같이 하얀 팔뚝에 처녀임을 나타내는 붉고 둥근 물감이 찍혀 있었다.

하옥주가 병이 점점 심해져 혼절한 상태였지만, 진세백은 정체를 확인하는 것을 더 급하게 생각한다. 붉고 둥근 물감은 바로 홍점(紅點)이다. 우리나라 고전소설에서 여성이 처녀임을 알리는 징표로 쓰이는 대표적인 소재인데, 팔뚝에 찍는다고 해서 비홍(臂紅), 앵무새의 피처럼 붉다고 해서 앵혈(鶯血)로도 불린다. 여성임을 확인하기 위해서라면 팔뚝을 확인하는 것만으로도 충분하다. 그런데 저자는 굳이 진세백에게 하옥주의 가슴을 헤치고 보게 한다. 조선 시대에 보여 줄 수 있는 나름의 선정적 장면을 설정한 것이리라.

가슴과 홍점이 드러남으로써 남성 하옥주의 삶은 끝난다. 여성임이 밝혀진 이상 하옥주의 사회생활 또한 끝날 수밖에 없다. 주지하듯 당시는 여성의 사회 진출이 허용되지 않던 시기다. 하지만 하옥주는 이후에도 가진 능력을 마음껏 발휘한다. 황제의 인정을 받았기 때문이다.

"하재옥(하옥주)이 비록 여자이나 이 세상에서 그가 지닌 재주와 덕과 충성됨과 비교할 수 있는 사람은 다시없을 것이다. 어찌 규방에서 헛되이 늙어 가게 하겠는가? 짐이 땅을 주어 봉하고 여총재로 삼아 대궐의 정사를 다스리게 하는 한편 황실의 여자 친척들을 가르치게 하리라."

이로써 하옥주는 성인 여성의 주체적 삶을 살아가게 된다. 여성을 성별보다는 능력으로 인정하겠다는 황제의 태도도 진보적이다. 조선 사회에서 여성은 결코 대외적인 직책을 맡을 수 없었다는 사실을 감안할 때, 이러한 설정은 그 자체로 파격이다.

하옥주는 진세백과도 혼인해 가정을 이루고, 여총재로서 궁에서 발생한 여러 사건과 사고를 훌륭하게 처리한다. 외적의 침입을 막으러 나간 남편 진세백이 병들어 위기에 처했을 때는 스스로 나아가 치료해 주고 물리칠 계교까지 알려 준다. 그리고 가정의 여러 문제도 완벽하게 해결한다. 그로 인해 대내외적으로 대단한 평가를 받으며 사회적 위치를 확고히 한다. 실로 조선의 능력 있는 여성들이 꿈꾼 삶이다.

그래서인지 조선 시대에는 이러한 여성의 삶을 그린 작품들이 창작되어 인기를 끌었다. 이른바 '여성 영웅소설'로 불리는 유형의 작품들이다. 여성 주인공이 어렸을 때 만난 고난을 남장으로 벗어나고, 도사 등에게 구출되어 수학(修學)해, 국가의 위기에 능력을 발휘하고 인정받은 뒤 여성임을 밝히고 정혼자인 남성과 혼인하는 것이 중심 내용이다. 여기까지는 「하진양문록」의 하옥주와 크게 다르지 않다. 그런데 대부분 작품에서 영웅이었던 주인공은 여성으로 돌아간 이후에 더는 사회적 활동을 하지 않는다.

이런 점에서 「하진양문록」의 하옥주는 자신의 처지와 신분에서 얻을 수 있는 최고의 삶을 산, 진정한 여성상을 드러낸 인물이다. 특히 사회에서 받은 분명한 인정을 바탕으로 가정과 부부 관계의 올바른 정립을 보여 주는 하옥주는 오늘날 슈퍼 커리어 우먼의 원조라고 할 수 있다. (임치균)

3부

쓰고 노래하다

김금원,
여행을 통해 페르소나를 벗다

여자 가운데 어찌 우뚝한 존재가 없겠는가? 그런데도 여자는 세상과는 완벽히 단절되고 깊숙한 규방에서 생활하는 까닭에 스스로 그 총명함과 식견을 넓힐 수 있는 기회를 얻지 못한 채 마침내 아무것도 남기지 못하고 자취 없이 사라지고 마니 참으로 슬픈 일이다.[1]

— 김금원, 「호동서락기」

남자로 태어나지 못해 불행하구나!

1817년, 강원도 원주에 있는 가난한 집안에서 한 여자아이가 태어난다. 병약하고 볼품없던 이 아이는 훗날 조선 최고의 여성 시인이 되었다. 이 아이가 바로 김금원(金錦園, 1817년~?)이다. 「방한림전」에서 방관주의 부모가 딸이 남성의 삶을 살아가는 것을 지지하고 응원해 주었듯이, 금원의 부모 역시 틀에 박힌 관습에 집착하지 않았다. 금원의 부모는 병약한 딸에게 가장 잘할 수 있는 것들을 시켰다. 바로 공부였다. 약한 아이가 자기 삶을 살기를 기원하는 바람이었을까? 아니면 안타까움이었을까? 여성이 반드시 배워야 할 가사나 바느질 대신에 글공부를 하게 했던 것이다. 금원은 부모의 든든한 지원과 자신의 노력으로 경서와 사서를 익히고 옛 문장들을 본받아 시와 문장을 지을 수 있게 되었다. 이러한 공부는 금원이 유교적 이념을 내재화하는 대신에 주체적 내면을 형성하게 해 주었다.

조용하게 내 인생을 생각해 보니 짐승으로 태어나지 않고 사람으로 태어난 것은 실로 다행이다. 사람으로 태어났으나 야만인이 사는 곳에서 태어나지 않고 우리나라와 같은 문명국에 태어난 것도 다행이다. 남자로 태어나지 않고 여자로 태어난 것은 불행이요, 부귀한 집에 태어나지 못하고 가난한 집안에 태어난 것도 불행이다.

금원은 자기를 성찰하고 있다. 우선 자연을 대상으로 인간과 짐승을 구별하고, 문명과 야만을 나누었다. 이어 남성과 여성을 구별한 후빈부의 기준으로 자신을 바라보았다. 그 결과 금원은 문명국의 가난한 집에서 인간으로 태어난 여성이라는 정체성으로 자신을 규정했다.

그런데 가난한 경제적 환경이, 남성이 아닌 여성으로 태어난 것이 불행하다고 한다. 주어진 환경에 순응하고 만족하면서 요조숙녀로 성장해 한 남성을 만나 현모양처가 되라는 사회적·국가적 요구에 따라 정체성을 유지하고 재생산하지 않았다. 금원은 당돌했다.

남성의 옷을 입고 금강산을 오르다!

금원은 계속 고민했다. 여성은 대문 밖으로 나가지 않고 오직 음식과 옷감을 만들고 바느질과 같은 일이나 논하며 남편과 자식을 뒷바라지하고 제사를 모시며 손님을 접대하는 것에 만족하며 살아야 했던 시대다.

여자로 태어났다고 규방 깊숙이 들어앉아 여자의 길을 지키는 것이 옳은 일인가? 한미한 집안에서 태어났다고 세상에 이름을 날릴 것일랑 단념하고 분수대로 사는 것이 옳은 것인가?

고정관념과의 충돌이다. 일상화되어 버린 사회적 질서를 비롯해 자신을 둘러싼 환경에 순응하는 것이 옳은지 아닌지 고민하고 있다. 조금 더 적극적으로 금원을 이해해 보면, 그녀는 일반화해 버린 사회적인 가치와 문화 속에서 자신을 규정하는 것이 아니라 이를 부정하는 자아를 계속 강화하는 것이다. 너무도 당연한 금원의 고민과는 달리 이 시대를 살아갔던 남자들은 달랐다. 오히려 그들은 집 밖의 넓은 세상에 뜻을 두고 이루려는 것을 당연하게 생각했다. 아니, 그런 행동을 귀하게 여겼다.

금원은 조선 시대 여자들이 국량이 협소하고 식견이 넓지 못한 이유를 알고 있었다. 그것은 바로 넓은 세상과 대자연을 보지 못하고 온갖 세상사를 마음으로 경험하지 못해 세상의 변화무쌍함을 이해하지 못했기 때문이었다. 그래서 결심했다.

마음은 이미 집을 떠나 명승지를 찾아 아름답고 속되지 않게 여행할 것을 정하였다. 그리고 부모님께 이 계획을 말한 지 한참 후에 겨우 허락을 얻었다. 어렵게 받은 허락이라 마음이 후련하기가 마치 새장에 갇혔던 새가 새장을 벗어나 끝없이 푸른 하늘을 날아오르는 기분이고, 좋은 말이 굴레와 안장을 벗은 채 천 리를 달리는 기분이다.

금원은 혼인할 나이에 조금 미치지 못했던 14세에 세상을 만나고 싶었다. 그리고 자신의 계획을 부모에게 밝혔다. 부모는 반대했다. 당연하다. 혼인도 하지 않은 처자가 금강산을 유람하겠다고 하니, 부모로서는 고민할 수밖에 없었다. 금원은 부모를 계속 설득했고, 끝내 허락을 받아 내고야 말았다. 금원의 부모는 어릴 적 그녀에게 여성의 기본 덕목 대신에 공부를 시켰듯이, 세상을 만나고 싶다는 딸의 뜻을 수용했던 것이다.

금원은 무한한 해방감을 느꼈다. 새장 속에 갇혔던 새가 새장을 벗어나 푸른 하늘을 마음껏 날아다니고 굴레와 안장의 억누름을 벗어 버린 말이 넓은 들판을 자유롭게 달리는 기분을 만끽했다. 그러고는 과감하게 여성의 옷을 벗어 버리고 남성의 옷으로 갈아입었다. 드디어 출발이다. 금강산으로, 한양으로 가는 여행이 시작되었다.

불필요해진 페르소나, 다시 시작하자!

이렇게 금원은 열네 살이 되었을 때 부모의 공식적인 허락을 받은 후 남자로 변장해 세상을 만나기 시작했다. 충청북도 제천에 있는 의림지를 시작으로 단양 지역을 거쳐 금강산 일대를 마음껏 누비고 관동팔경을 빠짐없이 유람한 후 설악산을 관통했다.

그녀는 대자연의 기이한 장관을 두루 살펴본 후 다시 화려하고 번화한 조선의 중심 한양으로 발걸음을 돌렸다. 그러고는 남산에 올라 궁궐을 바라보았다. 하늘을 향해 치솟은 누각들 사이로 상서로운 노을을 바라보았다. 시선을 돌려 번화한 한양의 모습을 보면서 시골에서 태어나고 자라 안목이 좁았던 자신을 비웃었다. 그렇게 한바탕 자신을 비웃고 나니 비로소 마음이 확 트이는 자신을 발견했다.

금강산과 서울을 유람하면서 스스로 복색을 돌아보니 홀연히 처연함을 깨달았다. 그리고 혼자 속으로 말하였다.

"여자가 남자의 복색을 갖추는 것은 예사로운 일이 아니다. …… 지

남산에서 바라본 한양 전경(국립중앙박물관 소장)

금 나의 아름다운 경치에 대한 풍성한 보상은 오래된 소원이었으니
여기서 멈추는 것이 옳을 것이다. 그리하여 다시 본분으로 돌아가
여자가 해야 할 일에 종사하는 것이 옳지 않겠는가?"
마침내 남자의 옷을 벗어 버리고 여성으로 돌아오니 이는 아직도 혼
인하지 않은 여자의 모습이었다.

이제 더는 남성의 옷이 필요하지 않았다. 자신의 근본을 잃어버릴
지도 모른다는 두려움도 있었지만, 주체적 내면을 만들어 낸 금원에
게는 남성의 페르소나가 필요 없었다. 몇 년이 지난 후 김덕희(金德喜,
1800년~?)의 소실이 되었고, 다시 몇 년이 더 흘렀다. 금원은 29세가
되던 해에 남편을 따라 평양을 유람하고 의주에 이르러 2년을 지냈
다. 의주에서 2년 동안 생활하면서 보았던 수많은 풍경 중에 가장 주

조선의 길 크러시

목했던 것은 기녀들의 모습이었다. 금원이 보았던 의주 기녀들은 아름답게 화장하고 군복을 입고는, 세차고 굳센 말에 올라타 대오를 갖추고 호각 소리와 북소리에 맞춰 마장 안으로 들어가는데, 한 치의 흐트러짐도 없이 당당했다.

31세가 되던 해에는, 벼슬에서 물러난 김덕희와 함께 한양 용산 지역에 있었던 삼호정(三湖亭)에 머물면서 여성들로만 시회(詩會)를 조직했다. 드디어 조선 최초의 여성 시단이 만들어졌는데, 후세 사람들은 공간의 이름을 따 '삼호정 시단'이라고 불렀다. 짧고 굵게 끝날 새로운 시작이었다.

나는 남자라도 할 수 없는 일을 했다!

금원은 34세가 되던 1850년의 어느 봄날, 자신이 경험했던 여행의 모든 기록을 모아 「호동서락기(湖東西洛記)」를 완성했다. 그리고 1851년에서 1856년 사이의 어느 날에 파란만장했던 삶을 마감했다. 금강산을 여행했고 '삼호정 시단'을 이끌었으며 여러 남성 문인과 교류했던 금원은 조선 시대 여성으로서는 드물게 내면이 강하고 국량이 컸는데, 말년에 자기를 다음과 같이 평가했다.

반평생 돌이켜 보니 맑은 곳에서 놀고 기이한 곳에 자취를 남겼다. 산수 사이에 있어 기괴한 곳을 탐색하여 이름난 곳은 거의 다 살펴

보았다. 그러니 나는 남자라도 할 수 없는 일을 했다고 여겨진다. 그 때문에 내 분수에도 만족하고 소원 역시 이루어졌다 할 것이다.

금원은 자기 삶에 만족한 것으로 보인다. 그러나 이렇게 고백한 후 다시 자신을 향해 외친다. 천하의 강산은 넓고도 큰데 겨우 한 모퉁이를 보고서 온 천지를 보았다고 생각하지 말자. 시간과 역사의 흐름 속에서 겨우 백 년을 사는 인생으로 만족할 수가 있겠는가? '삼호정 시단'을 함께 이끌었던 평생의 친구 운초(雲楚)는 이러한 금원을 일러 "여자 중에 영웅호걸이다."라고 평가했다.

개인이 자신을 스스로 성찰하고 정체성을 규정한 후 자아를 실현하는 것, 그리고 그것을 목표로 삼는 것은 근대적 의미의 개인이 가지는 특징 중 하나다. 그녀는 주어진 사회적·문화적 틀 안에서만 세상을 바라보지 않았다. 가부장제가 허용하는 범주 안에서만 생각하고 행동하지 않았다. 주체적 내면을 갖고 19세기 조선에서 자신만의 삶을 살아갔던 금원을 통해 우리는 조선 후기 여성으로서 진정한 의미의 개인이었던 인물을 만날 수 있다. (강문종)

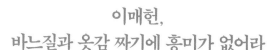

이매헌,
바느질과 옷감 짜기에 흥미가 없어라

조옥잠은 이매헌이 죽은 이후로 세상에 별 뜻이 없어졌다. 꽃 피는
아침과 달 뜨는 저녁이면 눈물을 흘리기도 하고 탄식하기도 하다가
말했다.

"이매헌의 아리따운 용모와 슬기로운 언어를 다시는 보고 들을 길이
없으니, 내가 사는 것이 슬픔이 될 뿐이구나."

마침내 조옥잠 또한 식음을 전폐하고 병이 깊게 들어 죽고 말았다.[2]

— 『좌계부담』

세상을 떠난 이를 절절하게 그리워하다가 결국 따라 죽고 말았다
는 가슴 아픈 글이다. 이는 언뜻 보면 사랑하는 남녀 사이에 벌어진

일인 듯하다. 그러나 이 글 속에 등장하는 이매헌(李梅軒)과 조옥잠(趙玉簪)은 모두 여자다. 두 여자는 대체 무슨 사이였을까? 또한 어떤 사연이 있기에 한 사람이 다른 한 사람을 따라 죽는 지경까지 이른 것일까?

글재주를 함께 펼칠 친구를 만나다

양반집에서 태어난 이매헌은 어릴 때부터 문장에 탁월한 재능을 보였다. 오빠들의 글 읽는 소리를 곁에서 대충 주워들어도 곧바로 외우고 기억했다. 또한 문장력이 뛰어나 입에서 나오는 한마디 한마디가 사람들을 놀라게 했다. 그러나 일찍 남편을 잃고 과부가 된 홀어머니 밑에서 어머니를 도와 여자의 일을 해야만 했다. 여자라는 이유만으로 사회 진출을 꿈꿀 수도, 가슴속에 가득 찬 재능을 펼칠 수도 없었다.

결국 이매헌은 조선 시대 대부분의 양반집 여자들처럼 얌전히 규방을 지키다가 비슷한 가문의 남자인 한씨와 혼인했다. 그리고 사대부 가문 부인의 삶을 살아가기 시작했다. 그런데 혼인 후 이매헌은 남편의 내조나 집안을 번성시키는 데 조금도 관심을 두지 않았다. 아내가 꼭 해야 하는 "바느질이나 옷감 짜기에 전혀 흥미를 두지 않았다." 그런 일들은 집안의 아랫사람들을 시킬 뿐이었다. 그렇다고 사대부 가문 안주인만이 누릴 수 있는 부귀영화에 취해 마음껏 즐기는 것도 아니었다. 한적한 방 안에만 틀어박혀 조용히 지내기 일쑤였다. 대체 무슨 이유일까?

사실 이매헌은 글을 짓고 토론하는 일이 좋았다. 남성들이 주로 하는 일에 훨씬 더 관심이 갔던 것이다. 그러나 여성의 본분을 지켜야 한다는 현실이 항상 그녀를 옥죄어 마음을 괴롭게 했다. 그때 마침 중인(中人) 가문에서 자란 조옥잠이라는 처녀가 찾아왔다. 조옥잠은 이매헌의 글재주가 매우 탁월하다는 소문을 듣고, 그녀를 한번 만나보고 싶은 마음에 한달음으로 달려온 참이었다.

두 사람은 만나자마자 영혼의 단짝이 되었다. 거울을 비추듯이 서로 마음이 잘 통했다. 사실 이매헌은 양반이고 조옥잠은 중인이었기에 신분 차이가 있었다. 그러나 이매헌은 이런 문제에 전혀 개의치 않았다. 신분을 떠나 오직 문학을 매개로 조옥잠과 친구가 되었다. 물론 그냥 친구가 아닌, 굳이 말하지 않아도 속마음까지 알아주는 '지기(知己)'가 되었다. 중국 춘추시대에 종자기(鐘子期)가 백아(伯牙)의 거문고 연주를 듣고 속뜻을 단번에 알아챈 것처럼, 조옥잠도 이매헌의 글에 담긴 뜻을 깊이 있게 이해하고 진심으로 비평해 주었다.

이후 두 사람은 자주 만나 시를 지어 화답했고, 각종 경전과 역사에 관해서도 토론했다. 그 결과 "평범한 남자들이 감히 넘볼 수 없을" 정도로 사물의 이치를 꿰뚫는 경지에 이르렀다. 두 사람이 만나 담론하는 시간만은 여자라는 성적 규범과 한정적 역할에서 벗어날 수 있었다. 또한 몸은 벽으로 둘러싸인 방 안에 있었지만, 마음은 아무런 속박 없이 세상 밖을 자유롭게 여행하는 것 같았다. 그 모든 것이 글

두 여인의 모습(한국데이터산업진흥원 자료)

을 통해 표현되었기 때문이다.

　이처럼 마음뿐만 아니라 문장력까지 상통했던 두 사람의 우정이
계속 이어졌다면 좋으련만, 갑작스럽게 불행이 찾아온다.

시를 지어 속마음을 전하다

어느 날 이매헌은 유산한 후 허망하게 죽는다. 이에 앞서 이매헌은 인간의 죽음을 생각하는 시 한 편을 짓는다.

이매헌이 조옥잠에게 다음과 같은 시 한 수를 지어 주었다.
"해오라기 한 쌍은 어떤 마음으로 날아올랐다가 다시 앉는가(雙鷺何心飛復坐)/ 조각구름은 자취도 없이 흘러갔다가 돌아오는구나(片雲無跡去環來)"
그러자 조옥잠이 이 시를 평했다.
"부인의 시에 담긴 뜻은 맑고 곱습니다. 그런데 아득히 먼 기상이 없어 제 마음이 못내 근심스럽네요."

이매헌은 죽기 전에 조옥잠에게 의미심장한 시를 지어 준다. 시의 내용은 겉으로 보기에는 그저 해오라기 두 마리가 나는 모습과 구름이 흘러가는 모습을 노래한 듯하다. 그렇다면 폐쇄적인 사회에 갇혀 벗어날 수 없는 자신의 답답한 현실을 자유롭게 움직이는 해오라기 및 구름과 대조한 것으로 해석할 수 있다. 그러나 달리 해석해 볼 수도 있다. 그 속뜻을 잘 들여다보면 새가 올라감과 내려감을 반복하고 구름이 생김과 없어짐을 반복하는 모습을 통해 인생의 무상감을 담고 있다. 곧 사람에게는 삶이 있으면 죽음이 있는 것이 당연한 이치임을 표현한 것이다.

조옥잠 역시 이 뜻을 단박에 알아차린다. "아득히 먼 기상이 없다."라는 조옥잠의 말은 "희망찬 미래를 설계하려는 뜻이 없다."라는 뜻이다. 물론 이매헌이 자결을 결심하거나 자신이 곧 죽을 것을 미리 알고 이러한 시를 지은 것은 아니다. 그러나 조옥잠은 이매헌의 시만 읽고도 이매헌이 죽음에 관해 진지하게 성찰하고 있음을 알아채고 크게 걱정한다.

조옥잠의 우려대로 결국 이매헌은 죽음을 맞는다. 그리고 조옥잠은 이매헌의 죽음을 너무도 슬퍼한 나머지 삶의 이유를 잃어버린다. 유일하게 자신을 알아주던 친구가 없어진 상실감이 너무도 컸던 것이다. 또한 더는 자신의 정서를 펼칠 상대가 없다는 현실을 받아들이기 어려웠다. 이에 조옥잠은 곡기를 끊고 이매헌을 따라 죽는다. 자신의 음률을 이해해 주던 종자기가 죽자 거문고 줄을 끊고 음악을 그만둔 백아처럼, 조옥잠에게 이매헌이 없는 삶은 죽음보다 더한 고통이었던 것이다.

이매헌과 조옥잠이 이처럼 목숨까지 함께하는 친구가 될 수 있었던 것은 단순히 시를 짓고 논평하는 취미가 같아서만이 아니다. 억압된 현실 속에서 능력을 감추고 살아야만 하는 여성으로서 지닌 우울한 감정이 닮아 있었기 때문이다.

조선 시대에 이매헌과 조옥잠처럼 문재(文才)를 마음껏 펼치지 못한 불우한 여성은 수없이 많았다. 남편과 시댁 식구들에게 특출 난 문장력을 인정받지 못하고 갈등했던 허난설헌(許蘭雪軒, 1563년~1589년)이 대표적인 예라고 할 수 있다. 이매헌의 이야기가 실린 야담집을 보

조선의 걸 크러시

면 사실 이매헌은 수백 편의 주옥같은 명문을 남겼다고 한다. 그러나 시가에서 이매헌의 글을 숨기며 쉬쉬했고, 친정에서도 깊이 감추어 남에게 보여 주지 않았다. 그 시대의 사회 풍조상 여자의 글은 아무리 뛰어나더라도 세상에 떳떳하게 내보일 수 없었기 때문이다.

결국 이매헌의 글은 세상에서 사라지고 만다. 그럼에도 이매헌은 규방이라는 한정된 공간 안에서 끊임없이 시를 지음으로써 여자에게 강요되던 덕목과 도리에 저항했던 여성임이 분명하다. 여자가 시를 짓고 문장을 논하는 것 자체가 금기시되었던 현실 속에서 자아를 찾기 위해 최선의 노력을 펼친 것이다. (이후남)

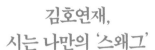

김호연재,
시는 나만의 '스왜그'

부부의 은혜가 비록 소중하더라도 저 사람이 나의 깊은 마음을 저버
렸으니, 어찌 홀로 구구한 사정을 가지고 옆 사람의 비웃음과 남편의
경멸을 받아야 하는가?[3]

— 김호연재, 『호연재유고』

"여자 팔자 뒤웅박 팔자"라는 말이 있다. 이 말은 결국 여성이 살아
가는 것에서 자신이 주체가 되지 못하고 어떤 남편 또는 어떤 남자를
만나느냐에 따라 인생이 결정된다는 '웃픈' 이야기다. 사실 이 말도
이제는 옛말이라고 할 만큼 듣기 어려운 말이 되었지만, 여전히 나이
가 지긋한 사람들은 결혼하지 않은 젊은 여성들에게 "좋은 남자를 만

조선의 걸 크러시

나야 팔자도 편다."라고 말하곤 한다. 조선 시대의 시인 김호연재(金浩然齋, 1681년~1722년)도 좋은 남편을 얻지는 못했다. 마음고생이 심했으니 말이다.

김호연재는 조선 사회가 배출한 뛰어난 여성 문학가 중 하나로, 조선 시대에 알아주는 안동 김씨 가문의 여식이었다. 호연재는 부친 김성달(金盛達, 1642년~1696년)과 어머니 연안 이씨 사이에서 9남매 중 여덟 번째로 태어났으며, 고조부는 우의정을 지낸 인물로, 병자호란 때 강화성이 함락될 위기에 처하자 화약에 불을 붙여 순절한 김상용(金尙容, 1561년~1637년)이다.

김호연재는 19세에 혼인했다. 호연재보다 한 살이 어린 남편 송요화(宋堯和, 1682년~1764년)는 동춘당(同春堂) 송준길(宋浚吉, 1606년~1672년)의 증손으로, 호연재와 송요화의 혼인은 노론의 두 핵심 가문 간의 결합이었다. 당대에 유명한 두 가문의 결합에서 호연재의 삶이 쉽지는 않았을 것으로 예상된다. 재능이 넘친 탓인지 아니면 혼인 후의 삶이 힘들었는지 호연재는 42세라는 젊은 나이에 세상을 떠났다. 그리고 호연재는 생전에 수많은 시를 남겨 현재는 조선 최고의 여성 시인이자 여성 문학가라는 칭호를 받고 있다. 호연재가 뛰어난 시인이 된 데에는 이미 타고난 문학적 재능도 있었겠지만, 여성이라도 시적 재능을 마음껏 뽐낼 수 있는 집안의 분위기도 한몫했다.

그러나 안타깝게도 호연재와 남편은 그리 가까운 사이는 아니었다. 남편 송요화는 성품이 자유롭고 후덕했으며 어머니에게 지극히 효성스러웠다. 어머니와 형님을 따른다는 핑계로 집을 비운 적이 많았다고

대전 회덕 동춘당(한국학중앙연구원 자료)

하니, 부인인 호연재와 가까이할 시간이 많지 않았음을 짐작할 수 있다. 그런데도 호연재는 자신에게 주어진 삶을 씩씩하게 살아갔다.

> 해가 비단 창에 뜨면 문득 다시 걱정이 되니(日出紗窓輒復憂)
> 빈손으로 배부르기 구하나 계책이 없어요(空拳求飽計無由)
> 두 분 오라버니께서는 배 위의 쌀을 아끼지 말고(兩兄莫惜船頭米)
> 보내 주시어 이 누이의 입과 배 걱정을 풀어 주세요(送解妹兒爲腹愁)[4]

호연재가 오라비에게 쌀을 꾸기 위해 지은 글이다. 집안의 끼니를 걱정하는 것은 호연재의 몫이다. 그런데 이러한 일이 여러 번 있었던

조선의 길 크러시

듯하다. 호연재는 쌀을 꾸기 위해 원님에게 보내는 시를 짓기도 했고, 시아주버니에게 편지를 보내기도 했다. 생활의 어려움을 시를 통해 표현한 것으로, 호연재가 재치 있는 여성이었음을 짐작하게 한다. 사대부 가문의 여성이 집안의 어려움을 해결하기 위해 다른 사람에게 손을 벌리는 것은 쉬운 일이 아닐 것이다. 그런데 속된 말로 호연재에게는 '스웨그(swag)'가 있다. 가진 것이 없던 때에도 호연재는 시를 통해 자신이 원하는 바를 한껏 드러내고 부끄러워하지 않는다. 현실적인 괴로움, 외로움, 그리움, 한가로움. 시는 호연재 자신을 표현하는 수단이었다.

「술에 취해 지은 시(醉作)」에서 김호연재는 조선 시대 사대부 여성에게서 연상되는 덕이 있고 조신한 여성이 아닌, 모든 근심을 잊어버리기를 원하는 자연인이 되기도 한다.

취한 후에는 건곤이 드넓고(醉後乾坤闊)
마음을 여니 만사가 태평하다(開心萬事平)
느긋하게 (돗)자리에 누우니(悟然臥席上)
다만 잠깐 세상일을 잊고 즐길 뿐이다(唯樂暫忘情)[5]

김호연재는 술에 취해 무엇을 잊고 싶은 걸까? 술에 취한 후에야 그녀는 넓은 세상을 되찾을 수 있었고, 마음이 열려 모든 일에 여유가 생겼다. 술 한 잔에 저절로 읊어지는 시에서 잠시나마 고된 현실을 잊고 마음의 평화를 찾고 싶어 하는 호연재의 마음이 느껴진다.

특이한 것은 김호연재의 시에 남편을 그리워하는 시가 거의 없다는 점이다.[6] 조선 시대에 출가한 여성에게 남편의 존재는 절대적이다. 그런데 호연재의 수많은 시 가운데 남편과의 관계를 나타낼 만한 시가 뚜렷하지 않다는 것은 호연재의 인생에서 남편이 큰 자리를 차지하지 못해서라고 추측할 수 있다. 그런데도 씩씩하게 자기 삶을 살고 자신의 인생을 시로 나타낼 만한 재능을 가진 호연재가 좁은 세상에 여성을 가두어 두려는 조선 사회에 순종했을 리 만무하다. 호연재가 보여 준 시적 재능은 그녀가 느끼는 주변 상황과 맞물려 나타나는 정서에서 비롯된다. 그것은 남편과의 소원함일 수도 있고, 혼인 후에 모든 여성이 느끼는 외로움과 고됨일 수도 있다.

남편이 내게 소홀한 것이 어찌하여 내 탓인가?

남편이 비록 소홀하게 대하더라도 스스로 생각하기에 잘못이 없다면 남들이 알지 못하여도 아무런 죄가 없이 부끄러움이 없는 것이니 무슨 연유로 깊이 근심하여 부모가 남겨 주신 몸을 상하게 하는가? 오직 날마다 덕을 높이고 자기 자신의 몸을 닦아야만 할 것이다.[7]

— 김호연재, 『자경편』

부부 관계에서 여성은 약자다. 옛날 여성들은 부부 사이에 문제가 생기면 자신이 잘못된 행동을 했다고 여기고 반성했다. 그러나 김호연재는 남편의 소홀함이 곧 여성의 잘못이 아니라는 것을 여성에게 깨우쳐 준다. 호연재는 세상 사람들이 어진 부인이라도 남편의 정이 없으면 흠집을 내어 화를 면치 못하게 하고, 남편의 정이 두터우면 오히려 성덕을 과장하고 왜곡해 부부간의 사랑이 있다고 말하니, 남녀를 보는 기준이 잘못되었다고 질타한다.[8] 남성에게 속박된 여성들의 삶의 기준은 남편이다. 그러므로 남편의 행동이 조금이라도 달라지거나 소홀해질 때 여성은 우선 자기 행동에 잘못이 없는지 따져 보고 모든 잘못을 자신에게 돌린다. 여성의 허물을 판단하는 기준을 남성이 결정한다면 어찌 그것이 여성들만의 잘못인가? 호연재는 무엇보다 여성 자신이 스스로 덕을 높이고 자신을 더욱 수양해야 한다고 강조한다. 물론 호연재가 여성에게 더 많은 덕을 닦을 것을 요구한다고 생각할 수도 있다. 하지만 반대로 보면 여성 스스로 자존감을 높이는 것이 중요하다고 강조하는 것이니 바람직하지 않은가!

김호연재가 뛰어난 재능을 가진 문학가였다고 할지라도 그 시대의 삶은 절대 순탄하지 않았다. 호연재는 시를 통해 "자신의 삶이 석 자 칼"이라고 말했고, "세속의 무리와 타협하지 않아 오히려 세상이 그르다."라고 했다. 또한 죽음에 이르러 아들에게 남긴 시에서는 자신의 인생을 "귀신의 희롱을 받아 반평생 일신에 잃은 것이 많았다."라고 전한다. 그런데도 호연재는 아들에게 힘쓰고 힘쓸 것을 권하며 자신의 부탁을 저버리지 말라고 당부한다.

김호연재가 쓴 시에는 괴로움, 그리움, 슬픔, 당참, 쾌활함이 담겨 있다. 현대 사회에서 음악이 사람들을 위로해 주듯이, 호연재의 시도 자신을 위로하고 앞으로 나아갈 수 있게 하는 힘이 되었을 것이다. 호연재가 보여 주는 '스왜그'! 호연재는 자신의 현실을 아름다운 언어로 바꾸어 자기 삶의 가치를 스스로 높였다.[9] (임현아)

김삼의당,
조선의 최고 여성 문장가

나 또한 호남의 한 어리석은 부인으로서 깊은 규방에서 나고 자랐다. 비록 경전과 역사서를 널리 살펴보지는 못했지만, 일찍이 한글로 『소학』을 읽고 이해한 후 한문까지 알게 되어 대략적이나마 여러 대가의 책을 섭렵하였다. 내가 글로 써낸 것이 어찌 세상 사람들의 비웃음을 받으려고 하였겠는가? 다만 집안에서 보고 겪은 것들을 말이나 시로 내 마음대로 적어 두었다가 스스로 훗날의 경계로 삼으려는 것뿐이다.

— 김삼의당, 『삼의당고』

조선의 문인 김삼의당(金三宜堂, 1769년~1823년)이 자신의 문집 『삼의당고(三宜堂稿)』에 쓴 서문이다. 남성 중심의 학문 활동이 중심을 이루던 조선 시대에 여성으로서 문집을 낸다는 것은 쉽지 않은 일인데, 김삼의당이 그것을 해낸 것이다. 삼의당은 남편 하립(河砬, 1769년~1830년)이 아내 김씨의 방문 앞에 지어 걸어 준 당호(堂號)다. 당호는 그 사람이 거처하는 곳을 일컫는 말이다.

하늘이 맺어 준 짝을 만나다

김삼의당은 김해 김씨인 탁영(濯纓) 김일손(金馹孫, 1464년~1498년)의 11대손인 김인혁(金仁赫)의 딸로 태어났다. 사대부의 후예이기는 하지만 집안이 몰락해 여유롭지 못했던 듯하다. 그러나 여자가 학문하는 것을 용인하는 집안 분위기에 힘입어, 김삼의당은 먼저 한글을 깨치고 나아가 한문까지 섭렵하며 지식을 쌓아 간다. 18세에는 가난하지만 대대로 문학으로 이름난 하씨 집안의 셋째 아들 하립과 혼인했는데, 김삼의당은 이에 관해 글을 남긴다.

같은 해, 같은 달, 같은 날인 1769년 10월 13일에 태어나, 같은 고을 같은 마을인 남원 서봉방(棲鳳坊)에서 살다가 1786년 봄에 혼례를 올려 부부가 되었으니 고금에 드문 하늘이 맺어 준 짝이다.

남편 하립의 집안도 몰락한 양반으로 형편이 어려웠지만, 두 사람의 관계만큼은 꽤 좋았던 듯하다. 첫날밤에 서로 시 두 수씩을 주고 받으며 자신들의 혼인은 우연이 아니라 하늘이 정해 준 인연이라는 점을 분명히 밝힌다. 김삼의당의 학문적·문학적 재능과 실력은 남편과 시로 대화할 정도였던 것이다. 실제로 김삼의당의 시는 남편 하립과 맺은 관계 속에서 창작되었는데, 그 시 속에는 부부가 서로 화락하고 공경하는 모습이 잘 드러나 있다. 김삼의당은 남편을 존중하고 평생 뜻을 어기지 않겠다고 다짐하기도 한다. 전형적인 조선 아내의 모습이라 하겠지만, 다음 대화는 고개를 갸우뚱하게 한다.

남편이 말하였다.

"죽을 때까지 남편을 어겨서는 안 된다고 하는데, 남편이 잘못하는 것이 있는 경우에도 따를 수 있습니까?"

내가 답하였다.

"명나라 사정옥(謝貞玉)은 '부부의 도는 오륜을 겸한다. 아버지에게는 간언하는 아들이 있고, 임금에게는 간언하는 신하가 있으며, 형제는 서로 바른 일을 힘쓰게 하고, 친구는 선함을 서로 권하여 힘쓰게 한다.'라고 하였습니다. 어찌 부부에게 있어서만 유독 그러하지 않겠습니까? 제가 남편을 어기지 않겠다고 하는 말이 어찌 남편의 잘못을 따르겠다는 말이겠습니까?"

남편이 잘못을 저지를 때는 가차 없이 지적할 수도 있다는 말이다. 즉 남편이 올바른 일을 할 경우에만 그 뜻을 어기지 않겠다는 조건

김만중 초상(Wikimedia Commons 자료)

부 대답인 셈이다. 여기서 주목할 것은 바로 사정옥이다. 실재하는 인물인 것처럼 거론되는 사정옥은 사실 김만중(金萬重, 1637년~1692년)의 소설 「사씨남정기(謝氏南征記)」의 주인공이다. 김삼의당은 소설 속에서 사정옥이 시아버지와 대화를 나누는 장면에 나오는 내용을 거의 그대로 옮겨 싣고 있다. 그런데 김삼의당은 "남편이 아내의 말을 들으면 손해가 크며, 암탉이 새벽에 울고 똑똑한 여자가 나라를 망하게 하는 것은 경계하지 않을 수 없다."라고 한 사정옥의 말은 과감하게 생략한다. 소설이 거짓이라며 비판하던 조선에서, 백성들에게 교훈을 줄 수 있다면서 드물게 인정한 「사씨남정기」의 내용도 자기 뜻에 맞게 취사선택한 것이다. 여자의 말도 가치가 있을 수 있기에 남편의 뜻을 무조건 따르지만은 않겠다는 의지의 표출이다.

김삼의당은 또한 남편의 과거 급제를 위해 헌신한다. 과거 급제는 몰락한 양반의 후예로서 집안을 일으킬 수 있는 유일한 수단이었기 때문이다. 절이나 한양으로 공부하러 간 남편을 위해 머리카락을 잘라 양식을 마련하고, 비녀를 팔아 여비로 보낼 정도다. 김삼의당과 하립은 과거 공부를 위해 10여 년 동안 떨어져 살기도 한다.

하나의 달이 두 곳을 비추는데(一月兩地照)
두 사람은 천 리나 떨어져 있네(兩人千里隔)
이 달그림자 따라가서(願隨此月影)
밤마다 임의 곁을 비추고 싶구나(夜夜照君側)

멀리 떨어진 곳도 비추는 달을 따라가서라도 남편 곁에 있고 싶은 속마음이 잘 드러나 있다. 하늘이 맺어 준 인연이라고 믿는 남편이었으니 그 그리움이 오죽했을까? 그렇지만 김삼의당은 겉으로는 여전히 씩씩했다. "마땅히 뜻을 위해 죽어야 하는 남자가 어찌 여인을 그리워하리오?"라고 하며 남편을 독려했다. 하지만 하립은 지방에서 치르는 1차 시험인 초시(初試)에는 합격했으나, 서울에 모여 치르는 2차 시험인 회시(會試)에는 끝내 급제하지 못한다. 결국 벼슬에 나아갈 길이 끊겨 경제적 어려움이 계속되자, 김삼의당과 하립은 1801년에 진안군 마령면 방화리로 이사한다. 1802년에 만딸을 홍역으로 잃는 등 그곳의 삶도 녹록지 않았다. 앞서 1795년에는 태어난 지 1년도 채 안 된 셋째 딸이 죽는 일도 있었다. 김삼의당은 이때의 심정을 제문(祭文)에 적는다. 특히 "만딸이 세상을 떠나고 한 달 후에 서울에서 청혼서가 왔는데, 미처 펴 보지도 못하고 기절하고 말았다."라는 표현에는 김삼의당의 지극한 슬픔이 담겨 있다.

충성과 애국은 여성에게도 다를 바 없다

김삼의당의 뛰어난 점은 이렇게 외적 조건이 좋지 않았는데도 끊임없이 공부하며 시문의 창작을 이어 갔다는 사실이다. 그렇기에 김삼의당은 당대의 남성 문인인 심상규(沈象奎, 1766년~1838년), 방우정(方禹鼎, 1772년~1820년) 등의 시에 차운(次韻)할 정도로 인정받는다. 그리고 칭송은 후대에도 이어진다.

일찍이 집안의 교육을 받아 경전과 역사서를 섭렵하였는데, 한 번 읽
으면 그대로 기억하였다. 글의 구상은 샘물이 솟아오르고 바람이 부
는 듯 펼쳐져 금과 옥처럼 맑고 아름다웠다. 비록 허난설헌, 이옥봉
(李玉峯)이라고 해도 미치지 못할 것이다. 심지어 의리와 관련된 부분
에서는 글의 기운이 엄정하여 실로 사내들도 어려워하였다.
— 정종엽, 『수당유고』

정종엽(鄭鍾燁, 1885년~1940년)의 『수당유고(修堂遺稿)』에 실린 「진양
하씨오효자전(晉陽河氏五孝子傳)」에 나오는 글이다. 이 작품은 하립의
다섯 형제를 다루는데, 마지막 부분에 김삼의당에 관해 적고 있다.
허난설헌은 허균(許筠, 1569년~1618년)의 누이이며, 이옥봉은 양녕대군
의 고손자인 이봉(李逢, 1526년~?)의 서녀인데, 모두 조선 최고의 여성
문인으로 꼽히는 사람들이다. 김삼의당이 이들보다 낫고, 나아가 의
리에 관해서는 남성들도 미치지 못하는 경지에 올랐다는 표현은 김
삼의당이 문학에서뿐 아니라 이념적인 부분에서도 확실한 자기의식
을 가지고 있었다는 최고의 찬사다.

임금께 충성하고 나라를 사랑하는 것이 어찌 남자만의 일이겠습니
까? 나라를 두고 말한다면 부인이 충성스럽지 못하였을 때 망하지
않은 나라는 거의 없습니다.

조선 시대는 사회적 실천 덕목인 충성과 애국이 남성의 전유물로 인식되었던 시기다. 그렇기에 남편 하립이 가정 내에 필요한 효친(孝親)을 강조할 때 김삼의당은 물러서지 않고 충성과 애국은 여성에게도 다를 바가 없다고 외친다. 이 토론에서 김삼의당은 자신의 논리를 펼쳐 남편의 입을 막는다. 분명 여성에게 불리한 상황에서 교육받고 성장했지만, 김삼의당은 끊임없이 노력해 자기 세계를 스스로 펼쳐 나간 것이다. 어렵고 힘들게 집안을 꾸려 나가면서도 불만을 표출하기보다는 자기 연마에 힘쓰는데, 진안에서 농사를 지으면서 지은 시에서도 결코 힘들거나 어렵다는 표현은 찾을 수가 없다.

조선 시대의 여성 문인으로는 흔히 신사임당이나 허난설헌, 황진이(黃眞伊)나 이매창 등을 꼽는다. 신사임당과 허난설헌은 사대부 가문의 부인이고, 황진이나 이매창은 기생이다. 그들은 경제적 여유 속에서 또는 계층적·직업적 특성으로 문학을 할 수 있었다. 김삼의당은 조건이 달랐다. 향촌의 양반 출신이지만 실상은 거의 평민층에 근접한 몰락 가문의 여성인 김삼의당으로서는 학문과 문학이 사치일 수도 있었다. 하지만 김삼의당은 악조건 속에서도 자기 계발을 멈추지 않았다. 그리하여 결국 김삼의당은 남성 중심의 문학 세계에서 인정받는 여성 문인으로 우뚝 선 것이다. (임치균)

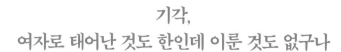

기각,
여자로 태어난 것도 한인데 이룬 것도 없구나

머리털은 희끗희끗하나 마음은 소년이고

푸른 물은 출렁거리며 세월을 옮겨 놓는다

평생 스스로 남아의 뜻이 있으되

다만 안방 가운데 여인네 머리쓰개 쓴 것을 탄식하노라

— 기각, 『기각한필』

한시로 세상을 그려내다!

19세기 중반을 살았던 매력적인 여성 기각(綺閣), 지금 그녀를 소환한다. 활발한 페미니즘 담론의 장에서 해방, 자유, 억압, 거부, 부정, 저항 등의 말들이 넘쳐나지만, 정작 중요한 여성의 주체적 내면을 설명하거나 이를 느낄 수 있는 표현을 만나기란 쉽지 않다. 아쉬움을 뒤로하고 조선 시대로 들어가 보자. 지금과는 비교도 되지 않을 만큼 여성을 둘러싼 억압이 심했던 시대이기도 하다.

단언컨대 조선 시대야말로 우리 역사에서 여성에 대한 차별과 억압이 가장 심했다고 해도 과언은 아니다. 어려서는 아버지를 따르는 착한 소녀인 요조숙녀로, 혼인해서는 남편을 내조하는 훌륭한 아내이자 아들을 보살피는 어진 어머니인 현모양처로 표현되는 말들이 이를 잘 보여 준다. 그러나 19세기를 전후해 이러한 상황에 조금씩 균열의 징후가 포착되는데, 그 한복판에 기각이 있었다.

사대부 여성 기각은 노성(魯城)에서 태어나 청양(靑陽)에서 살았다. 이름이나 출생 및 사망 연도가 전해지지 않지만, 1854년 전후에 창작한 한글 한시집 『기각한필(綺閣閒筆)』을 통해 그녀의 삶을 어느 정도 추정할 수 있다. 특히 몇 편의 시에서는 기각의 주체적 내면을 만날 수 있다. 그녀의 작품 속에서는 조선 시대 여성들이 지은 시에 일반적으로 등장하는 정절 의식이나 열녀(烈女) 혹은 효녀 등의 모습은 전혀 보이지 않는다. 희로애락이 담긴 일상생활, 개인의 시선으로 의미화된 세상과 사물들을 만날 수 있을 따름이다.

어항 속 물고기를 통해 본 자아!

여러 편의 시 중에 자아와 세계가 충돌을 일으키는, 그래서 기각의 주체적 자아를 만날 수 있는 다음의 시가 주목되는데, 그녀의 내면을 비교적 섬세하게 표현했다.

작은 동이에 물을 담으니 비록 깊지 않으나
물고기 때때로 떴다 잠겼다 마음껏 하네
그것을 보니 결국 이 가운데 물건 아니니
활발하여 절로 강호로 가고픈 마음이 있네

기각은 어느 날 민물고기 한 마리를 얻었다. 물동이에 물을 가득 채우고 물고기를 넣으니 헤엄치는 모습이 너무 좋아 보인다. 그 물고기는 행복할까? 어항 속 물고기! 혹자는 평온한 듯 헤엄치는 예쁜 물고기 한 마리를 감상할 것이고, 혹자는 어항이 보기 좋다고 할 수도 있다. 어항 속 물고기를 단지 감상의 대상으로 인식하는 것이 가장 일반적일 테니까! 그러나 기각은 달랐다. 그 물고기는 헤엄도 잘 치고 예쁘기도 했지만, 행복해 보이지는 않았다. 기각은 물고기를 자신으로, 어항을 자신을 가두고 억압하는 세상으로 동일시했다.

이 시에 등장하는 물고기는 수영 실력이 매우 뛰어나 작은 물동이 안에 갇혀 지낼 수 있는 존재가 아니며, 더 넓은 세상으로 나가고 싶은 강한 욕망을 품고 있다. 이 물고기를 기각 자신으로 비유해 읽는다면 "나는 유교적 이데올로기 속에 갇혀 버린 여성이지만, 결코 좁은 집 안 생활에 만족할 수는 없다. 나는 나의 능력을 발휘해 더 넓은 세상으로 나가고 싶다."라는 기각의 강한 의지를 느낄 수 있다.

여성으로 태어난 것이 한스럽구나!

우연히 읊조렸다는 또 다른 시에서는 기각의 내면에 자리 잡은 주체적 여성 의식이 더욱 직설적이고 강하게 표출된다. 기각은 나이가 들어 머리카락이 하얘졌다. 그렇게 몸은 늙어 갔다. 그러나 마음만은 늙음을 부정하고 있었다. 여전히 소녀 같았다. 기각은 아직도 자아를 실현하고 싶다는 생각과 욕망이 강하게 남아 있었다. 그러나 젊은 시절은 물 흐르듯 세월 따라 절절히 흘렀고, 이제는 늙어 버렸음을 인식하자, 기각은 여성으로 태어나 집 안에서만 모든 삶을 보낸 것이 안타까워졌다.

평생 큰 뜻을 품은 것은 당대 남성들 못지않았지만, 일상생활 속에 존재하는 수많은 난관과 억압들은 기각이 평생 극복할 수 없었던 현실이었다. 기각은 이러한 억압적 현실 속에서 빠져나오지 못한 자신과 그 상황에 대한 자기반성적 성찰을 섬세하게 그려 냈다. 이처럼 여성적 주체가 서서히 형성되어 갔던 기각의 내면과 세계는 곳곳에서 충돌하고 있었다. 기각이 말년(1854년)에 지은 「자탄(自歎)」은 그녀의 내면과 세계가 얼마나 큰 갈등을 겪었는지 잘 보여 준다.

조선의 길 크러시

『기각한필』 중 「자탄」(한국학중앙연구원 소장)

하늘이 내 재주를 내심에 반드시 쓸 데 있건마는

예로부터 어질고 현명한 이는 다 마음을 수고로이 하였다

여자로 난 것도 한인데, 또 이룬 것이 없으니

희끗희끗한 머리털 누가 막으리오?

손으로 가슴을 쓸어내리며 앉아 길게 탄식하니

쇠잔한 등잔불 깜빡거려 밤은 이미 깊었다

홀연 들으니, 소쩍새가 텅 빈 산속에서 울며

목청을 굴리고 혀를 놀려 슬픈 소리 뱉어 낸다

밤마다 쉬지 않고 울어

시름겨운 이, 눈물로 옷깃 적시네
새벽에 구름 사이에 잠길 줄 뉘 알았으리오?
하루아침에 병들어 누우매 서로 알 리 없으니
도도한 세상 정이 예나 지금이나 같구나
마음은 뜬구름 같아 정한 곳 없으니
이로부터 고향 찾기가 더디고 더디구나

시의 제목을 통해 알 수 있듯이 자기 자신에 대해 한탄하는 내용이다. 기각이 인생 말년에 한탄한 것은 무엇이었을까? 그녀는 여성으로 태어났고 이 세상에서 이룬 것이 하나도 없다는 사실에 절망했다. 기각은 어질고 현명했는데, 이러한 훌륭한 인성이 그녀에게는 더욱 큰 상처가 되었다. 세상살이를 깨닫지 못하고 그저 남들처럼 세상에 묻혀 살아갔으면 좀 더 행복했을 수도 있었다. 그러나 기각은 세상을 알아 버렸다. 어쩌면 당시 남성들이 가장 두려워했던, 그래서 기를 쓰고 막았던 일이 기각에게 벌어진 것일지도 모른다.

"여성으로 태어난 것이 한스럽다!"라는 외침이야말로 기각이 독자들에게 들려주고 싶었으나 세상에 갇혀 드러내지 못했던 바로 그 말이었다. 그런데도 세상을 향해 돌을 던질 수 없다면 끊임없이 자신을 합리화하고 자기최면을 걸어야만 한다. 그래야 살아갈 힘이 생기니까! 기각처럼 주체적 내면을 가진 여성에게는 더욱더 그러하다. 그녀는 "어질고 능력 있는 사람은 예전부터 항상 마음이 괴로웠다."라고 자신을 스스로 위로하면서 "세상이 그러한데 어쩌란 말인가!"라고 애써 자신을 다독이고 나서야 현실을 넘을 수 있었다.

그런데도 강하게 형성된 주체적 자아를 자신도 제어할 수 없었다. 가슴을 치며 탄식하기도 하고, 밤새도록 울어대는 소쩍새 소리를 들으면서 슬픈 노래도 불러 보고, 밤마다 울어도 보았지만, 이미 늙어 버린 몸을 어찌할 수 없었다. 기각은 주체적 내면을 가진 개성이 형성되었으나, 과감하면서도 도발적인 실천을 감행하지는 못했다. 다만 기각은 억압된 유교적 이데올로기 속에서 서서히 형성되어 가는 여성으로서의 주체적 자아를 시를 통해 보여 주었을 뿐이다.

안타깝다![10] (강문종)

이매창,
시골 기녀의 시가 문인들의 마음을 흔드네

계랑은 부안의 기생이다. 시에 능하고 글도 잘 이해했으며, 노래와 거
문고도 잘했다. 성품이 고결해서 음란한 짓을 즐기지 않았다. 내가
그 재주를 사랑해 허물없이 아주 친하게 지냈다. 서로 우스갯소리를
즐기긴 했으나 어지러운 지경에는 이르지 않았으므로 관계가 오래
도록 변치 않았다. 지금 계랑이 죽었다는 소식을 듣고는 한 차례 눈
물을 뿌리고, 율시(律詩) 두 수를 지어 그녀의 죽음을 슬퍼한다.[11]

— 허균, 「애계랑」

「홍길동전(洪吉童傳)」의 저자로 알려진 허균과 오랜 친구였던, 고결
한 성품을 지닌 여성이 있다. 바로 이매창(李梅窓, 1573년~1610년)이다.

매창은 전라북도 부안에서 중인 신분인 아전(衙前) 이탕종(李湯從)의 딸로 태어났다. 어머니는 관아에 소속된 노비인 관비(官婢)였는데, 기생으로 있다가 이탕종의 첩이 된 것으로 알려져 있다. 그렇기에 매창은 숙명적으로 관비가 되었고, 지방 관아에 소속된 기생, 곧 관기(官妓)의 삶을 살았다.

이매창은 계유년에 태어나서 계랑(癸娘)으로 불렸으며, 기생 이름은 '계수나무 위로 떠오른 둥근 달'이라는 뜻의 계생(桂生)이었다. 그러나 '창밖으로 비치는 매화'라는 뜻의 매창(梅窓)으로 불리는 것을 더 좋아했다. 겨울에도 꽃을 피우는 매화의 강인하고 꼿꼿한 면모를 닮고 싶었는지도 모른다.

이매창은 얼굴이 그리 예쁘지는 않았다. 그러나 춤과 노래를 잘했고 거문고를 특출나게 잘 탔다. 이는 보통의 기녀들이 가진 재주이기도 하다. 그런데 매창은 기녀들이 갖추어야 할 기예 외에 시와 문장에도 탁월한 능력을 보였다. 전북의 한 시골 마을에 사는 매창의 시가 서울에까지 퍼질 정도였다고 한다. 그 솜씨가 대체 어느 정도였기에 조선 중기의 유명한 문인이자 학자로 알려진 허균과 친한 친구가 될 수 있었을까?

시를 나누는 벗을 만나다

이매창은 어릴 때부터 아버지를 통해 한문을 배웠기에 한시를 자유자재로 지을 수 있었다. 틈날 때마다 수시로 시를 지을 만큼 시 짓기를 좋아했다. 특히 문인 남성들과 능수능란하게 시를 주고받았는데, 그중에서도 허균과의 교류가 눈에 띈다.

두 사람은 1601년 7월에 처음 만났다. 허균이 새로운 관직에 임명되어 부임하던 중, 큰비를 만나 부안에 하루 머물렀기 때문이다. 당시 스물아홉 살이었던 이매창은 허균과 인사를 나누고, 그의 앞에서 거문고를 연주하며 시를 읊었다. 이때 허균은 매창의 시가 품격 있다는 것을 단번에 알아보았다. 그래서 두 사람은 종일토록 술잔을 놓고 시를 읊으며 화답했다.

사실 허균은 기생들과의 염문으로 관직에서 파직될 만큼 천성이 자유롭고 호방한 사람이었다. 그러나 이매창에게는 수청을 요구하지 않았으며, 끝내 동침하지 않았다. 매창을 하룻밤의 수청 대상이 아닌, 오랜 시간 시를 나눌 수 있는 벗으로 삼은 것이다. 매창으로서도 자기의 시를 품평해 주는 좋은 스승이자 친구를 만났으니 참으로 행복한 일이었다.

이후 두 사람은 담백한 친구 관계를 맺고, 우정을 계속 쌓아 간다. 허균이 이매창에게 쓴 편지에 이런 구절이 있다. "만약 우리가 처음 만났을 때 조금이라도 다른 생각이 있었다면 나와 그대의 사귐이 어찌 10년 동안이나 그토록 친하게 이어질 수 있었겠소?" 이처럼 허균은 매창에게 10년 동안이나 "조금이라도 다른 생각"을 품지 않았다. 또한 양반 남성과 기생이라는 신분적 상하 관계를 떠나 속마음까지 알아주는 지기가 되었다. 그야말로 정신적 교감을 나누는 벗이 된 것이다.

조선의 양반 남성들은 기생을 누구나 공유할 수 있는 성적 노리개로 생각했다. 허균 또한 그런 사람이었지만, 이매창만은 그렇게 대하지 않았다. 그 이유는 두 가지다. 먼저 매창은 비록 기생이기는 했으나 평소 몸가짐이 바르고 절개가 곧아, 단아한 행실로 유명했다. 허균 외에도 당대 및 후대 사람들이 매창을 "절개가 있고 음란한 일을 좋아하지 않았다."라고 평가하는 것만 보아도 알 수 있다.

두 번째는 이매창이 웬만한 문인에게 뒤지지 않을 정도로 한시를 지을 수 있었고, 시의 내용 또한 깊은 울림을 줄 만큼 수준 높았기 때문이다. 그렇기에 매창은 허균을 '함께 시를 짓는 벗'인 '시우(詩友)'로 만들 수 있었다.

시 57수를 고향 땅에 남기다

이매창은 나라의 명을 받는 기생의 처지였기에 여러 남자의 수청을 들었고 진심으로 사랑을 나누기도 했다. 그중에서도 특히 절절하게 사랑을 나눈 남자가 있다. 바로 천민 출신인 촌은(村隱) 유희경(劉希慶, 1545년~1636년)이다.

이매창은 스무 살이 채 안 되었을 때, 40대 초반의 유희경을 만났다. 시골인 부안까지 이름이 날 정도로 유명한 시인이었던 유희경이 마침 부안에 잠깐 내려왔던 것이다. 이때 매창은 상당한 나이 차이를 초월해 유희경과 마음껏 시재(詩才)를 나눈다.

평소 유희경은 기생을 가까이하지 않았는데, 이매창이 자신과 같은 천민 출신일 뿐만 아니라 시에 천부적인 재능이 있음에 마음이 움직였다. 그래서 시를 매개로 진한 사랑을 나누었다. 그러나 유희경은 며칠만 머무르다 서울로 돌아갔고, 얼마 뒤 임진왜란이 일어났다. 그렇기에 매창은 유희경과 아주 오랫동안 헤어지게 되었다.

배나무 꽃비 흩날릴 때 울며 붙잡고 이별한 님(이화우 흩날릴제 울며잡고
이별한님)
가을바람에 낙엽 질 때 당신도 나를 생각하는지요(추풍낙엽에 저도 날
생각는가)
멀리 떨어진 곳에서 외로운 꿈만 오락가락합니다(천리에 외로운꿈만 오
락가락 하노라)[12]

유희경에 대한 그리움을 애절하게 읊은 이매창의 (제목 미상) 시조다. 이별하던 봄날에는 배꽃이 비처럼 떨어졌는데 어느덧 시간이 훌쩍 지나 나뭇잎 떨어지는 가을이 되어, 임을 보고픈 마음을 더욱 부추긴다. 매창은 항상 엄격한 율격의 한시를 짓곤 했는데, 유일하게 이 작품만 한글로 된 시조로 지었다. 유희경을 그리는 마음을 표현해 노래로 부르기에는 한글 시조가 더 제격이었던 모양이다.

독수공방 바보처럼 살다가 병에 지친 이내 몸(空閨養拙病餘身)

조선의 걸 크러시

항상 가난과 추위 맞아 사십 년이 흘렀네(長任飢寒四十年)

묻거니 인생살이 몇 년인가(借問人生能幾許)

수건 마를 날 없는 마음속 시름이여(胸懷無日不沾巾)

— 이매창, 「병중추사」

서른일곱에 갑자기 병에 걸린 이매창이 지은 시다. 매창은 병든 몸을 이끌고 홀로 지내며 지난 세월을 되돌아본다. 온갖 수모를 감수해야 하는 기생으로서, 눈물 마를 날이 없었던 삶을 절절하게 표현한다.

결국 이매창은 1610년에 서른여덟이라는 젊은 나이로 세상을 떠났다. 매창은 정식으로 혼인한 적이 없었고, 자식도 없었다. 그래서 장례를 치르거나 제사를 지내 줄 사람이 없었다. 결국 매창은 부안읍의 공동묘지에 잠들었다. "나는 거문고와 시가 참말 좋아요. 이후에 내가 죽으면 거문고를 함께 묻어 주세요."라는 유언에 분신 같은 거문고와 함께 묻혔다. 자신을 배신하지 않고 평생의 동반자가 되어 준 거문고와 함께 가는 길이라 조금은 덜 외로웠을 듯하다.

당시 부안 사람들은 이매창의 묘를 '매창뜸'으로 불렀고, 매창을 기억하던 나무꾼과 농사꾼들이 비석을 세우고 벌초하며 관리했다. 또한 외지에서 가극단이나 유랑 극단이 공연하러 들어올 때면 가장 먼저 매창의 묘를 찾아가 한바탕 굿을 벌이며 기렸다. 그만큼 매창은 고을 안팎의 사람들에게 다재다능한 예인으로 기억되고 사랑받았다.

이매창이 세상을 떠난 지 58년 후인 1668년에 부안 변산의 개암사(開巖寺)에서 『매창집(梅窓集)』이 출간되었다. 이 시집은 부안의 아전

거문고의 줄을 고르는 기생(한국데이터산업진흥원 자료)

들이 자발적으로 돈을 모아 매창의 시 57수[13]를 목판에 새긴 것이었
다. 생전에 수백 편의 시를 지었지만 안타깝게도 이것밖에 남아 있지
않았다.

『매창집』이 나오자, 당시 전라도에 내려오는 관리마다 책을 찍어
달라고 하는 통에 부안이 망할 만큼 돈이 많이 들어갔다는 전설이
전한다. 이는 믿기 어려운 풍문이지만, 일개 기생의 시집을 큰돈을 들
여 목판으로 간행했다는 것은 그만큼 매창의 시가 우수하고 출중했
음을 말해 준다.

개성의 황진이와 함께 조선 명기(名妓)의 쌍벽을 이룬 이매창! 매창
은 시재가 뛰어난 문인 남성들과 멋지게 시를 수창(首唱)함으로써 수
도에까지 이름을 날렸다. 예술적 소양을 갖춘 일종의 예술가이자 '시
기(詩妓)'임이 분명하다.[14] (이후남)

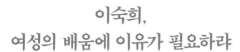

이숙희,
여성의 배움에 이유가 필요하랴

지난달 아내의 병이 위급한 날에 숙희가 허벅지의 살을 잘라서 바쳤
는데, 자른 곳이 패어서 새 살이 차지 않고 문드러져 아문 것을 석을
금이 아내에게 말하고, 아내가 오늘 비로소 나에게 말하니 나의 마
음이 감탄하기를 그칠 수가 없었다. 어찌 용렬하고 평범한 아이가 할
수 있겠는가! 저번 무오년(戊午年, 1558년)에 아내가 병이 있어서 설사
를 했는데, 숙희가 이미 할머니를 위하여 똥을 맛보아서 이미 정성된
생각이 있었으며 그다음으로는 위태롭고 힘들었으므로 역시 날마다
맛보아 길흉을 느꼈으니 육체를 베어 낸 것만으로 그치지 않았다.[15]

— 이문건, 『묵재일기』 1562년 4월 23일

妻曰妃母兒可得母難求兒歸地欲埋急得石鍾甚高
妻曰得物殆兒之福也不可埋也乃負兒與鍾而還家懸鍾杵樹
之聲開王宮王使人審之其奏王賜米五石
之兒如新興德王時事也皆王賜米五石
러니조고만아해셔아비양어미밧피라
지고안아히바얼기려온디라고만이러
미누두번구펴기어런온디라고아히랄
닐러그로딕더브러히어버어라려히
물을지져주더쇼뭇온쇽고도라가삼을
붐을지고지븨도라와물을회터고니더
디툭물호더히문눈물라가디예히너와
미쇼라딕소리쇼지믄리라예히너와

왕이사랑브려피시니다
이사룸브려피시니다엳
왕이발신셤을주시다

다리의 살을 베어 어머니를 봉양한 효자의 이야기(국립한글박물관 소장)

할아버지인 이문건(李文楗, 1494년~1567년)은 손녀인 이숙희(李淑禧, 1547년~?)의 효행에 감탄하며 그 정성에 감동한다. 숙희가 열이 나고 밥을 먹지 못할 정도로 머리가 아프고 괴로워하는 이유가 지난날 할머니를 위해 자기 자신을 돌보지 않았음을 알았기 때문이다. 과연 여성들에게 가르쳤던 『삼강행실도』가 이렇게 빛을 발한 것인가? 그러나 숙희에 관한 관심은 이런 효행에서 비롯되지 않는다.

누군가의 일기에 나는 어떤 모습으로 기록되었을까? 나의 할아버지, 할머니, 부모님의 일기 속에 나는 어떤 모습으로 남아 있으며 나는 어떠한 손녀로, 딸로 남아 있을까? 이숙희! 처음 들어보는 낯선 이

름이다. 숙희를 알기 위해서는 할아버지 이문건의 일기를 찾아봐야
한다. 그렇다고 그 일기에 숙희의 이야기가 자세히 나오는 것도 아니
다. 할아버지의 길고 방대한 삶의 이야기인『묵재일기(默齋日記)』에서
손녀의 존재는 아주 작은 부분만 차지할 뿐이다.『묵재일기』에서 발견
되는 숙희의 삶은 출생한 때(1547년)에서 스물한 살이 되는 때(1567년)
까지다. 그런데도 숙희에게 호기심이 생기는 것은 우리가 별일 아니라
고 여길 수 있는 그녀의 요구들이 "당시의 여자아이들에게는 상당히
어려운 일이 이 아니었을까?"라는 생각에서 출발하기 때문이다.

이숙희가 태어난 곳은 경상도 성주로, 그곳은 할아버지 이문건의
유배지였다. 이문건은 인생의 풍파를 많이 겪었고, 나이 들어 곁에 남
은 이는 아들 이온(李熅, 1518년~1557년)뿐이었다. 이문건은 이온에게
많은 기대를 걸었는데, 아들이 낳은 첫 손주가 바로 숙희였다. 그러나
숙희가 이문건이 제일 사랑한 손녀라고 말할 수는 없다. 조선 시대에
는 가문의 대를 이으려면 아들이 필요했고, 사대부 가문의 남성들이
그러하듯 이문건 역시 손주가 태어나기를 간절히 바라서였다. 숙희의
아버지 이온은 지능에 문제가 있어 이문건의 기대에 못 미치는 아들
이었다. 이에 이문건은 제대로 된 손주를 볼 수 있을지 노심초사했을
것이다. 아들 이온이 세상을 떠나기 전에 아들을 하나만이라도 낳기
를 바라 하늘에 빌고 또 빌었다고 하니,[16] 이문건의 간절함이 느껴진
다. 이문건의 기도가 통했는지 다행히 이문건의 며느리는 세 딸과 아
들 하나를 낳았다. 당연히 이문건의 모든 관심은 손자인 이숙길(李淑
吉, 1551년~1594년)에게 있었고, 지금의 육아일기와 흡사한『양아록(養兒

錄)』이라는 책을 쓸 만큼 할아버지는 손자에게 지극정성이었다.

숙희, 공부할 뜻을 처음으로 보이다

언문으로 본문 1장을 써서 숙희에게 주었는데, 숙희가 달라고 하였기 때문이다.

— 『묵재일기』 1552년 12월 11일

할아버지 이문건은 훗날 손자 숙길이 그의 마음을 이해하고 바르게 자라 주기를 바라는 뜻에서 『양아록』을 지었다. 그뿐만 아니라 『묵재일기』에는 숙길의 공부 과정이 자세히 서술된다. 그러나 숙길과 달리 숙희의 공부 과정은 자세히 나타나지 않는다. 오히려 숙희의 경우 병치레 과정이 더 길게 기록되어 있다고 할 수 있다. 그런데 숙희에 대한 이 짧은 이야기 속에서 눈길이 가는 것은 숙희가 할아버지에게 글을 가르쳐 달라고 한 부분이다. 일기에서 말하듯 이문건이 숙희에게 언문을 써 준 이유는 숙희가 달라고 해서다. 그 일기를 언뜻 보면 할아버지의 무심한 말투가 연상되기도 한다. 그러나 이문건은 숙희가 먼저 언문을 배우고 싶다는 말에 글을 써 주었다. 숙희가 바랐으니 써 주었다는 식이지만, 손녀에 대한 애정이 느껴진다. 이렇게 숙희는 그녀의 나이 여섯 살에 글을 접한다.

이후 숙희는 숙길과 함께 할아버지에게 글을 배웠다. 1553년의 『묵재일기』에 배움의 내용은 자세히 나오지 않으나, 꾸준히 "두 아이가 글을 배웠다. 글을 익혔다."로 짧게 언급된다. 그러니 계속되는 공부에도 불구하고 "숙희가 열을 세지 못한다(淑禧不能計十)."라는 한 줄이 눈에 띈다. 매일 공부하는데 어째서 숫자를 세지 못할까? 숙희의 나이를 생각해 보면 된다. 당시에 숙희는 7세쯤이었다. 게다가 숙희와 숙길은 많은 병을 앓았다. 학질을 앓고 열이 오르고 내리기를 반복하면서 숙희는 제대로 된 공부를 할 수 없었을 것이다.

> 아침에 들으니 숙희가 불편해하며 고꾸라졌다고 하므로 내려가서 보니 눈이 모이고 기운이 막혔으며 오른쪽의 손과 발을 들지 못하고 왼쪽의 손과 발은 떨면서 혹은 얼굴과 코를 긁고 혹은 가슴 위를 치며 맥박이 어지러우며 인사불성이었다. …… 어제 바람에 너무 상하여 기운이 약해지고 열이 나서 그렇게 되었으니 불쌍하도다! 놀랐도다! 놀랐도다.
>
> ──『묵재일기』 1553년 7월 22일

이숙희가 아프다는 소식에 일찍이 숙희의 할머니가 간호했으나, 병이 중해 이문건이 직접 숙희의 병세를 살폈다. 숙희의 병세가 상당히 위중했는데, 맥박이 불규칙하고 약도 제대로 넘기지 못할 정도였다. 괴로운 탓에 소리를 지르고 오른쪽 눈동자도 보이지 않을 정도여서, 이문건이 청심환을 숙희에게 먹였고, 할아버지의 마음을 아는 듯 숙희도 슬퍼서 우는 듯한 모습을 보였다. 이문건은 숙희의 괴로움을 덜

조선의 걸 크러시

어 주기 위해 여러 약을 썼는데, 그제야 비로소 차도가 생겨 밤에 잠을 잘 수 있었다. 이처럼 숙희는 어려서부터 건강한 아이는 아니었다. 숙희는 어린 나이에 열병으로 심한 고생을 했으므로, 제대로 공부하기는 어려웠을 것이다.

병으로 인한 고생 때문이었는지 숙희의 공부는 천천히 이루어졌다. 9세 되는 때(1555년)에 육십갑자와 이십팔수(卄八宿)를 익혔으며, 1556년에는 『천자문(千字文)』을 익히기 시작했다. 동생 숙길이 육갑(六甲)을 6세에 배운 것과 비교해 보면 숙희의 공부가 빠르지 않았음을 짐작할 수 있다.

어제부터 『천자문』을 쓰기 시작하였는데 옆에는 언문을 썼으니 숙희가 청한 것이다.

— 『묵재일기』 1556년 9월 14일

이숙희는 또다시 할아버지 이문건에게 천자문을 가르쳐 달라고 청했다. 숫자 세는 법이나 육십갑자와 이십팔수를 배울 때 숙희의 요구가 있었는지 알 수 없다. 그러나 처음에 언문으로 글을 써 달라고 했을 때와 천자문을 배우고 싶다고 했을 때를 기록한 것으로 보아, 숙희가 배우고 싶다고 요청한 일은 이문건이 분명하게 기록했던 것으로 보인다. 이후 숙희가 13세가 되었을 때 이문건은 『삼강행실도』를 통해 중국의 이름난 효자들의 행실(行實)을 계속해 가르쳤다. 숙희가 배움을 청하자 이문건이 『삼강행실도』를 가르치기 시작했던 것이다. 그런데 가끔 숙희가 익숙해지지 않았다거나 배우는 것을 좋아하지 않아서, "여자의 할 일을 좋아하지 않아서" 꾸짖었다는 인급이 있다. 할아버지가 같은 내용을 반복하고 여자의 할 일을 강조하는 것을 달가워하지 않는 작은 반항심이 느껴진다. 이후 숙희의 공부는 『삼강행실도』에 나오는 열녀들의 행실로 이어진다. 숙희는 게으름을 피우지 않고 공부했으므로 쉽게 읽었으며, 열녀 35명의 행실을 다 배울 정도로 공부에 매진한다.

숙희가 효자와 열녀의 행실을 배운 후 접했던 학문이 『소학(小學)』이다. 『소학』은 숙길과 함께 시작했는데, 숙희의 『소학』 공부는 숙길 때문에 이루어진 것이 아닌가 싶다. 이때 할아버지의 관심은 숙희의 공부보다 숙길의 공부에 집중되어 있었다. 그러나 이때도 숙희는 자신이 배우고자 하는 것에는 분명하게 그 뜻을 나타낸다.

숙희가 배우고자 하므로 이에 '계고편(稽古篇)'을 처음 가르쳤다.
— 『묵재일기』 1561년 4월 3일

숙희가 『소학』을 배우기를 원하였다.
— 『묵재일기』 1562년 1월 7일

1561년, 이숙희는 15세에 혼례를 올린다. 이후 숙희와 남편 정섭은 이문건의 집에서 함께 살았다. 이때 숙희의 남편 정섭도 숙길과 함께 이문건에게 학문을 배운다. 숙희도 할아버지 이문건에게 계속해 『소

조선의 걸 크러시

학』을 배운다. 사실 『소학』은 아동들이 배우는 유학 기본서다. 이숙희의 배움이 『소학』 이후에 어떻게 전개되었는지, 이 책을 어느 정도까지 통달했는지는 자세히 알 수 없다. 여섯 살에 시작한 공부는 더디게 진행되었다. 그러나 숙희는 혼례 후에도 계속해 배움을 이어 갔고, 할아버지의 일기에 기록되지 않았던 때도 공부를 계속하고자 했을 것이다.

  이숙희는 조선의 이름난 여성 문학가도 아니요, 문집을 남긴 여성도 아니다. 그렇다고 뒤늦게 배움을 깨달아 본격적으로 학문을 시작해 남편에게 학문에 대한 자세를 일러 준 이름난 여성도 아니다. 숙희가 학문에 매진하고 싶어 어떤 큰일을 벌였다는 이야기는 찾아볼 수 없다. 다만 이숙희에 관해 알 수 있는 것은 할아버지 이문건의 일기 속에서 보았듯 그녀가 배움의 의지를 표현한 여아였다는 것이다. 이숙희는 단지 공부가 하고 싶었을 뿐이다. 배움의 목적과 깊이, 결과는 중요하지 않다. 이숙희가 배우고 싶다는 데 무슨 대단한 이유가 필요하겠는가?[17] (임현아)

전주 이씨,
소설가로 이름을 떨치다

정부인(貞夫人) 이씨는 세종의 서자인 영해군(寧海君) 당(瑭)의 후손이
며, 대사간을 지내고 이조판서에 추증된 이언경의 딸이다. 시부모를
효도와 순종으로 섬겼고 남편을 온화함과 공경으로 대하였다. 자녀
에게는 가르침이 엄하였고, 친지들에게 화목함이 두루 미쳤으며, 여
사의 풍모가 있었다.

— 전주 이씨 묘비문

여기 이름이 알려지지 않은 한 명의 여성이 있다. 옛날 양반 가문
에서는 족보에 여자의 이름을 기록하지 않았다. 그래서 현재로서는
전주(全州) 이씨(李氏)라는 것과 생몰년(1694년~1743년)만 알 수 있다. 이

씨의 묘비문을 보면 '학식이나 행실이 선비처럼 어진 여자에게 붙는 호칭인 '여사(女士)'로 불린다. 여자인데도 선비의 풍모가 있다고 하니, 보통 여자는 아닌 듯하다.

전주 이씨는 왕족의 후손으로, 대사간(大司諫)을 지낸 이언경(李彦慶, 1653년~1710년)의 딸이다. 이씨의 집안은 3대에 걸쳐 사간원(司諫院)의 으뜸 벼슬인 대사간을 배출한 명문가다. 아버지인 이언경은 학식이 깊고 시를 잘 짓는 유명한 문신이었다. 후에 이씨는 순흥 안씨 집안으로 시집을 갔는데, 아들 안겸제(安兼濟, 1724년~?)도 여러 관직을 역임한 문신으로 알려졌다.

전주 이씨처럼 문재가 있는 친정 식구 및 시댁 식구들 속에서 살아간 여성은 많았다. 그런데도 이씨를 주목하는 것은 바로 고전소설을 창작한 여성 작가이기 때문이다.

조선에서 가장 긴 소설을 쓰다

전주 이씨는 고전소설을 창작한 여성 작가로 연구자들 사이에 알려져 있다. 이씨의 집안은 학문을 숭상하는 가풍으로 인해 여자인 딸들과 며느리들도 높은 식견을 지니고 있었다. 또한 가족 구성원 간에 고전소설을 돌려 읽고 논평하는 문화가 있었는데, 이것이 소설을 창작하는 데 큰 자양분이 된 것으로 보인다.

전주 이씨는 「완월회맹연(玩月會盟宴)」이라는 고전소설을 한글로 창

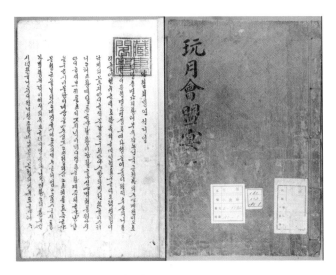

『완월회맹연』(한국학중앙연구원 소장)

작했다. 제목인 '완월회맹연'은 "달을 구경하는 모임에서 혼인을 맹세하고 잔치한다."라는 뜻이다. 이 작품은 분량이 무려 180권 180책에 이른다. 2부작이나 3부작의 시리즈물로 이어지곤 했던 작품들을 제외하면, 단일 작품으로서는 조선 시대에 가장 긴 소설이다.

전주 이씨는 1725년에서 1740년 사이에 「완월회맹연」을 창작한 것으로 보인다. 글자 수로만 따지면 약 300만 자에 이르는 긴 호흡의 작품을 끌고 나가기 위해서는 무엇보다 작가적 역량이 뛰어나야 한다. 또한 손으로 쓰기 위한 체력과 시간, 상당한 정신력이 필요하다. 이씨는 대체 어떤 이유에서 이런 지난한 작업에 뛰어든 것일까?

조선의 길 크러시

완월은 안겸제의 어머니가 지은 것이다. 궁궐에 흘려 들여보내 널리 명성과 칭찬을 받고자 했다.

— 조재삼, 『송남잡지』

전주 이씨는 「완월회맹연」을 지어 궁궐로 들여보내고자 했다. 굳이 민가가 아닌 궁궐에 유통하려고 한 이유는 궁중에 사는 왕족 등의 지체 높은 인물들에게 인정받기 위해서다. 그만큼 이씨는 「완월회맹연」이 신분과 문식(文識)에서 최상이었던 궁중 사람들이 칭송할 만큼 수준 높은 작품이라고 자부했던 것이다.

과연 전주 이씨의 바람이 이루어졌을까? 결론부터 말하자면 이씨의 원대한 포부는 달성되었다. 가람(嘉藍) 이병기(李秉岐, 1891년~1968년)가 "궁중에서도 이 책들을 빌려다 베꼈다."라고 말하고 25편의 작품 목록을 제시했는데, 거기에 「완월회맹연」이 있었기 때문이다.[18]

현재 전하는 「완월회맹연」의 가장 좋은 이본은 한국학중앙연구원에 소장되어 있다. 이 이본은 본래 일종의 궁중 도서관인 창덕궁 낙선재에서 1966년에 발견된 것이다. 「완월회맹연」이 조선 왕실에서 읽었던 소설이었음을 다시 증명해 주는 부분이다.

17세기부터 궁중의 여성과 상층의 사대부 여성들은 「완월회맹연」과 같은 한글 장편소설을 돌려 읽으며 교류했다. 이런 배경에서 전주 이씨도 창작 단계부터 궁중을 의식하고 궁중 여성들을 독자층으로 삼았다.

「완월회맹연」을 통해 궁중 여성들과 교분을 쌓겠다는 목적도 있었겠지만, 전주 이씨는 무엇보다 작가로서 명성을 얻고 싶었던 듯하다. 작가로서 분명한 정체성과 의식을 지니고 창작했음이 작품에 고스란히 드러나기 때문이다. 과연 「완월회맹연」에서도 여사의 풍모가 느껴지는지 한번 살펴보자.

여성의 삶을 소설에 녹여 내다

「완월회맹연」은 한국 고전소설 중에서도 가장 긴 장편소설이며 세계 문학사에서도 유례를 찾아보기 어려운 장편이라는 점에서 주목할 만하다. 그러나 이러한 외형적 특질 못지않게 작품성 또한 뛰어나다.

「완월회맹연」은 중국 명나라를 배경으로, 4대에 걸친 정씨 가문 인물들의 애환을 그린다. 200명이 넘는 등장인물이 등장하는 만큼 줄거리가 상당히 복잡한데, 작품 곳곳에서 여성의 필치가 느껴진다.

절개를 보이기 위해 스스로 얼굴 가죽을 벗기고 귀를 자르는 장성완, 부모의 강요로 하기 싫은 혼인을 하는 한난소와 소명란, 어머니가 돌아가셨다는 소식을 듣고도 남편의 눈치를 보느라 발인일에야 친정에 가는 정명염, 얼굴이 못생겼다는 이유로 남편과 한 번도 동침하지 못하고 죽는 여씨 등을 통해 여성의 심리가 섬세하게 나타난다.

장세린이 붉은 물감으로 쓴 부적을 주머니 속에서 급히 내어 앞을 향해 던졌다. 여씨 원귀가 이를 보더니 갑자기 큰소리로 통곡하며 말하였다.

"세린아! 네가 나와 혼인하였으니 부부의 의리가 중요하다. 그런데 요사스러운 미녀(장세린의 첩 정성염)에게 혹하여 내가 있으면 그 여자에게 해로울까 하여 결국 나를 죽였다. 그러니 네가 어찌 살인을 살인으로 갚는 것을 면하겠느냐? 임금님의 높은 은혜를 입어 참수형을 면하고 장사 지방으로 귀양 온 것이 너에게 과분함은 생각지도 않고, 이미 죽은 나를 욕하니 인자한 군자의 행동이 더욱 아니다. 오늘 밤 너를 죽이러 왔더니 내 몸에 요사스러운 부적을 던져 더는 가까이 가지 못한다. 오늘 이 슬픈 원한을 갚지 못하니 어찌 서럽지 않겠느냐?"

그러고는 우레와 같이 통곡하였다. 장세린의 시중을 드는 아이들이 이 광경을 보고는 얼굴을 가리고 일어나지 못하였다. 장세린이 크게 화가 나 침대맡에 있는 칼을 던지니 여씨 원귀가 갑자기 사라졌다.[19]

— 「완월회맹연」

남편 장세린에게 박대당하다가 병에 걸려 죽은 여씨가 귀신이 되어 유배지에 있는 장세린에게 원통함을 말하는 장면이다. 살아 있을 때 장세린이 다른 여자를 첩으로 들인 것에 대한 서러움과 죽어서도 복수를 제대로 하지 못하는 억울함을 절절하게 토로한다.

이처럼 「완월회맹연」은 당시 여성을 억압하는 처첩 제도, 가부장 의식 등에 대한 심경을 솔직하게 표현한다. 여성 주인공들의 말과 행동을 통해 당대 여성들이 꿈꾸던 욕구와 소망을 마음껏 펼친 것이다.

조선 시대에 여성들이 소설을 읽고 손으로 베껴 보관하는 일은 어느 정도 보편화된 현상이었다. 특히 시간에 여유가 있고 경제적으로 부유한 상층 여성들에게 소설 읽기는 매우 중요한 여가 생활이었다. 그렇기에 사대부 가문의 여성들은 「완월회맹연」과 같은 장편소설을 주로 읽었고, 이왕이면 교양을 쌓고 교훈도 주는 작품들을 골라 읽었다. 일종의 오락거리이자 문예 욕구를 충족해 줄 지적 활동이 바로 소설 읽기였다.

또한 여성들은 긴 분량의 소설 여러 편을 손으로 베껴 쓰는 과정에서 창작 원리를 자연스럽게 터득할 수 있었다. 더불어 유교 경전이나 역사서의 발췌본을 읽으며 풍부한 역사 지식을 갖추었다. 이런 배경을 토대로 여성 작가가 탄생할 수 있었던 것이다.

전주 이씨 역시 오랜 시간 동안 소설을 탐독하고 베껴 써 온 경험과 타고난 문화적 역량을 바탕으로 「완월회맹연」을 창작했을 것이다. 그렇기에 「완월회맹연」은 분량 면에서나 작품성 면에서 모두 탁월하다. 이씨가 왕실 사람들에게 보여도 전혀 손색이 없는 작품이라고 자부할 만한 것이다. 또한 소설을 배격하는 풍조로 인해 고전소설의 작가가 극히 일부만 밝혀져 있고, 그나마도 남성이 대부분인 상황에서 이씨는 조선 시대에 존재했던 여성 작가의 실체를 보여 준다는 점에서 앞으로 더욱 관심을 가져야 할 여성임이 분명하다.[20] (이후남)

사주당 이씨,
그녀는 시대가 규정했던 조선 여성이 아니었다

아름답다 부인이여 옛 여사로다

유림을 싸잡아 도의 법규를 넓혔네

뭇사람에게 푯대를 드리우고 향기로운 꽃을 떨치게 했네

화려한 채색을 거두고 요사스러운 찌꺼기를 초월했네[21]

— 신작, 「유목천부인이씨묘지명」

학문을 향한 열정, 그녀를 아름답게 하다!

우리가 지금껏 알고 있었던 조선 시대 여성의 이미지를 머릿속에 담고서 눈을 감고 한번 상상해 보자. 한 여성이 남편과 마주 앉아 성리학에 관한 수준 높은 논쟁을 벌이고, 퇴계(退溪) 이황(李滉, 1502년~1571년)과 고봉(高峯) 기대승(奇大升, 1527년~1572년)처럼 편지로 학문을 논하기도 한다. 그리고 남성 제자들이 찾아와 이 여성 앞에 다소곳이 앉아 배움을 청하는 등의 장면을 떠올리는 사람은 단언컨대 단 한 사람도 없을 것이다. 그런데 이런 장면들이 기록에 전한다. "정말 실화냐?"라고 질문한다면 답은 당연히 실화다. 사주당(師朱堂) 이씨(李氏, 1739년~1821년)의 이야기다.

조선 시대 여성들은 대부분 요조숙녀로 성장하고 혼인 후 현모양처가 되는 것을 자신의 정체성으로 삼았다. 담장 깊숙한 곳에서 생활하는 사람이라는 의미의 규수(閨秀)라는 단어는 '여자'와 같은 의미였고, 남편을 따라 죽지 못해 죄 많은 여자라는 의미가 들어간 미망인(未亡人)은 여성의 정체성을 설명해 주는 단어였으며, 칠거지악(七去之惡)이라는 남성적 시각은 심하게 여성을 억압했다. 정조의 사랑을 한 몸에 받았던 당대 최고의 지식인 이덕무는 「사소절(士小節)」을 통해 "남편과 시부모가 심하게 성질을 부릴 때 아내는 머리를 숙이고 숨을 죽이고 조심조심 받들어야 한다. 더욱 공순한 태도를 보이고 조금도 비위를 거스르는 일이 없어야 한다. 이렇게 하는 것이 무사할 수 있는 지극한 방법이다. 남편이 의롭지 못할 경우 아내가 순종하지 않을 수는 있지만, 대개 아내는 순종한다."라고 했다.

이러한 시대 분위기에서 남편과 성리학적 지식과 관련해 논쟁하고 많은 남성 지식인의 존경을 받는 여성 성리학자의 출현을 기대할 수 있었을까? 불가능할 것이라는 통념을 시원하게 깨뜨린 여성이 있었는데, 그녀가 바로 조선 시대 유일한 태교 교과서인 『태교신기(胎教新記)』의 저자이자 최고의 유학자로 인정받았던 사주당 이씨였다. 아들 유희(柳僖, 1773년~1837년)는 사주당이 죽자 모친의 삶을 정리해 기록했는데, "나의 어머니께서는 아녀자인데도 학문을 향한 열정이 대단하셨다. 큰 경전을 삼대까지 넓히셨고 전하지 않던 태교를 만세에 아름답게 했다."[22]라는 말로 시작했다.

사람 노릇을 하는 것이 어찌 바느질에만 있겠는가?

사주당 이씨는 1739년 12월 5일에 청주 서면에서 태어났다. 18세기의 한복판에서 사주당의 성장 과정은 남달랐다. 출발은 다르지 않았다. 사주당도 여느 사대부 가문 여성들처럼 바느질과 옷감 다루는 일부터 시작해 여성이 갖추어야 할 기본 직무에 집중해 교육받았다. 그러나 사주당은 어느 시점에 본인의 정체성에 강한 의심을 하는 동시에 사고를 과감하게 전환했다. 사주당은 바늘을 놓았다. 18세기 조선 여성의 정체성을 거부하고 자신의 길로 들어섰다.

고을 풍속에 남자는 과거를 공부하고 여자는 여공(女工)에 힘썼는데, 돌아가신 어머님께서는 어려서부터 길쌈과 바느질을 잘한다고 이름이 났다. 점차 자람에 길쌈을 그만두며 탄식하기를 "사람으로 태어나 사람 노릇을 하는 것이 이것에 있다는 것인가?"

— 유희, 「선비숙인이씨가장」

사주당 이씨를 둘러싼 환경은 예외가 없었다. 남녀를 명확하게 구분해 남자는 사회적·국가적 역할을 담당하고 여자는 집안일을 해야 한다는 생각은 너무도 당연했다. 어린 사주당도 이러한 시대적 특징을 비판하거나 돌이켜 생각해 볼 여지가 없었다. 부모의 명에 의해 당연히 습득해야 할 침선방직에 종사하기 시작했다. 영민했던 소녀는 실을 내어 옷감을 짜는 일도, 바느질로 옷을 만드는 일도 잘했다. 그런데 무슨 계기가 있었을까? 사주당은 옷감 짜기와 바느질을 더는 하고 싶지 않았다. 과감하게 바늘을 놓아 버렸다. 그리고 혼자서 조용하지만 강하게 외쳤다. "여자도 사람으로 태어났다. 사람이 사람 노릇을 하는 것이 어찌 바느질과 옷감 다루는 일에만 있겠는가?"

성장 과정에서 사주당 이씨의 내면은 유교적 이데올로기가 만든 구조와 인식에 충돌했다. 주체적 내면이 형성된 것으로 보인다. 사주당은 남성의 영역으로 시선을 돌렸다. 남성들이 과거 시험을 보기 위해 공부했던 『소학언해(小學諺解)』, 『주자가례(朱子家禮)』, 『대학(大學)』, 『논어(論語)』, 『맹자(孟子)』, 『중용(中庸)』 등을 모두 섭렵했다. 물론 여성들이 익혀야 할 재질과 도리를 적어 놓은 여훈서(女訓書) 역시 사주당의 독서 목록에서 빼놓지 않았다. 오빠들은 말렸다. 여자가 어찌 침선방직에 신경을 쓰지 않고 글공부를 하느냐고 물었다. 그러나 부친은 달랐다. 보통 여자들과는 다른 방식으로 18세기를 건너가는 딸을 응원해 주었다. 사주당을 막아선 아들들을 향해 "그러지 말아라. 옛 성현의 어머니 중에 그 누가 글을 몰랐다고 할 수 있는가?"라며 여느 여성과는 달랐던 딸을 인정해 주었다.

그래서였을까! 유희에 따르면 사주당 이씨가 15세쯤 되었을 때 같은 성을 가진 동년배 남자 중에 사주당을 넘어서는 남자들은 없었다. 사주당은 여성이 갖추어야 할 교양과 품격을 완벽하게 갖춘 조선 여성이었다. 그러나 사주당은 성리학적 지식으로 무장해 또래 남자들보다 앞서 있었다. 성 역할의 시각으로 보면 사주당은 시대가 규정했던 조선 여성이 아니었다.

학문과 경제, 두 마리 토끼를 잡다!

사주당은 19세가 되던 1757년에 부친상을 당했을 때 효녀로 인정받았다. 그리고 우여곡절 끝에 25세에 유한규(柳漢奎, 1719년~1783년)의 네 번째 아내가 되었다. 혼인 후에도 사주당에게 현모양처의 의미는 남달랐다. 그녀는 당호를 '희현당(希賢堂)'에서 '사주당(師朱堂)'으로 바꾸었는데, '사주'의 의미는 바로 "주자(朱子)를 본받다." 혹은 "주자를 스승으로 삼다."라는 의미다. 따라서 사주당의 정체성은 어진 어머니이면서 착한 아내가 아니라 성리학자를 향하고 있었다.

조선 후기 실학파에 속하는 유학자이자 음운학자로 명성을 떨쳤던 유희는 학문의 길에서 모친을 스승으로 삼았고, 사주당은 남편과 편지를 주고받으며 벌인 성리학적 논쟁에서 주자의 의견에 반대하면서 정자(程子)의 의견을 선택하는 당당함을 보이기도 했다. 이러한 이유로 당시 이면눌(李勉訥), 이양연(李亮淵) 등과 같은 젊은 학자들이 직접 찾아와 가르침을 받아 제자가 되었다. 당대 최고의 학자로 명성을 떨쳤던 한원진(韓元震), 송명흠(宋明欽) 등과 같은 유학자들 역시 사주당의 학문적 식견에 찬탄하면서 직접 만날 수 없었던 환경을 한스럽게 생각했을 정도다. 더욱 놀라운 사실은 사주당의 활동이 학문 분야에만 머물지 않았다는 사실이다. 사주당은 학문의 영역을 넘어 경제 분야까지 그 활동 영역을 넓혔다.

1783년에 아버님이 돌아가시자 어머님께서 가솔들을 이끌고 용인으로 돌아왔는데, 자식들은 모두 어리고 가산은 남은 것이 별로 없었다. 아버님의 삼년상이 끝나자 아들인 혼에게 말하였다.
"가난하면서도 계모에게 효도하는 것은 사람들이 능히 할 수 있는 것이 아니다. 내가 아직 늙지 않았으니 너에게 누를 끼치지 않겠다."

남편은 죽고 자식은 많았다. 물론 전처가 낳은 자식들은 이미 성장해 있었지만, 본인이 직접 낳은 자식들은 아직 어렸다. 사주당 이씨는 냉철하고 냉정하게 상황을 판단했으며 과감하게 결정했다. 가장의 부재로 인해 갑작스럽게 맞이한 빈곤 앞에서 자신이 더는 짐이 되기 싫었다. 사주당은 남편의 삼년상을 끝으로 아내로서의 공식적인 역할을 마무리한 후 분가를 결정했다. 사주당이 전처가 낳은 자식에게 했

조선의 걸 크러시

자리를 짜는 모습(한국데이터산업진흥원 자료)

던 말의 키워드는 '가난'과 '계모에 대한 효'다. 핵심을 지적했다. 가난
한 살림살이에 자신을 낳아 주지도 길러 주지도 않고 단지 법적 모친
인 사람에게 효도하기가 얼마나 어려운 일인지를 잘 알았다.

홀로 농사를 지으며 길쌈과 바느질로 생계를 이어 갔지만 네 자녀를 기르고 교육하기에는 턱없이 부족했다. 손등이 거북이 등 껍데기처럼 갈라지는데도 옷감과 돗자리를 짰고, 거친 소금밥을 먹으면서도 친척들이 제안한 경제적 도움을 정중하게 사양했다. 그뿐만 아니라 전통적으로 효행으로 일컬어진 회귤(懷橘)을, 즉 자식들이 남의 음식을 몰래 가져다 자신을 봉양하는 것마저도 철저하게 금지했다. 여자 혼자의 힘으로 빈곤을 탈출하기란 쉽지 않은 상황이었다. 결국 사주당이 선택한 방법은 민간 금융 시스템, 즉 사채업이었다.

사사로이 재물을 증식하여 몇 년 만에 남는 재물로 선대의 묘 중에서 무너진 지 오래된 것을 수리하였고, 다시 재물을 증식하여 몇 년 만에 재물이 남자 시아버지 묘역 안에 있는 밭을 되샀으며, 다시 재물을 증식하여 몇 년 만에 재물이 남자 이종 조카에게 부탁하여 친정의 후사 세우는 일을 도모하였으며, 다시 재물을 증식하여 몇 년 만에 재물이 남자 외손 중에 상이 귀한 자에게 유언하여 자신이 죽은 후에 제수를 마련하게 하였다.

조선 시대에 민간 대출 사업, 즉 사채업은 급채(給債), 방채(放債), 흥리(興利), 식리(殖利) 등으로 불렸다.[23] 따라서 원문에 계속해 반복적으로 등장하는 '식(殖)'은 흥리 혹은 식리로 보는 것이 타당하다. 사주당 이씨는 농사를 비롯해 수많은 일용직에 종사했는데도 경제적 형편이 나아지지 않자 사채업에 뛰어든 것으로 보인다. 결과적으로 사주당은 많은 돈을 벌었고, 여유 있는 자금으로 시댁과 친정에 경제적 비용이 필요할 때 지원했으며, 심지어 자신이 죽은 후까지 안정적인 삶을 유지할 수 있는 경제적 기반을 마련했다. 이는 유희가 과거 시험에 집착하지 않고 학문에 매진할 수 있는 경제적 기반이 되어 주었다.

한국 최초로 태교 지식을 체계화하다!

사주당 이씨는 스스로 노력해 학문 분야에서 일가를 이루고 경제적 기반마저 완벽하게 세운 여성이었다. 그러나 사주당의 활동 중에 우리가 더욱더 눈여겨봐야 할 것은 따로 있다. 사주당은 자기가 실제로 한 경험을 바탕으로 하고 평생 닦은 학문 이론을 더해 조선 시대 인물로는 유일무이하게 태교 관련 지식을 체계화했다. 다시 말하면 한국의 전통적 태교 지식에 관한 연구 및 집필의 역사는 바로 사주당에게서 출발했다.

다만 태아가 복중에 있을 때의 한 가지 가르침에 관해서는 옛날에 있었다. 그러나 지금은 그와 관련된 글이 없어 온 지 수천 년이나 되었으니, 부녀자의 집에서 어찌 스스로 깨달아 실행할 수 있겠느냐? …… 나는 …… 일찍이 태교실 시험해 본 것이 네 번이었는데, 과연 너희의 형상과 기운이 크게 잘못된 부분이 없었다. 이 책을 집안에 전하는 것이 어찌 도움이 되지 않겠는가?[24]

사주당 이씨는 예순을 넘기는 시점에 자신의 임신 및 출산 경험에 바탕을 두고 학문적 탐구를 통해 얻은 지식을 더해 태교에 관한 교본을 완성했다. 그녀는 우선 아이를 양성하는 여성의 일을 거룩하고 성스러운 공로(聖功)로 이해하는 여성이었다. 그리고 『태교신기』를 마무리하는 과정에서 "태어난 지 삼일 뒤 해명(孩名) 이후에 관해서는 여러 책에 상세히 갖추어 나오므로 내가 다시 첨가할 필요가 없다." 라고 언급한 데서 알 수 있듯이 임신의 단계와 출산 이후 육아의 단계를 명확하게 구분했다. 즉 사주당이 밝히고 싶은 것은 육아가 아니라 태교 지식과 그 시스템임을 분명히 했다.

사주당 이씨는 당시로서는 매우 늦은 나이인 25세에 혼인해 35세에 아들 유희를 출산했다. 당시 여성의 혼인 적령기가 14세에서 20세 사이임을 감안하면 35세는 몇 년 후 손자를 볼 나이다. 혼인도 매우 늦었지만, 첫 출산 역시 조선의 일반 여성들과는 사뭇 달랐다. 그러니 사주당에게 임신, 출산, 육아의 문제는 매우 중요했음을 짐작할 수 있다. 사주당은 사남매를 임신하고 출산하는 과정에서 태교를 시험해 성공했고, 일상생활에서 얻은 지식뿐만 아니라 의서(醫書)에 실려 있는 임신부 관련 글을 모았으며, 경전을 통해 아이에게 가르칠 만한 내용을 부록으로 첨부했다. 이렇게 해서 완성된 책이 바로 조선 최초의 태교서인 『태교신기』다.

사주당 이씨는 남녀의 영역을 가리지 않고 학문 전반에 정통했던 지식인이었다. 이처럼 사주당은 경전과 의서를 통해 태교 관련 이론을 겸비했고 자신의 임신과 출산, 육아의 경험을 통해 실재를 체득했다. 이전에도 없었고 이후에도 없는 조선 시대의 새로운 여성 지식인 유형을 제시했다. 그리고 이론과 실재를 재구조화함으로써 태교에 관한 새로운 지식 체계를 완성했다. 조선 시대에 이러한 여성은 없었다.

사주당 이씨는 1821년에 82세로 파란만장했던 생을 마감했다. 우리는 사주당의 죽음 앞에서 그녀의 유언에 다시 한번 더 놀라게 된다. 사주당은 자신이 어머니와 소통했던 편지 두루마리와 남편과 성리학적 이치를 논했던 기록, 그리고 마지막으로 자신이 직접 필사한 『격몽요결(擊蒙要訣)』을 제외한 모든 기록물은 불태워 달라고 부탁했다. 편지 두루마리는 여성이자 딸로서 사주당의 정체성을 상징하고, 남편과 주고받은 기록은 한 사람의 아내이자 학문적 동지로서 사주당의 정체성을 상징한다. 그리고 『격몽요결』은 율곡(栗谷) 이이(李珥, 1536년~1584년)가 지은 아동교육을 위한 교과서이기도 하므로, 위대한 어머니로서 사주당의 정체성을 상징적으로 잘 보여 준다.

사주당 이씨는 조선 시대가 규정했던 요조숙녀 또는 현모양처의 모습과는 매우 다른 삶을 살며 주체적 내면을 가진 요조숙녀이자 현모양처의 상을 추구했다. 이러한 사주당의 여성상을 남성들은, 특히 아들인 유희와 『태교신기』의 서문을 썼던 신작(申綽, 1760년~1828년)은 '조선 어머니의 상[海東母儀]'이라고 규정했다. 사주당은 새로운 지식 체계를 구축했을 뿐만 아니라 조선의 새로운 여성상을 만들었다. 사주당의 삶과 그에 관한 평가는 유교적 이데올로기가 규정했던 여성상에 균열이 생겼음을 증명한다.[25] (강문종)

빙허각 이씨,
베스트셀러 작가로 남다

기사년 가을에 내가 동호(東湖) 행정(杏亭, 오늘날의 서울 마포 지역)으로 이사하여 밥 짓고 반찬 만드는 틈틈이 사랑채에 들어가, 우리네 삶에서 날마다 쓰는 것들과 농가 살림에 필요한 것들을 적은 옛글을 모두 구하여 읽었다. 손길 닿는 대로 펼쳐 보아 오직 문견(聞見)을 넓히고 심심풀이를 할 뿐이었다. 옛사람이 "총명이 무딘 글만 못하다." 라고 한 말을 문득 생각하니, 적어 두지 않으면 어찌 잊을 때를 대비하겠는가? 그래서 모든 글을 읽고 가장 중요한 말을 가려 적고, 때때로 내 생각을 덧붙여 유형을 분류한 뒤 다섯 편의 글을 지었다.[26]

— 빙허각 이씨, 『규합총서』

조선의 걸 크러시

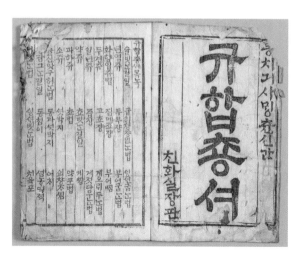

『규합총서』(국립중앙박물관 소장)

　살림하고 육아하는 바쁜 와중에도 짬을 내어 책을 읽었다는 이 여성! 바로 빙허각(憑虛閣) 이씨(李氏, 1759년~1824년)다. 빙허각은 주로 가사와 일상생활에 유용한 정보가 있는 책들을 읽었고, 그중에서 중요한 내용을 뽑아 『규합총서(閨閤叢書)』라는 책을 지었다. 이 책은 조선 후기 생활 경제를 총괄한 종합 백과사전이다. 또한 혼인한 여성들을 위한 가정 살림의 요령을 섬세한 여성의 필치로 기록한 지침서이기도 하다. 평범한 가정주부가 이처럼 유용한 책을 쓴 작가로 거듭난 원동력은 과연 무엇일까?

학구적 분위기 속에서 작가의 역량을 키우다

빙허각이 책을 저술할 수 있었던 배경에는 학문을 숭상하는 가풍을 지닌 친정과 시댁의 영향이 크다. 빙허각은 1759년에 이창수(李昌壽, 1710년~1777년)와 유씨(柳氏) 사이에서 막내딸로 태어났다. 그녀는 아주 어릴 때부터 기억력이 뛰어나고 총명했다. 빙허각의 아버지는 많은 관직을 역임한 유명한 관리였는데, 딸을 무릎에 앉히고『소학』과『시경(詩經)』을 읽어 주곤 했다. 그러면 빙허각은 어린 나이에도 글의 뜻을 바로 이해하고 줄줄 외우기까지 했다. 더구나 본인 스스로 공부하는 것을 워낙 좋아해 많은 책을 읽고자 했다. 이를 기특하게 여긴 이창수는 손수 글을 가르쳐 주었고, 빙허각의 오빠도 많은 가르침을 주었다. 이처럼 여자도 학문할 수 있도록 배려하는 가정환경은 훗날 빙허각이『규합총서』를 저술하는 데 매우 큰 자양분이 되었다.

15세가 되던 해인 1773년, 빙허각은 서유본(徐有本, 1762년~1822년)과 혼인했다. 서유본은 조선 후기의 경화세족(京華世族) 중 하나인 달성 서씨 명문가의 장남이었다. 서씨 가문은 조상 대대로 여러 높은 관직을 역임해 권세가 높았는데, 조선에서 가장 많은 책을 보유한 집안으로도 유명했다. 서유본의 할아버지가 사신이 되어 중국 북경을 다녀올 때마다 책을 구매했고, 서유본의 아버지는 천문학·수학·실학 방면의 책을 대량으로 소장하고 있었다. 특히 중국에서도 찾아보기 어려운 희귀한 서책이 많이 있었다. 책을 지극히 좋아하는 빙허각에게는 더없이 좋은 시댁을 만난 것이다.

물론 빙허각은 맏며느리였기에 서가에 마냥 틀어박혀 책만 읽을 수는 없었다. 집안일을 충실히 하면서 틈날 때마다 책을 탐독했다. 며느리의 책 사랑과 학문적 역량을 알아본 시아버지는 빙허각을 자기 아들들과 함께 공부하도록 배려해 주었다. 시아주버니, 시동생과 섞여 공부하는 것이 껄끄러웠을 법도 한데, 빙허각은 그들에게 가르침을 줄 정도로 높은 한문학적 지식을 보였다.

빙허각의 남편인 서유본도 여자의 학문을 적극적으로 지지해 주는 사람이었다. 빙허각이 읽고 싶어 하는 책이 있으면 기꺼이 구해다 주었고, 그녀가 글쓰기를 하면 격려를 아끼지 않았다. 또한 시를 주고받고 경서를 논하는 학문적 지기가 되어 주었다. 훗날 서유본이 먼저 죽자 빙허각이 식음을 전폐하고 19개월 만에 죽은 것만 보아도 부부애가 각별했음을 알 수 있다.

어쨌든 빙허각의 시댁은 실학적 분위기를 지녔으며 여러 실학자와 교분이 두터운 실학자 집안이었다. 이러한 가풍으로 인해 빙허각 역시 자연스럽게 일상생활의 실용적인 것들에 관심을 두게 되었다. 바로 『규합총서』가 태동한 배경이다.

살림살이가 경제의 기본이라는 점을 깨우치다

평탄한 결혼 생활을 이어 가던 빙허각에게 갑작스레 불행이 찾아왔다. 1806년에 서유본의 숙부인 서형수(徐瀅修, 1749년~1824년)가 김달

순(金達淳, 1760년~1806년) 옥사(獄事) 사건에 연루되어 귀양을 가면서, 서유본이 관직에서 쫓겨나고 서씨 가문이 몰락한 것이다. 이에 빙허각은 서울의 다른 지역으로 이사 가게 되면서 경제적으로 곤궁한 처지에 놓였다.

그런데도 빙허각은 좌절하거나 체면치레하지 않았다. 양반의 권위 따위는 생각지 않고 남편과 함께 채마밭을 일구면서 농업, 상업, 수공업 등에 종사했다. 위기가 기회라고 했던가! 이러한 고난의 경험을 바탕으로, 51세가 되던 1809년에 『규합총서』를 완성했다. '규합총서'라는 제목은 서유본이 '여성 생활을 총괄한 책'이라는 뜻으로 지어 준 것이었다.

『규합총서』는 총 다섯 권으로 구성했는데, 제1권에는 음식, 제2권에는 의복, 제3권에는 경제, 제4권에는 질병 치료, 제5권에는 재난 방지에 관한 내용을 담았다. 음식과 옷을 만드는 방법, 농사짓고 가축 키우는 기술, 육아법, 의약과 구급 처방, 민간 풍습과 생활의 지혜 등 일상생활의 요긴한 비결들을 상세하고 풍부하게 수록한 것이다. 특히 혼인한 여성들이 알아 두면 아주 유익한 정보들이 담긴 실용적인 책이었다.

각각의 조항을 적을 때 자세하고 분명하게 하고자 힘써 한번 책을 열면 이해하고 행할 수 있게 하였다. 모든 조항 아래 각각 인용한 책의 이름을 작은 글씨로 나타내고 내 의견을 달았으면 신증(新增)이라고 썼다. …… 비록 이 책의 편수가 많으나 그 귀결점은 모두 다 양생(養

生)하기 위한 급선무이고 집안을 다스리는 중요한 방법이다. 진실로 일상생활에 필요한 것들이고, 부인네들이 마땅히 연구해야 할 것들이다. 그러므로 마침내 이 서문을 붙여 집안의 딸과 며늘아기들에게 준다.

빙허각은 철저한 고증을 통해 『규합총서』를 창작했다. 중국과 조선의 서적을 가리지 않고 인용해 주를 달았는데, 인용한 책들이 무려 108종이나 되었다. 경전, 백과사전, 농서, 경제서, 의학서, 천문 지리서 등 인용한 책 종류의 다양성을 보면 빙허각의 폭넓은 독서량을 짐작할 수 있다. 인용한 문헌의 출처를 분명하게 밝히는 것은 당시 실학자들의 전형적 학문 태도인데, 오늘날 논문을 쓰는 연구자에 비해도 손색이 없을 정도다.

그렇다고 빙허각이 전문성에만 중점을 둔 것은 아니다. 한문이 아닌 순 한글로 기록했고, 한문 투의 난해한 단어에는 친절한 설명을 덧붙였다. 자기 생각은 따로 구분해 적고, 여성 독자들의 눈높이에 맞는 글쓰기를 했다. 같은 주부로서 집안일을 하면서 느낀 점들을 진솔하고도 생생하게 적어 친근감을 준 것이다.

『규합총서』의 곳곳에는 빙허각의 촌철살인 문장이 발견된다. 개고기 요리법을 소개하고는 "집에서 기른 것은 잡지 말라."라고 하거나, 각종 술 빚는 법을 소개하고는 "술은 사람의 마음을 변하게 하는 미친 약"이라고 하는 식이다. 또한 임신한 태아의 성별을 여자에서 남자로 바꾸는 법을 쓰고는 "어찌 여자아이가 바뀌어 남자아이가 될 수 있겠는가?"라고 의문을 던지기도 했다.

　이처럼 빙허각은 폭넓은 독서 경험을 통해 축적한 지식을 다른 여성들과 공유하고, 여성뿐만 아니라 관련 정보가 필요한 이들에게 실용적인 방법을 알려 주고자 했다. 그렇기에 『규합총서』는 단순한 요리책이 아니라 조선 후기 생활문화 전반을 다룬 가치 있는 자료로 남을 수 있었다. 이 책은 빙허각이 살아 있을 때 친척들이 자주 베껴 가면서 세상에 알려졌고, 그녀가 죽은 후에도 계속해 인기를 끌었다. 그리고 20세기 초까지 여성들에게 널리 읽히는 베스트셀러가 되었다. 그 이유는 일상생활에서 요긴하게 적용된다는 점이 가장 컸겠지만, 살림을 통해 재화를 불리는 경제의 원리가 오롯이 담겨 있어서는 아닐까?[27] (이후남)

4부

사랑을 찾아서

환관의 아내,
이대로는 살 수 없어요

선비가 시골의 할머니, 할아버지와 함께 등불 아래에 앉아 이야기를 나누었다. 할머니가 말하였다.

"이 늙은 몸이 젊었을 때 한 번 몰래 산속의 스님과 정을 통한 적이 있었답니다. 그때 그 스님의 모습과 행동은 참 우스웠지요."

그러자 옆에 있던 할아버지가 눈을 흘기며 화를 냈다.

"노망난 할망구가 또 쓸데없이 해괴한 소리를 하려고 한다."

— 임매, 『잡기고담』

대화 자체가 기묘하다. 젊은 여자가 수도하는 승려와 사랑을 나누었다는 말 자체가 이미 파격적이다. 어떻게 이런 일이 발생했는지는

벽화에 그려진 환관의 모습(Wikimedia Commons 자료)

임매(任邁, 1711년~1779년)의 『잡기고담(雜記古談)』에 실려 있는 글 「환처 (宦妻)」를 통해 알 수 있다. '환처'란 환관(宦官)의 아내라는 뜻이다.

환관은 궁중에서 근무하는 거세된 남성 관리를 지칭한다. 궁궐은 남성의 거주가 금지된 곳이다. 그렇기에 그곳에는 '남성인데 남성이

조선의 걸 크러시

아닌 사람이 필요하다. 거세한 이유다. 이들은 환관 외에도 다양한 호칭으로 불렸다. 궁궐 안에서 근무한다는 공간적 성격에 주목할 경우 내시(內侍), 내관(內官), 환시(宦寺), 환자(宦者), 중환(中宦) 등으로 불렸고, 거세라는 신체적 특징에 방점을 둘 경우 엄시(閹寺), 화자(火者) 등으로 불린다.[1]

환관의 아내, 욕구에 눈뜨다

「환처」는 시골 할머니의 어렸을 때 이야기로 돌아간다. 본래 양인의 딸이었던 할머니는 일찍 부모를 여의고 외삼촌의 집에서 자란다. 외삼촌 부부는 할머니가 16세가 되자 환관에게 시집을 보낸다. 첫날밤에 남편인 환관은 애무만 했지만, 어렸던 할머니는 본래 남녀의 잠자리가 다 그런 것으로 생각하며 살아간다.

때로 동침하고 싶은 마음이 들면 원통한 생각에 가슴이 미어져 간혹 눈물도 흘렸답니다. 매해 화창한 봄날, 벌과 나비가 날아다니고 꾀꼬리와 제비가 지저귈 때면 자리에 누워도 하품만 할 뿐 잠들지 못하고 사랑하고픈 마음만 깊이 끓어올랐지요.

그러나 시간이 흐르면서 자연스럽게 정욕에 눈뜬 할머니는 자기 삶이 비참하게 느껴진다. 할머니가 젊었을 때 가슴속에 담아 두었던 외로움은 인간이기에 가질 수 있는 당연한 감정이다. 사실 젊고 한창 때의 여성을 남성인 듯 남성 아닌 환관과 혼인시키는 것 자체가 문제일 수 있다. 가르쳐 주지 않아도 알게 되는 본능적 욕구를 어찌한다는 말인가? 조선 시대에도 이에 관해 지적하기도 한다.

> 환관은 남자도 아니요, 여자도 아닌데, 혼인을 허락하고 있습니다. 이에 가난하고 어리석은 백성들이 단지 부귀한 것만 보고 이치도 모른 채 딸을 시집보내고 있습니다. 이는 음양이 어긋나고 부부의 화목한 기운을 해쳐, 위로는 홍수나 가뭄의 재앙을 부르기도 하고, 아래로는 아내의 도리를 더럽히기도 합니다.
>
> ─『중종실록』 13년(1518) 6월 19일

벼슬하지 않은 선비인 권탁(權鐸)이 홍문관(弘文館) 응교(應敎) 벼슬에 있던 한충(韓忠, 1486년~1521년)을 통해 올린 상소에 적혀 있는 내용이다. 중종과 함께 검토한 정광필(鄭光弼, 1462년~1538년), 신용개(申用漑, 1463년~1519년), 안당(安瑭, 1461년~1521년), 최숙생(崔淑生, 1457년~1520년) 등도 환관이 아내를 두는 것은 하늘의 기운을 해치는 일이라며 반대한다. 이긍익도『연려실기술』의 「환관」에서 사람도 아닌 환관의 혼인은 성인의 법도가 아니라며 강도 높게 비난한다. 그러나 환관의 혼인 금지와 관련된 구체적인 정책 결정은 내려진 바가 없다. 조선 시대 내내 환관의 혼인은 별다른 제재 없이 계속되었고, 그에 따라 할머니와 같은 환관의 아내도 언제나 있었다. 중요한 것은 이들에게 환관은 남자도 아니고 여자도 아닌, 그래서 사람도 아닌 존재였다는 사실이다.

욕구에 눈뜬 젊은 시절의 할머니는 보잘것없는 반 폭짜리 베 이불이라도 함께 덮을 수 있는 진짜 남성을 그리워하기 시작한다. 그래서 이렇게 100년을 산들 무슨 행복이 있겠냐며 패물과 수백 냥의 은을 가지고 도망치는 길을 택한다. 새벽에 몰래 빠져나오기는 했지만 어찌할 줄 모르고 있을 때, 나이가 비슷해 보이는 젊은 승려를 만난다. 할머니는 젊은 승려 곁에 바짝 다가앉는다. 청주로 가던 젊은 승려는 이상하게 여겨 피했지만, 할머니는 개의치 않고 따라간다. 할머니는 젊은 승려가 절로 들어가는 순간 모든 것이 수포가 된다고 생각해 이러지 말라며 애원하는 젊은 승려를 반강제로 유혹해 함께 수풀 속에 눕는다.

내가 옷매무새를 정돈하고 말하였지요.
"우리 두 사람은 이제 부부가 되었습니다. 당신은 이미 속세의 사람이 되었으니, 다시는 산속 절로 갈 필요가 없습니다. 저와 함께 곧장 당신 집으로 가시지요."

할머니는 환관의 아내를 그만두고 자발적으로 다른 남성을 만나 가정을 꾸린 것이다. 할머니는 남성을 고를 때 자신이 비록 처녀의 몸이지만 이미 다른 남자의 아내라는 점, 그렇기에 보통 남자를 만나면 첩밖에 될 수 없다는 점, 그러면 본처의 투기를 견딜 수 없다는 점 등 여러 가지 고민을 한 끝에 승려를 택한 것이다. 속세와 인연을 끊고 살았던 젊은 승려야말로 자신이 새롭게 출발할 수 있는 최적의 남성 총각이라고 판단하고 행동한 것이다. 이때 할머니는 젊은 승려의 입장은 전혀 고려하지 않고, 자신의 결정대로 밀어붙인다. 주저하는 젊은 승려에게 조금의 틈도 보이지 않았다. 본능조차 펼 수 없었던 환관의 아내 때와는 다르게 주도적으로 자기 삶을 펼쳐 나가기로 한 것이다. 이에 곧바로 젊은 승려의 어머니를 찾아가 자신이 도망칠 때 가져온 재물로 설득하고는 아내와 며느리로서의 새로운 삶을 시작한다. 그날 밤 할머니는 새롭게 남편이 된 젊은 승려와 밤새 정다운 이야기를 나눈다.

남녀 관계의 참맛을 처음 안 스님은 즐거움에 미치려고 하였습니다. 참으로 포복절도할 일입니다.

어찌 젊은 승려만 그랬겠는가? 환관의 아내였던 할머니도 마찬가지였을 것이다. 사랑의 재미를 몰랐던 환관의 아내와 젊은 승려가 나누었을 사랑의 격렬함이 이 문장 속에 담겨 있다. 자신들의 이야기를 마치 남의 일인 것처럼 여유 있게 말하는 것에서 젊은 승려와 부부로 산 환관의 아내가 느낀 만족감이 드러난다.

모두 눈치챘겠지만, 맨 앞에 나온 할아버지가 바로 그때의 젊은 승려다. 두 사람은 나이가 든 뒤 충청도 공주의 큰 마을인 동천(銅川)에서 부유하게 살았다. 아들 네다섯 명이 모두 군관이 되었을 정도로 자식도 잘 키웠다. 환관의 아내는 자신을 속박했던 사회적 구속을 벗어딘지고 성공한 인생을 구축한 것이다. 틀을 벗어나 만난 신세계를 용감하게 마주했기에 가능했던 일이다. 환관의 아내가 아닌 진짜 여자의 삶을 산 할머니의 자신 있고도 유머러스하며 능글맞은 대화에서 「환처」가 주는 쾌감을 맛볼 수 있다.

욕망의 대상이 된 환관의 아내

그러나 환관의 아내가 가진 성적 욕망에 대해 조선 시대가 이렇게 긍정적인 시선만 보낸 것은 아니다. 『계서야담(溪西野談)』에는 서른 가까이 된 환관의 아내가 이웃집 이생(李生)에게 편지를 보내, 남녀 음양의 이치를 모르니 담을 넘어와 도와 달라고 청하는 이야기가 있다. 그러나 이생은 아내 단속을 잘못했다며 그 남편인 환관을 꾸짖는다. 결국 그날 밤 환관의 아내는 목을 맨다. 이생은 인간의 본성보다는 여성의 절개라는 이념을 더 중요하게 여겼기에 환관 아내의 청을 이해하지 못한 것이다. 그런데 이생도 가을 늦장마로 무너지는 담장에 깔려 죽는다. 이러한 서술은 여성의 정욕을 일방적으로 무시한 것이 부당하다는 점을 드러낸다.

그런가 하면 조선 시대에는 환관의 아내와 정을 통하면 과거에 급제한다는 전설 같은 믿음도 있었던 듯하다. 그 가운데 조현명(趙顯命, 1690년~1752년)의 일화가 유명하다. 조현명은 선비의 대표 자격으로 사람들의 말이 사실인지 시험해 보고자 환관의 아내와 은밀하게 정을 통한다. 욕구 불만이었던 환관의 아내가 조현명을 흔쾌히 맞아 주었음은 물론이다. 실제로 조현명은 과거에 급제한다. 하지만 소문 때문이라고 할 수는 없다. 그는 이미 과거에 합격할 수준이 되었던 것이었을 뿐이다.

어찌 보면 건장하고 젊은 사대부들 사이에서는 혼인한 여성이지만 여전히 처녀인 환관의 아내와 한 번 정도 사랑을 나누고 싶은 욕망이 있었을 법하다. 그 욕망이 환관의 아내와 사랑을 나누면 과거에 합격한다는 식의 소문을 만들어 낸 것이리라. 이들에게 환관의 아내는 그저 호기심 가득한 성적 욕망의 대상일 뿐이다. 이 소문으로 인해 변변치 못한 선비들에게 원치 않는 성적 희생을 당한 환관의 아내가 적지 않았을 가능성도 있다.

이처럼 환관만큼이나 환관의 아내 역시 제대로 된 대우를 받지 못했다. 이런 와중에 「환처」의 주인공은 모든 격식을 깨뜨리고 우뚝 선 인물이다. 지금도 기존과 다른 행동을 하면 튄다며 비난받는다. 봉건적이었던 조선 시대에는 오죽했겠는가? 그러나 남들의 시선이나 통념에 굴복하지 않고 자기의 삶을 스스로 개척해 나간다면 설사 성공하지 못한다고 하더라도 실패는 아니다. 내 삶을 내 손으로 결정하는 자세는 예나 지금이나 무모한 것 같지만 아름답다. (임치균)

어떤 노처녀,
내면이 물리친 추한 외모와 장애

사족(士族) 자녀가 30세가 가까워도 가난하여 시집을 못 가는 자가 있으면 예조에서 임금께 아뢰어 헤아리고 자재를 지급한다. 그 집안이 궁핍하지도 않은데 30세 이상이 차도록 시집가지 않는 자는 그 가장을 엄중하게 논죄한다.

— 『경국대전』

모든 원인은 추한 외모?

조선 시대 『경국대전(經國大典)』의 「예전(禮典)」 혜휼조(惠恤條)에는 가난해 돈이 없을 때는 국가가 지원해 혼인시켜야 한다는 사실과 노처녀가 되도록 시집을 보내지 않은 부모를 처벌한다는 내용이 들어 있다. 늦도록 혼인하지 않는 것은 개인의 문제를 넘어 국가의 문제임을 명확히 하고 있다. 이러한 법조문은 단순히 선언적이지만은 않았다. 가장 대표적인 사례가 바로 1791년에 있었던, 정조의 한양 노처녀·노총각 혼인 프로젝트였다. 이 프로젝트를 추진한 결과 1791년 5월까지 279명의 남녀가 혼인할 수 있었고, 최후의 두 사람인 노총각 김희집(金禧集)과 노처녀 신씨는 우여곡절 끝에 서로 혼인함으로써 프로젝트의 대미를 장식했다.

김희집과 신씨의 혼인 이벤트는 당시에 큰 화제를 낳았던 것으로 보인다. 이 이야기는 프로젝트의 최종 결과 보고서에 해당하는 이덕무의 「김신부부전」을 비롯해 『조선왕조실록(朝鮮王朝實錄)』, 『승정원일기』, 『일성록(日省錄)』, 『목민심서(牧民心書)』 등에 기록되었고, 천재 문인 이옥(李鈺, 1760년~1815년)은 이 이야기를 토대로 「동상기」라는 조선 최초의 희곡을 지었다. 그리고 후대에 이 이야기는 여성들 사이에서 「노처녀가(老處女歌)」[2]라는 형태로 퍼지게 되었다.

「김신부부전」에서 신씨가 혼인하지 못한 사연은 자세하게 등장하지 않지만, 내용을 바탕으로 이유를 정리해 보면 첫 번째는 가난이고 두 번째는 추한 외모로 추정된다. 특히 두 번째 이유가 주목된다. "복의 딸의 봉비(蚌非)의 바탕으로 혼인할 시기가 지났습니다."라는 내용이 등장하는데, 이는 혼서를 받은 신씨의 부친 신덕빈이 답혼서(答婚書)에서 딸 신씨를 설명하면서 언급한 내용이다. '봉비의 바탕'은 훌륭

조선의 길 크러시

하지는 않지만 취할 것이 있다는 의미이기도 하다. 『시경』의 「국풍(國風)」 중 「속풍(俗風)」에 "봉비를 취할 때는 뿌리만 보아서는 안 된다."라는 말이 있고, 이 부분에는 "이것은 얼굴이 쇠하였다고 하여 그 덕을 버려서는 안 된다는 것이다."라는 주가 달려 있다. 따라서 신씨는 비록 훌륭한 덕을 갖고 있지만, 외모는 좋지 않았음을 알 수 있다. 「노처녀가」는 바로 이 부분을 주목하고 주된 모티프로 삼아 지어졌다.

장애도 못생긴 것도 인정, 그래서 뭐?

「노처녀가」에서 주인공의 발화가 본격적으로 시작되는 부분을 보면 주인공 노처녀는 자기를 "온몸이 모두 병신"이라고 설명할 만큼 심각한 장애를 가졌다. 그런데 "밥이 없어서 서러워할까? 옷이 없어서 서러워할까?"라는 내용이 등장한다. 즉 노래 속 노처녀는 경제적으로 전혀 부족하지 않은 집안에서 태어났다. 특히 언니가 열아홉 살에 시집가고, 동생이 스무 살에 시집갔다는 내용을 보면 혼인하지 못한 원인이 가난은 아니었다. 따라서 노처녀가 혼인할 수 없었던 이유는 추한 외모이자 신체적 장애임을 알 수 있다.

물론 「노처녀가」의 주인공은 거의 쉰이 다 되도록 혼인하지 못한 것을 서럽게 생각하고, 그 원인이 추한 외모라는 사실을 잘 안다. 그리고 군데군데에서 자신의 추한 외모를 부끄럽게 생각하기도 한다. 그러나 전체 내용의 흐름을 보면 자신의 신체적 장애와 추한 외모에도 불구하고 일상의 삶에 전혀 문제가 없음을 항변한다.

내가 비록 병신이나 남과 다르겠소? 내 얼굴 곰보라 하지 말아요. 그 구멍마다 슬기로움이 들어 있소. 내 얼굴 검다 말아요. 화장하면 백옥 같으니. 한쪽 눈이 멀었으나 다른 한쪽은 밝았다오. 바늘귀를 능히 꿰니 버선을 못 만들까! 귀머거리라 나무라지만 크게 하면 알아듣고, 천둥소리 능히 들을 수 있다오. 오른손으로 밥을 먹으니 왼손이 필요 없고, 왼쪽 다리 불편하나 화장실 출입에 문제없네. 콧구멍이 맥맥하나 냄새를 잘 맡고, 입술이 푸르죽죽하지만 연지를 바르면 되지. 엉덩이가 널찍하여 출산 잘할 장본이오, 가슴이 뒤로 들어간 것은 궂은일 잘할 기골이라. 턱 아래 검은 혹은 잘만 보면 귀한 형상이오, 목이 비록 오므라들었으나 만져 보면 없을쏜가. 내 얼굴 바라보면 곱지는 않지마는, 일등 수모 불러다가 여유롭게 단장하면, 남들 같이 맞는 서방 난들 설마 못 맞을까?

—「노처녀가」

주인공인 노처녀가 자신의 추한 외모를 일일이 언급하면서도 "그것이 무슨 문제지?"라고 강변하는 장면이다. 사실 이 정도의 외모라면 주눅이 들 만도 하다. 그러나 노처녀는 전혀 그렇지 않았다. 부족하고 추한 자신의 겉모습보다는 내면을 더 강조하고 있으며, 모든 부정적인 면을 긍정적인 면으로 이해하려는 삶의 태도를 보인다. 곰보로 얼굴에 난 구멍은 각종 지혜로 가득 차 있고, 눈과 귀, 팔과 다리

등은 한쪽이 문제 있지만 다른 한쪽이 정상이므로 아무 문제가 없으며 불편하지도 않았다. 오히려 두 개나 있을 필요가 있나 하는 자신감마저 보여 준다. 부족한 부분은 다른 부분으로 채우면 된다는 자신감을 가진 것이다.

그뿐만 아니라 노처녀는 각종 효행록이나 열녀전 등을 숙독하는 등 독서량이 풍부했고, 남들에게 피해를 주거나 심술궂은 행실을 하지 않는 훌륭한 덕을 갖고 있었다. 나아가 여성이 갖추어야 할 가장 기본적인 능력인 바느질과 옷감 짜는 능력을 비롯해 각종 의류와 생활용품의 제작에서 남다른 능력을 소유하고 있었다. 각종 음식과 관련된 요리 분야에서도 전문가적 자질이 있어 제사를 모시고 손님을 접대하는 일 역시 훌륭하게 소화할 수 있다는 자신감을 강하게 표출한다.

그런데 부모님은 야속하게도 이처럼 뛰어난 자신을 언니에 이어 시집보내지 않고 건너뛴 다음 동생을 시집보내 버린다. 그 이유는 충분히 이해되지만, 짜증과 분노는 어쩔 수 없었다. 계속 미루어지는 자신의 혼사로 인해 자존감이 떨어지고 우울해지기 시작했다. 그러나 노처녀는 가만 있지 않았다. 부모님과 동생에 대한 믿음을 버리고 "부모, 동생 믿다가는 서방 맛이 막연하다."라고 외치며 자기 혼사는 스스로 해결하겠다고 결심한다.

부모, 형제 필요 없이 내 서방은 내 손으로!

강한 내면과 더불어 부족하지 않은 성격을 갖고 있으며 모든 면에서 뛰어난 능력과 자질을 가졌는데도 혼인 순서에서 밀리는 상황이 되자 노처녀는 더는 참지도 기다리지도 않는다. 자기 남편은 자신이 직접 찾겠다고 결심하고 과감하게 실천해 나간다.

내 서방을 내가 골라야지, 남에게 부탁할까? 내가 어찌 미련하게 이런 생각 못 했는가? 만일 일찍 깨쳤다면 이 모양이 되었을까? 청각 먹고 생각하니 아주 쉬운 일이구나. 작은 염치 돌아보면 어느 년이 출가할까? 옷고름 맺고 내기하며 손바닥에 침을 뱉어, 맹세하고 하는 말이 내 팔자에 태운 서방 어떤 사람 선택할까?

가족과 일가친척들을 믿고 기다린 것이 잘못이라는 사실을 자각한다. 그러고는 자신의 혼인을 추진하기 위해 삶의 태도를 수동적인 자세에서 적극적인 자세로 변화시켰다. 이런 결정을 미리 하지 못한 것이 아쉽고, 작은 염치만을 생각하다 보면 세상에 시집갈 여자는 없다는 현실적 깨달음이 이어진다. 내 남자는 내가 골라야 하며, 그동안 남들이 도와줄 것으로 믿었던 자신이 얼마나 미련한지를 알게 되었다. 손바닥에 침을 뱉으며 맹세하는 장면이 자못 씩씩해 보이기도 하다. 그러나 나이가 많고 추한 외모는 큰 한계로 다가온다.

노처녀는 맞은편에 사는 동갑내기 김 도령을 1순위로 두고 뒷골목

옛 혼례식 장면(국립중앙박물관 소장)

에 사는 나이가 조금 많은 권 수재(秀才)를 2순위로 두면서 노력한다. 그러나 결심과 자신감이 현실에 부딪히고 자기 의지대로 혼인은 이루어지지 않는다. 그때 꿈을 꾼다. 꿈속에서 노처녀는 김 도령과 아름다운 혼례를 올리는데, 개가 짖는 소리에 깨고는 그 아쉬움의 책임을 개에게 돌리면서 혼내는 장면과 혼자서 홍두깨를 김 도령으로 꾸며 가상 혼례를 올리는 장면에 이르면 해학성을 넘어 안타까움마저 느껴진다.

　결국 집안 식구들의 노력으로 1순위로 찍었던 김 도령과 혼인하게 되고, 혼례 전날 밤에는 이전에 꿈을 깨게 했다는 이유로 괴롭혔던 개에게 다가가 "야, 나 내일 시집가거든!" 하고 제법 귀여운 자랑을 하기도 한다. 그리고 혼인 후에는 의미심장하게 다시 한번 자신의 장애를 언급한다.

신혼 방에 비단 이불 펴고 부부 함께 동침하니, 원앙새는 푸른 물에 놀고 비취(물총새)는 연리지에 앉은 듯하니, 평생소원 다 풀리고 온갖 시름 이제 없네. 예전 상황 지금까지 생각하니 도리어 꿈에서 깬 듯하고, 내가 정말 그랬었나? 이제는 거리낄 것 없네. 막힌 귀가 밝아지고 아픈 팔을 능히 쓰니 정말 정말 희한하다!

노처녀가 김 도령과 혼인한 다음 날 자신에 관해 언급한 장면이다. 혼인했다고 해서 신체적 장애가 없어지지는 않는다. 따라서 노처녀가 가진 장애는 신체적 장애라기보다는 극단적 스트레스가 가져온 정서적 장애로 보는 것이 타당해 보인다. 그리고 자신의 추한 외모에 관한 언급이 없는 것으로 봐서 추한 외모는 신체적 장애와는 달리 실재했을 것이다. 그런데도 작품 내에서 노처녀가 보여 주었던 삶의 태도는 자신의 단점을 스스로 극복하는 주체적 여성의 모습이다. 참으로 많은 것을 생각하게 해 준다. (강문종)

조선의 걸 크러시

순매,
'밀당'의 고수

"부부의 정은 실로 잊을 수 없고 의리는 진실로 저버리기 어려우니,
이승에서의 기박한 운명도 어쩔 수 없습니다. 저승에서나마 남은 원
을 이루는 것이 저의 소망입니다."[3]

—「절화기담」

사람들은 누구나 아름다운 꽃을 보면 그 꽃에 매료되어 향을 맡
아 보거나 방 안을 예쁘게 장식해 놓으려고 한다. 여기 순매(舜梅)라
는 꽃다운 여성에게 매료된 이생(李生) 역시 그러하다. 준수하고 고상
하며 풍채도 빼어난 재주 있는 선비가 우물 앞에서 이제 열일곱 살이
된 순매라는 여자에게 반한다. 그러나 안타깝게도 순매는 이미 시집

을 간 지 몇 해나 되었다. 그렇지만 이생에게 순매가 기혼인 것은 문제가 되지 않는다. 늘 순매 생각뿐이다. 어느 날 사내종 하나가 순매가 전당 잡힌 은 노리개를 가지고 와 이생에게 보관해 달라고 부탁한다. 이생은 이 기회를 틈타 은 노리개로 순매와 만날 수 있다는 희망에 부풀었고, 우물가에 가는 그녀에게 슬쩍 노리개를 꺼내 보이며 말을 건넸다.

이생, 노리개로 인연을 엮으려고 하다

"뜻밖에 노리개 하나로 아름다운 인연을 맺게 되었구나. 인생은 물거품 같고 풀 위의 이슬과 같으니! 청춘은 다시 오기 어렵고 즐거운 일도 늘 있는 것은 아니지. 그러니 하룻밤의 기약을 아끼지 말고 삼생의 소원을 이루는 것이 어떠하냐?"

그러나 순매는 대답도 하지 않고 물만 긷고는 가 버린다. 이때부터 이생의 '순매 만나기 대작전'이 펼쳐진다. 이생은 참견을 좋아하고 사람을 잘 소개해 주는 데 능숙한 노파를 통해 순매를 만나려고 노력한다. 그러나 순매는 절개가 굳어 노파가 억지소리로 꼬여 낼 수는 없었다. 순매와 인연을 이어 가고 싶은 이생은 다시 노파를 설득해 그녀와 만날 방법을 찾는다. 이에 노파는 이생에게 순매와 쉽게 맺어질 수 없는 이유를 말한다. 순매가 비록 신분이 천하나 성품이 고귀해 이생이 바라는 대로 뜻을 쉽게 이루기 어렵고, 그녀가 이생에게 마음을 두었어도 순매를 지켜보는 사람이 많다는 이유였다. 사실 순매는 이생보다 신분도 낮았고, 이미 그녀에게는 남편이 있기에 이생을 받아들이기 쉽지 않은 상황이었다.

순매의 가련함이 이생의 마음을 사로잡다

"제가 낭군을 생각하는 마음으로 미루어, 낭군께서 저를 사랑하시는 마음 또한 알겠습니다. 제가 비록 천한 몸이지만 저 역시 사람의 성품을 지녔으니 낭군께서 사랑해 주시는 마음을 모르지 않습니다. 그러나 이 몸은 형편상 자유롭지 못하답니다."

순매가 자신을 오매불망 기다리던 이생에게 한 말이다. 술주정뱅이에 용렬한 남편보다는 이생이 자신을 더 사랑해 주는 것을 알았기에 순매도 마음이 흔들렸을 것이다. 이생을 만난 뒤로 자신이 섬기고 싶은 사람은 오직 이생뿐이요, 남편을 섬길 마음이 사라졌다고 자신의 마음을 절절히 고백하는 순매의 모습에서 안타까움이 느껴진다. 이러한 순매의 모습에 이생은 그저 기쁨과 슬픔을 느낄 수밖에 없다.

이생은 어떻게든 순매를 만나 보고 싶어 하지만, 만남을 방해하는 인물들과 사건은 끊이지 않는다. 이런 상황에 이생은 점점 초조해지고 마음만 타들어 간다. 이생과 순매가 만나는 과정에서 밀고 당기

밀회하는 남녀(한국데이터산업진흥원 자료)

는 줄다리기를 한 기간은 1792년 봄에서 1794년 4월까지 약 2년으로, 그 긴 시간 동안 실질적 만남은 불과 아홉 번이었다. 순매가 이생을 찾으면 이생이 없어 만나지 못했고, 순매의 남편으로 인해 약속이 어그러지는 등 여러 알 수 없는 이유로 순매와 이생이 간절히 바라던 만남은 쉽게 이루어지지 않았다.

그러나 마지막에 순매와 이생의 사랑을 이룰 수 있는 짧은 하룻밤이 주어진다. 이생은 이 하룻밤으로 순매에게 더욱 빠져들었고 기나긴 만남이 되기를 바랐다. 순매가 이생의 마음을 받아 준 것일까? 그러나 순매는 이 만남을 마지막으로 이생을 거절한다. 주변의 감시가 날로 심해져 더는 틈을 낼 수 없으니 부디 몸조심하라는 말과 함께 말이다. 순매는 왜 이생과 인연을 더 이어 갈 수 없었던 것일까? 그녀는 당장이라도 부부의 의리와 정을 끊고 새 사람을 따르고 싶다고 말한다. 다만 순매와 이생을 염탐하고 엿듣는 자들이 있어 뜻을 이룰 수 없다고 자신의 상황을 전한다. 이생은 이런 순매를 더욱 가련하게 느끼고 순매가 거처할 곳을 마련해 주겠다고 하면서 순매와의 인연을 이어 가겠다는 뜻을 밝힌다. 이생의 적극적인 노력에도 불구하고 순매와 이생의 인연은 이어지지 않는다.

이생이 순매에게서 벗어나지 못하는 이유는 그녀가 그에게 쉽게 자신의 마음을 주지 않을뿐더러 짧은 만남으로 애가 더 탔기 때문이다. 이미 순매에게 반한 이생에게 그녀가 기혼인 것은 중요하지 않았다. 이생은 자나 깨나 순매 생각에 어떻게 하면 그녀를 만날 수 있을지만 고민한다. 하지만 이생이 순매를 만나기는 쉽지 않았다. 순매를 만나기 어려운 상황으로 인해 참담한 심정이 될 때마다 어느새 그녀가 나타나 이생에게 꽃 같은 웃음을 지어 보이거나, 노파가 순매와 만나도록 주선해 주겠다며 그럴듯한 언변으로 속일 뿐이었다. 잡힐 듯 잡히지 않는 순매에게 이생은 더욱 매달렸다. 순매와 인연을 엮기 위해 그녀가 저당잡힌 노리개를 손에 넣어 그녀와의 만남을 고대했음을 말해 보기도 하고, 은장도와 옥 노리개로 자신의 마음을 은근슬

쩍 전하기도 한다. 그러나 순매는 크게 감동하기보다는 담백하게 고마움을 표시하고 다음 만남을 기약할 뿐이다. 어떻게든 순매와 인연을 이어 보겠다고 애쓰는 이생의 모습이 안타까워 보인다. 또한 자신을 감시하는 주변의 시선에서 벗어날 수 없는 처지를 한탄하는 순매의 모습에서는 남녀 관계에서 소극적일 수밖에 없는 조선 시대 여성의 모습이 보인다.

순매는 조선 시대 '밀당'의 고수다

순매와 이생의 관계를 보면 흔히 우리가 말하는 남녀 간의 '밀당'이 보인다. 이생은 그저 순매의 밀당에 넘어가는 어리숙한 남성으로 보이기까지 한다. 순매는 양반인 이생에게 자신을 쉽게 내주지 않는다. 이런 상황에서 순매의 이모인 간난이 이생에게 마음이 있음을 드러내기도 하고, 노파는 순매와 이생을 엮어 줄 듯하면서도 만남을 자주 불발시킨다. 오히려 만남이 어렵게 된 것을 이생의 탓으로 돌리며 원망하기도 한다. 이렇게 되자 이생은 불안을 느낀다. 순매를 만나 자신의 인연으로 만들려고 해도 쉽사리 이루어지지 않자 혹시나 순매와 영영 인연이 닿지 않을까 봐 노파에게 매달린다. 이생은 점점 약자가 되어 간다. 노파에게 큰소리치지 못하고 순매와의 짧은 만남에도 아쉬워하며 자신이 순매에게 빠져들었음을 절절히 고백한다. 순매를 쉽게 만날 수도 없고 소식도 제대로 들을 수 없는 상황에서 순매를 향한 마음은 점점 커진다.

결국 순매가 이생과의 밀당에서 승리한 이유는 직접적인 구애를 어렵게 만들었던 모든 상황이 순매가 만나기 쉬운 여자가 아니라는 생각이 들게 해서다. 순매는 이생과의 만남을 어렵게 만들면서도 이생이 노력만 한다면 만남을 이어 갈 수 있는 분위기를 조성한다.[4] 순매와의 짧은 만남을 방해하는 요소들이 이생을 긴장된 상태로 점점 몰아간다. 결국 이생과 순매 사이의 만남에서 주도권은 누가 쥐고 있는 것인가?

순매와의 관계는 이생에게서 시작되었다. 그러나 상황이 거듭될수록 순매와의 관계는 이생이 원하는 대로 되지 않았다. 이생과 달리 순매는 마지막이 되어서도 이생의 마음을 적극적으로 받아 주지 않았다. 순매는 이생이 자신과 만나기 위해 끊임없이 노력하며 사랑을 표현했기에 그 마음에 부응하는 모습을 보인다. 그러나 순매는 이생이 자신의 내면보다는 겉모습에 매료되었고, 그의 사랑이 영원하지 않을 것임을 알았다. 주변 상황이 순매와의 만남을 허락하지 않자 순매와 하룻밤을 보낸 것을 마지막으로 이생은 자신의 마음을 접는다. 결국 이생을 거절한 순매의 마음에는 이생의 사랑이 영원하지 않을 것이라는 현실적 판단과 함께 길가에 핀 하찮은 들꽃이라도 쉽게 꺾을 수 없다는 그녀만의 항변이 있었다. (임현아)

양백화,
내 남편은 내가 찾겠어

"여자의 일생은 남편에게 달려 있으니, 시집을 잘못 가면 원망이 매우 클 것입니다. 큰길가에 높은 누각 한 채를 지어 주시면 제가 그곳에 거처하면서 왕래하는 행인들을 몰래 살펴보겠습니다. 제가 비록 사람 보는 눈이 없긴 하지만 두목지(杜牧之)같이 잘생기고, 이태백(李太白)같이 문장을 잘 지으며, 왕희지(王羲之)같이 글씨 잘 쓰고, 정자산(鄭子産)같이 지혜로워 훗날 높은 관직에 오를 남자를 선택할 것입니다. 그 후의 일은 어머니께서 알아서 해 주세요."[5]

— 「해당향」

어머니에게 이처럼 당돌한 말을 하는 여성은 누구일까? 19세기 고전소설 「해당향(海棠香)」의 주인공 중 하나인 양백화다. 양백화는 어느 날 갑자기 어머니에게 자신이 직접 남편을 고르겠다고 선언한다. 아버지를 일찍 여의고 홀어머니와 함께 지내면서 수많은 청혼을 뿌리친 것도 모자라, 이런 황당한 말까지 하는 것이다.

양반집 규수는 부모님이 정하는 대로 혼인하는 것이 당연한 일이었다. 남편 될 사람의 얼굴을 한 번도 보지 못한 채 혼례를 올리고, 첫날밤에 처음 대면하는 일도 부지기수였다. 그런데 양백화는 달랐다. 자기 스스로 배우자를 찾겠다고 밝힐 뿐만 아니라, 남편감의 외모와 능력을 직접 보고 판단하겠다는 어이없는 말까지 당당하게 내뱉었다.

조선 시대에 삼대 이상 급제자를 배출하지 못한 가문은 사회적 몰락의 길을 걸었다. 양백화의 집안도 영릉 지역 최고의 부자이기는 했지만, 출셋길이 막힌 양반 가문이었다. 더구나 가장인 아버지가 일찍 세상을 뜬 데다 관직에 나갈 남자 형제도 없는 절박한 상황이었다.

조선 사회는 아무리 경제적인 부를 축적했다고 하더라도 여성의 사회 진출이 제한적이었다. 양백화도 여성이라는 이유로 공식적인 사회생활을 할 수 없는 처지이다 보니, 남편을 잘 만나는 일이 매우 중요한 과제였다. 그렇기에 양백화는 뛰어난 남편을 만나 혼인하고, 그를 통해 이름 없는 양씨 가문의 명예를 드날리겠다는 포부를 품었다.

양백화의 어머니 역시 남달랐다. 양백화의 당돌한 생각에 동의했을 뿐만 아니라, 남편감을 고르기에 최적화된 누각까지 지어 주었다. 큰길가를 한눈에 내려다볼 수 있도록 높은 누각을 짓고 침실과 연결되는 복도를 만듦으로써, 양백화가 침실과 누각을 마음대로 오가며

누각이 그려진 산수도(국립중앙박물관 소장)

밖을 관찰할 수 있게 해 주었다. 그렇게 양백화는 큰길을 오가는 행인들을 유심히 살펴보면서 자신의 기준에 맞는 남편감을 찾으려고 노력했다.

까다롭고도 까다로운 이상형을 찾을 수 있을까?

문벌이나 경제력이 비슷한 두 가문끼리 약조해 혼인하는 가문 간 혼인은 보통은 아버지들이 미리 혼인 조건을 따져 본다. 그러나 양백화는 이러한 혼인 패턴에서 벗어나 있었다. 남편을 골라 줄 아버지가 없어서였지만, 그저 절망하고만 있지 않았다. 자신이 직접 불특정 다수의 남자를 관찰하고 분석하기로 했기 때문이다.

남편 선택의 첫째 기준은 외모로, 미남이어야 했다. 둘째 기준은 성품인데, 지혜롭고 현명해야 했다. 마지막인 셋째 기준은 바로 능력이었다. 문장뿐만 아니라 글씨도 잘 써서 높은 관직에 오를 만한 사람이라야 했다. 이것이 양백화에게는 가장 중요한 기준이었다.

그런데 선택 기준이 너무 높았던 것일까? 양백화는 1년여 동안 수많은 행인을 열심히 살펴보았지만, 마음에 쏙 드는 남자를 발견하지 못했다. 어머니에게 큰소리까지 치며 무리해서 진행한 일이니, 양백화의 실망감은 이루 말할 수 없었을 것이다.

'꽃미남'에 성품이 훌륭하고 시도 잘 지으며 붓글씨까지 잘 쓰는 남자! 세상 어디에도 없을 법한 남자가 존재하기는 하는지, 존재한다고 하더라도 과연 찾을 수 있을지 싶었다. 그러나 궁하면 통한다고 했던가? 양백화의 간절함이 통했는지, 마침내 이상형에 딱 들어맞는 완벽한 남자를 발견한다. 바로 유곤옥이다.

유곤옥은 도적 떼를 만나 어머니와 헤어진 뒤 고향으로 가던 길이었다. 그러다가 우연히 양백화의 집 주변 풍경이 매우 아름다워 한참을 구경했다. 그리고 때마침 누각에 있던 양백화의 눈에 포착되었다.

갑자기 누각 쪽에서 귀걸이 한 쌍이 떨어지더니 유곤옥의 옷깃을 맞추었다. 유곤옥이 이상하게 생각해 누각 위를 올려다보았다. 화려하게 수놓은 출입문이 반 정도 열려 있는데, 한 미녀가 주렴을 잠깐 옆으로 밀쳤다. 그 여자가 왼손으로는 비단 치마를 걷어잡고 오른손으로는 허리를 짚은 채 아름답게 서서, 눈을 살짝 내리깔며 태연하게 웃었다. 뺨은 연꽃 같고 입술은 앵두 같았으며, 가냘프고 아리따운 태도와 요염하고 화려한 모습을 말로 다 설명할 수 없었다. 두 남녀의 눈이 마주치니 정이 있는 듯도 하고 없는 듯도 했다. 거리가 멀어 말소리를 전하기도 어려웠다. 두 사람이 서로 오랫동안 쳐다보았는데, 갑자기 그 여자가 주렴을 치고 문을 닫았다.

꿈에 그리던 이상형을 찾은 양백화는 과감하게 행동을 개시한다. 먼저 누각의 문을 통해 자기 귀걸이 한 쌍을 유곤옥에게 던진다. 사랑의 징표를 줌으로써 인연을 맺고 싶은 마음을 전달한 것이다. 그러고는 자신의 아름다운 얼굴을 일부러 노출한다.

조선의 걸 크러시

양반집 처녀가 처음 보는 남자에게 얼굴을 보이고 웃음까지 지어 보이는 것은 사실 해서는 안 되는 일이다. 그러나 1년 동안이나 남편감을 찾아 헤맨 양백화로서는 적격자가 나타났으니 마음이 급할 수밖에 없다.

미남에다가 성품도 훌륭하고 글재주까지 뛰어난 남자를 한눈에 알아봤는데, 그저 쳐다보기만 하면 놓치고 말 것이다. 더구나 이런 남자를 다시 만날 가능성은 매우 낮았다. 그래서 양백화는 어머니를 움직여 유곤옥의 숙소를 수소문하고, 집으로 초대해 혼인 얘기를 꺼낸다. 여자는 가만히 방에 틀어박혀 남자가 선택해 주기를 기다려야 한다는 보수적인 결혼관을 통쾌하게 깨는 것이다.

그런데 안타깝게도 유곤옥에게는 이미 혼인을 약속한 여자가 있었다. 양반집의 혼인 관습대로 가문끼리 맺어 놓은 약속이었다. 그러니 유곤옥으로서는 아버지가 맺어 준 여자를 버리고 양백화를 본부인으로 맞을 수 없었다.

그렇다고 해서 양백화는 그냥 포기하지 않았다. 유곤옥에게 먼저 혼인을 약조한 여성이 있다는 것을 별로 개의치 않았다. 변변치 못한 남자의 본부인이 되어 일생을 망치느니, 둘째 부인이 되더라도 자기 기준에 맞는 훌륭한 남자와 부부의 연을 맺고 싶었다. 그래서 양백화는 유곤옥의 둘째 부인이 되기를 청하며 서둘러 혼례를 올렸다. 훗날 유곤옥은 양백화의 바람대로 과거에 장원급제해 높은 관직에 올라 탄탄대로의 삶을 살아간다. 덩달아 양씨 집안의 위상까지 높아졌음은 말할 나위도 없다. 양백화의 선택이 절대 잘못되지 않은 것이다.

기다리는 여성이 아닌 선택하는 여성이 되다

양백화는 남편감에 대한 명확한 기준을 세우고 어머니를 설득했으며, 굳은 의지로 혼례식까지 몰아붙였다. 또한 둘째 부인이 된다고 하더라도 원하는 남성과 살겠다는 주체적인 결혼관을 보여 주었다. 고전소설에서 양백화처럼 상류 계층이면서 남편을 직접 선택하는 여성은 거의 발견하기 어렵다. 간혹 장편 분량의 소설에서 첫눈에 반한 남자를 짝사랑해 억지로 혼인을 몰아붙이는 여성이 등장하기는 하는데, 양백화와 같은 착한 여성이 아니라 모두 악한 여성이다. 그래서 그녀들은 남편의 사랑을 받지 못하고 소외당하거나 상사병으로 죽는 등 비극적 결말을 맞는다.

조선 사회에서 양반집 여성은 남편 선택권이 없었다. 상층 신분의 여성이 먼저 나서서 남성에게 호감을 표하거나 적극적으로 구애하면 체통에 어긋나는 행동으로 받아들였고, 심지어 음란한 여성으로 각인되었다. 이러한 보수적인 사회 분위기와 선입견 속에서 양백화는 스스로 마음에 드는 남편감을 선택하고, 남편의 성공을 통해 자기 집안의 이름까지 드날렸다.

물론 양백화가 둘째 부인의 자리를 마다하지 않으면서까지 남자의 성공에 의존하려고 한 점은 현대인의 시각에서 실망스러울 수 있다. 그러나 여자의 사회 진출을 철저하게 제한하고 여자의 일생이 남편에 의해 좌지우지되게 만들어 둔 조선 사회 안에서 양백화는 최선의 선택을 한 것이다. 시대적 구속의 벽이 너무 높아 그것을 뛰어넘는 데까지 나아가기는 어려웠기 때문이다. 그런데도 양백화는 방 안에 곱게 앉아 남편을 기다리기만 하는 99퍼센트의 양반가 규수 되기를 포기하고, 직접 남편을 찾아 나서는 1퍼센트의 적극적 여성이 되기를 선택했다는 점에서 용기 있는 여성임이 분명하다.[6] (이후남)

최랑,
아, 진짜 내가 책임질게

첫눈에 사랑이 시작되다!

"저는 본디 당신과 함께 부부가 되어 끝까지 남편으로 모시고 영원
히 즐거움을 누리려고 했어요. 그런데 당신은 어찌 이렇게 말씀하세
요? 저는 비록 여자의 몸이지만 마음이 태연한데, 장부의 의기를 가
지고도 이런 말씀을 하십니까? 다음 날 규중의 일이 알려져 친정에
서 꾸지람을 듣게 되더라도 제가 혼자 책임을 질 것입니다."[7]

— 김시습, 「이생규장전」

첫눈에 반했다! 열정적 사랑의 시작을 알리는 한마디다. 그런데 우

조선의 걸 크러시

김시습 초상(Wikimedia Commons 자료)

리가 반했다는 그 첫눈이 도대체 무엇이길래? 앤서니 기든스(Anthony Giddens, 1938년~)는 말한다. "첫눈이란 의사소통의 몸짓이며 타자의 특성에 대한 직관적 포착"이라고. 그리고 그 첫눈은 한 사람의 삶을 완성해 줄 수 있는 또 다른 한 사람에게 매혹되는 과정이라고.[8]

우리 사회는 여전히 남녀 사이를 차이가 아닌 차별로 인식하는 경우가 많다. 특히 성 역할을 둘러싼 물리적 힘과 시스템이 다소 어느 한쪽으로 기울어져 있으며, 이러한 기울기는 또다시 많은 고정관념을 만들어 낸다. 재미있는 것은 특정한 표현과 행동 역시 경우에 따라 어느 한 성의 전유물처럼 인식되어 독점되는 경우가 적지 않다는 점이다. 얼마 전까지만 해도 사랑의 고백과 연애의 주도적 역할 역시 남성들이 독점하고 있었다. 사귀자는 말은 남자의 입에서 나와야 했고, 이를 수용하는 역할인 여자는 심지어 한두 번 거절하는 것이 미덕으로 여겨졌다.

그러니 가부장적 성격이 더 강했던 조선 시대는 여성이 사랑을 고백하고 연애를 주도한다는 것은 상상하기 어려웠다. 특히 부모의 허락 없이 스스로 이성을 선택하고 주체적으로 사랑을 키워 가는 연애는 생각하기 어려웠다. 그런데 이러한 고정관념을 시원하게 깨뜨린 여성 캐릭터가 있다. 바로 「이생규장전(李生窺墻傳)」의 주인공 최랑(崔娘)이다. 그렇다. 이것은 지금으로부터 적어도 560여 년 전에 있었던 사랑 이야기이자, 첫눈에 반한 열정적 사랑 이야기다.

최랑은 귀족 집안에서 태어났으며, 아름다운 외모뿐만 아니라 시와 문장에도 뛰어나 부족한 것 없는 여성이었다. 그녀는 매일 북쪽 담장을 지나 학교로 가는 이생(李生)이라는 전도유망한 청년을 눈여겨보았다. 이생은 가난한 집안에서 태어났지만, 국학에 입학해 수학할 만큼 능력을 인정받고 있었다. 두 사람은 담장 너머로 눈길을 교환하고 말 그대로 첫눈에 반했다. 서로에게 빠져 들어가는 열정적 사랑의 시작이었다.

저기요, 그냥 담장을 넘으세요!

이생은 최랑의 아름다운 외모와 뛰어난 문장에 반해 그녀의 집을 지날 때 늘 마음이 두근거렸으나, 소심한 성격으로 다가가지 못했다. 최랑은 이생이 자신에게 관심이 많은 것을 느꼈다. 자기를 좋아하면서도 표현하지 않는 이생이 자못 서운하기도 하고 한심하기도 했다. 자아가 강했던 최랑은 이생이 다가올 때까지 기다리지 않았다. 먼저 고백하기로 했다.

저기 가는 저 총각은 어느 집 도련님일까?
푸른 옷깃 넓은 띠가 늘어진 버들 사이로 비춰 오네
이 몸이 죽어 대청 위의 제비가 되면
주렴 위를 가볍게 스쳐 담장 위를 날아 넘으리

최랑은 시를 지어 이생이 지나갈 때 그가 들을 수 있는 소리로 읽었다. 참으로 과감한 고백이다. 마음 같아서는 새처럼 담장을 넘어 이생을 만나고 싶다는 표현이기도 하다. 좀 더 적극적으로 해석하면 최랑은 이생에게 "야, 이 바보야. 너 나 좋아하잖아. 그냥 담장을 넘어와."라고 소리친 것이다. 이생은 일부러 낭랑하게 읽은 최랑의 시를 듣고 그 의미를 단번에 알아차렸다. 그리고 자신도 시를 지어 담장 안으로 던졌다.

좋은 인연 되려는지 나쁜 인연 되려는지
부질없는 이 내 시름 하루가 일 년 같아라
스물여덟 자로 황혼의 기약을 맺었으니
남교에서 어느 날 신선을 만나려나

최랑이 펼친 이생의 답장 마지막 부분에 적힌 시의 내용이다. 최랑의 고백을 받고 마음을 확인한 이생 역시 더는 망설이지 않았다. 이 만남이 좋은 인연이 될지 나쁜 인연이 될지 잠시 망설이기는 했지만, 최랑을 짝사랑한 후부터 하루가 일 년 같았다는 고백이었다. 그리고 조심스럽게 의견을 물었다. "우리 오늘 저녁에 만날 수 있을까요?" 답은 의외로 시원했다. 최랑은 이생이 담장 너머로 던진 그 시를 두세 번 읽은 후 조금도 망설임 없이 "의심하지 말고 황혼에 만나기로 해요(將予無疑昏以爲期)."라고 여덟 글자를 적어 담장 너머로 던졌다. 심지어 최랑은 이생이 높은 담장을 넘을 수 있게 그넷줄에 대바구니까지 달아 담장 아래에 준비해 두었다.

자기야, 뭔 걱정이 그렇게 많아?

서로의 마음을 확인하고 만날 약속을 정한 그날 저녁, 해가 지자 이생은 최랑이 준비해 놓은 줄과 바구니를 이용해 담장을 넘는다. 두 사람 사이에 놓인 장벽을 넘은 것이다. 그리고 사랑이 막 시작되려고 할 때 소심한 이 남자는 다시 망설인다. 자기 행동이 주변에 들킬까 봐 머리털이 곤두설 정도로 긴장했다. 이 모습을 본 최랑은 당돌하게 행동했다. 첫 만남에서 이생에게 청혼하고, 이후에 발생하는 문제 역시 자신이 책임지기로 한다. 열정적인 사랑이 시작되었고, 그 즐거움은 이루 말할 수가 없었다.

사랑에 대한 열정은 그들을 해방시켰지만, 자기들의 통상적인 책무를 잊게 했다는 사실이 문제였다. 그들의 해방은 단지 두 사람의 일상과 관계에서 발생하는 의무로부터 단절된 것일 따름이었다. 열정적인 사랑은 정말 매력적이다. 가히 종교적이라고 해도 과언이 아니다. 이처럼 열정적인 사랑은 결국 두 사람의 관계를 제외한 인간관계를 파괴하기도 한다. 그래서 가정의 내적 관계와 사회적 질서에서의 책임과 의무라는 관점에서 보면 대단히 파괴적인 성격을 갖는다.[9]

"네가 아침에 나갔다가 저녁에 돌아오는 것은 옛 성인의 어질고 의로운 가르침을 배우기 위해서이다. 그런데 요즘은 저녁에 나갔다가 새벽에 돌아오니, 이게 어찌 된 일이냐? 반드시 경박한 놈들의 행실을 배워 남의 집 담을 넘어서 아가씨나 엿보고 다닐 것이다."

이생의 부친은 아들의 일탈을 감지했다. 너무나 갑작스러운 단절이 일어났다. 이생의 부친은 아들을 일탈의 공간이자 사랑의 공간에서 강제로 분리했다. 이는 가부장적이자 윤리적이며 도덕적인 공간으로 회귀했음을 의미했다. 이생은 친척이 있는 울산으로 보내졌고, 최랑은 사랑의 열병을 얻었다. 사실 열정적인 사랑은 비극을 맞을 수도 있고 행복한 결말로 끝날 수도 있다. 그러나 이러한 사랑은 보편적 가치로부터의 일탈과 윤리적·도덕적 규칙의 위반으로 성장한다. 그 일탈과 위반을 주도하는 주체가 곧 두 사람의 사랑을 주도한다. 문제는 그 사랑의 지속이다. 이는 결국 마음의 소통에 의지할 수밖에 없다. 그것은 곧 각자가 가진 결핍을 메워 줄 수 있는 영혼의 만남을 전제하기 때문이다.

「이생규장전」에서 이 모든 역할은 오롯이 최랑의 몫이었다. 두 집안의 반대로 최랑과 이생은 갑작스러운 이별을 하게 되지만, 사랑을 향한 최랑의 집념은 모두를 설득했다. 그리고 둘 사이에 놓였던 담장을 넘었듯이 그들을 둘러싸고 있던 모든 환경의 억압을 극복하고 결국 혼인할 수 있게 되었다. 사랑은 이렇게 완성되었다. 그러나 외부로부터 다가온 전쟁이라는 강력한 충격은 개인이 극복할 수 있는 구조가 아니었다.

홍건적의 침입으로 최랑이 죽자, 이들의 사별이 안타까워 그대로 지켜볼 수 없었던 옥황상제는 그녀를 잠시 환생시켜 주었다. 이생은 눈앞에 다시 나타난 최랑이 이미 죽은 사람임을 잘 알았지만, 그녀와 못다한 사랑을 나누었다. 백 년 후 함께 티끌이 되었으면 좋겠다는 이생의 말에, 최랑은 그럴 수 없음을 말하며 흩어져 있는 자신의 유골을 수습해 달라고 부탁한 후 이생의 곁을 떠났다. 사랑했던 연인이자 아내였던 최랑의 부탁을 마무리했지만, 이생은 다시 현실로 돌아올 수 없었다. 사랑한 후에 그에게 남겨진 것은 무엇이었을까? 결국 병을 얻은 이생은 최랑의 뒤를 따랐다.

약 560년 전에 만들어졌던, 아름답지만 안타까운 사랑 이야기다. 하지만 우리가 오늘 이 사랑 이야기를 소환한 이유는 비극적 사랑이 남겨 놓은 여운이 아니다. 윤리적·도덕적 경계를 허물고 스스로 반려자를 선택해 주체적이고 적극적으로 사랑을 이어 갔던 아름답고 매력적인 15세기 여성 최랑을 만날 수 있기 때문이다. 이러한 최랑의 모습은 가부장제에 포섭당하지 않았던 여성다움의 실체는 아니었을까? (강문종)

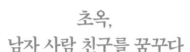

초옥,
남자 사람 친구를 꿈꾸다

"저는 비록 부귀한 형편은 아니지만, 이미 풍부하고 아름다운 귀한
자태와 높고 뛰어난 재주가 있어 항상 가난하고 천한 처지의 벗을 사
귀어 죽을 때까지 잊지 않기를 원해 왔습니다."[10]

—「포의교집」

우리가 요즘 흔히 말하는 '남사친'과 여사친'이라는 관계. 남자와
여자는 사랑하는 사이를 뛰어넘어 벗의 관계가 될 수 있을까? 전통
적으로 여성에게 보수적 잣대를 강하게 적용한 우리 사회에서 남자
와 여자의 관계를 애정이 아닌 우정의 관계로 바라볼 수 있는지 의문
이 든다. 그렇다면 시쳇말로 여자에게 남자 사람 친구 구하는 일은 정

말 불가능한 것인가?

　이러한 물음에 답해 줄 조선 시대 여성이 있다. 나이 열일곱인 초옥(楚玉)은 하층민이지만 상층 사회의 여성 의식을 지녔으며 시와 문장을 잘 짓고 학문 실력을 갖춘 여성이다. 초옥이 궁녀였을 때 궁 밖 미소년이 그녀의 용모를 사모해 병들어 죽게 되었어도 초옥은 만나 주지 않았고, 이로 인해 늙은 궁녀에게 시달림을 받다가 훗날 시아버지가 된 양 노인이 그녀를 속량해 며느리로 삼았다. 초옥의 미모에 대한 칭송은 자자했지만, 그녀는 그 누구도 감히 다가가지 못할 정도로 눈길을 주지 않았고 자기 관리에 철저했다.

　반면에 이생(李生)은 좋은 집안 출신의 양반이었으나, 재주도 없고 성실하지도 않으며 마흔이 넘은 그저 그런 사내였다. 그런 이생이 벼슬을 얻고자 서울에서 남의 집에 의탁하던 중 행랑채에 사는 초옥을 만나 그 아름다움에 반했다.

　초옥은 늘 기개가 있고 문장을 잘하는 남자를 만나는 것이 소원이었으나, 현실은 그와 반대였다. 그런 초옥의 눈에 물 긷는 하인들에게 호령하는 이생이 들어왔다. 초옥은 이생의 호령을 사내의 기상으로 느꼈으며, 이생의 나이가 많다는 것을 안 순간 그만큼 문장을 잘할 것으로 여겼다. 이때부터 초옥의 적극적인 애정 표현이 시작되었고, 그녀는 이생을 향해 꽃을 꺾어 던지며 자신의 마음을 전했다.

초옥, 자신의 가치를 알아줄 상대를 찾다

"똑같은 아름다운 향으로 어떤 것은 귀한 이의 사랑을 받고 어떤 것은 시골 목동의 사랑을 받으니, 이 어찌 태어난 처지가 달라서 그런 것이 아니겠어요? 그러니 애석하게 여기는 거지요. 사람의 인생도 이와 비슷합니다."

초옥은 똑같은 꽃이라도 사랑해 주는 사람에 따라 그 귀천이 달라진다고 말하며 자신의 뛰어난 용모와 덕을 귀하게 여겨 주는 이가 없음을 애석해한다. 이생은 초옥이 미모뿐만 아니라 학식과 행동거지가 빼어남을 알고 자기도 모르게 그녀를 존경하는 마음이 들었다.

초옥은 이후 이생에게 자신의 모든 것을 내던지는 '마이 웨이(my way)'를 걷는데, 이는 이생이 신분이 미천한 자신과 진심으로 문장을 논한다고 생각했기 때문이다.

사실 초옥이 이생과 연을 맺는 것은 윤리에 어긋나는 일이었다. 이생은 어린 아내를 두고 있었고, 초옥 역시 남편이 있었다. 이 때문에 초옥은 남편에게 죽을 정도로 구타당하고 죽을 위험에 처한다. 그러나 오히려 초옥은 두려워하지 않고 스스로 몇 번의 자결을 시도한다. 초옥은 이생이 말릴 때까지 자결을 시도하며 그 누구도 자신을 말릴 수 없고 막을 수 없다는 굳은 의지를 보여 준다.

초옥의 이러한 행동은 조선 시대가 아닌 현대에도 용납하기 어렵고 이해할 수는 행동이다. 오히려 과하게 느껴질 정도다. 또한 이들의 사랑은 시작부터 이루어질 수 없는 연인들의 안타까운 사랑이 아니다. 그러나 초옥은 시종일관 주변의 평판에도 아랑곳하지 않고 심지어 자신의 목숨까지 내던지면서 이생을 향한 사랑을 놓지 못한다. 그이유는 무엇일까?

정절에 대한 자신만의 가치를 제시하다

"언행이 비록 칭찬받기에는 부족하지만, 또한 정절에 무슨 해가 되겠습니까? 뜻이 변치 않는 까닭에 그 행동이 비록 동떨어진다 해도 본래의 뜻을 이을 수 있고, 말이 이치에 어긋나지 않는 까닭에 섬기는 바가 비록 그르다고 해도 하늘의 도를 어기지는 않았습니다."

소문을 들은 기생들은 초옥이 보잘것없는 선비와 몰래 사귀면서 스스로 정절 있는 행동이라고 주장하는 것에 의문을 표한다. 초옥의 행동은 누가 봐도 도리에 맞지 않는 행동이었고, 만약 지기를 찾는 것이었다면 자신들과 같은 기생의 세계에서 이생보다 더 나은 상대를 찾을 수 있었기 때문이다. 이에 대해 초옥은 비록 남편에 대한 정절을 지키지는 못했지만, 자신이 평생의 지기라 결정한 사람에게 절의를 지켰으므로 도리에 어긋나지 않는다고 말한다. 절개를 지키는 대상이 여느 여성과 달랐을 뿐, 초옥은 자신이 그 도리를 어기지 않았다고 생각한 것이다.

그러나 이런 굳은 마음에도 불구하고 초옥은 이생과의 관계가 자신이 원했던 사랑이 아니었음을 깨닫는다. 이생이 초옥이 바라는 관계를 들어줄 위인이 못 되었고, 초옥의 굳은 마음까지도 의심했기 때문이다. 초옥은 겉모습이 뛰어나고 물질적으로 풍요로운 사람을 바란 것이 아니었다. 그러나 이러한 초옥을 이해해 주는 사람이 아무도 없었다. 그렇기에 사람들은 보잘것없는 이생에게 자신의 모든 것을 거는 초옥을 이해하지 못했고, 이생 또한 초옥의 마음을 받아 주면서도 한편으로는 의심했던 것이다. 결국 초옥은 이생과의 인연에 연연해하지 않고 자신의 현실을 직시한 채 떠난다. 그동안 초옥이 이생과의 관계를 유지하기 위해 자신을 희생하려던 것을 생각해 보면 매우 허무한 결말이다.

초옥이 바라던 이생과의 관계를 자신의 가치를 잘 알아주는 친구 관계로 정의하기에는 초옥의 마음이 맹목적이었다고 할 수 있다.[11] 그러나 초옥이 이생에게 가진 마음은 프랑스 작가이자 철학자인 시몬 드 보부아르(Simone de Beauvoir, 1908년~1986년)가 장폴 사르트르(Jean-Paul Sartre, 1905년~1980년)에게 매력을 느낀 것과 같다고 보면 충분히 납득할 수 있다. 보부아르는 "사르트르가 나를 이해하고, 내다보고, 사로잡았다."[12]라고 표현할 정도로 사르트르와 통했다.

이생은 초옥이 인정하고 선택한 남자였다. 보부아르가 작은 키에 안경을 쓰고 괴팍한 남자에게 매력을 느낀 것은 자신이 가진 세계관을 알아줄 만한 이가 사르트르라고 느꼈기 때문이다. 초옥이 이생에게 느꼈던 감정 역시 남녀 간의 애정을 넘어 자신을 온전히 이해해

조선의 걸 크러시

보부아르와 사르트르(Wikimedia Commons 자료)

주고 같은 길을 걸어갈 수 있었던 사람에게 느낀 감정일 것이다.

조선 시대의 남녀 사이에서 친구 관계를 상상하기는 어렵다. 그러나 남녀 사이가 애정으로만 이루어질 수 있다는 편견을 단번에 깬, 지기지우(知己之友) 관계를 바탕으로 한 초옥의 적극적 애정관은 보수적인 사회 속에서 시대를 앞서간 것임은 틀림없다. (임현아)

향랑,
못 이룬 사랑을 찾습니다

"그대를 생각하는 마음을 말하자면 불타는 것과 같습니다. 마음이라는 것은 떠났다가도 다시 오고, 죽어서도 못 잊는 것입니다. 하지만 여인의 도는 뒤를 따르는 법이지 앞서 행동을 하면 안 되는 법이지요. 비록 생각은 맺혀 있었어도 감히 낯빛에 드러내지 못했는데, 다행히 그대가 이와 같은 마음으로 글을 지어 손수 제사를 지내 주셨습니다. 이는 마른 나무에 다시 하늘의 해를 보여 주시는 것이며, 은택을 흘러넘치게 주셔서 넉넉한 빛이 도로 비추는 것과 같습니다. 그래서 감격해 밤에 와서 감사드리는 것입니다. 원컨대 저승의 사람이지만 못다한 인연을 다시 맺기를 원합니다."[13]

— 김소행, 「삼한습유」

조선의 걸 크러시

절절한 사랑 고백을 하는 이 여성은 1814년에 지어진 고전소설 「삼한습유(三韓拾遺)」 속 향랑(香娘)이다. 그런데 향랑은 산 사람이 아니다. 이미 죽은 지 오래된 혼령이다. 혼령이 되어 나타날 정도로 잊지 못하는 향랑의 사랑에는 대체 어떤 사연이 있을까?

소설 속 여주인공인 향랑은 조선 숙종 때인 1698년에 경상북도 선산(善山)에 실존했던 여성인 박향랑(朴香娘)을 모델로 한다. 박향랑은 부잣집에 시집가서 성격이 포악한 남편에게 구박당하다가 소박을 맞았다. 그러고는 숙부의 집에 얹혀사는데, 숙부가 재혼을 강요한다. 그러자 시댁으로 돌아가지만, 이번에는 시아버지가 재혼하라고 요구한다. 이런 절박한 상황에 몰리자, 박향랑은 결국 낙동강에 몸을 던져 자결하고 만다.

이때 박향랑이 자결을 선택한 이유는 한 명의 남성만 사랑해야 한다고 생각해서였다. 이 행동은 나라에 표창할 만한 훌륭한 일로 널리 알려져 박향랑은 절개가 굳은 여자인 '열녀'로 소문이 난다. 이처럼 박향랑은 조선 시대에 실존했던 전형적 열녀. 그런데 「삼한습유」라는 소설은 여기에 그치지 않고 새로운 이야기를 추가한다.

소설을 통해 새로운 모습으로 태어나다

소설 속 인물 향랑이 살아가는 시대 배경은 모델이 된 실존 인물 박향랑이 살았던 조선이 아닌, 그보다 더 먼 옛날인 삼국시대의 신라다. 그리고 향랑이 자결하는 대목까지는 동일하게 진행하다가, 죽은 향랑이 천상 세계에 올라가 벌어지는 사건을 추가한다. 바로 향랑이 천상 세계의 인물들에게 인간으로 환생하는 것을 허락받고 효렴이라는 남성과 혼인하는 이야기다. 여기서 효렴은 향랑이 살아 있을 때 진정으로 혼인하고 싶었던 남자다. 그러나 어질기만 하지 가난하다는 이유로 향랑의 어머니가 죽도록 반대하는 바람에 혼인하지 못했다.

처녀 시절에 향랑은 두 남자에게 혼인 요청을 받는다. 그런데 아버지에게 "한쪽은 가난하고 한쪽은 부유한데, 재주 있는 자는 가난하고 재주 없는 자는 부유하다."라는 말을 듣는다. 그러자 향랑은 "사람의 어짊과 어질지 않음은 빈부에 달린 것이 아닙니다. 지아비의 재주 없음은 곧 저의 불행입니다."라고 대답한다. '인품이 좋지만 돈 없는 사람'과 '인품이 나쁘지만 돈 많은 사람' 중에 망설임 없이 전자를 택한 것이다. 이처럼 향랑은 남편감을 선택하는 데 경제적 조건보다는 인품을 더 중시했다. 그러나 향랑이 사는 사회에서 여성은 자신의 혼인에 그 어떠한 결정도 내릴 수 없었다. 오직 부모의 의견을 따를 뿐이었다.

향랑의 어머니는 무조건 돈 많은 남자가 최고라고 했고, 아버지는 우유부단한 태도로 어머니의 선택을 따르라고 했다. 결국 돈 많은 남자와 혼인한 향랑은 고생만 하다가 자결이라는 비극에 이른다. 그럼 여기에서 향랑의 삶은 끝나는 것일까?

아니다. 향랑은 죽어서 혼령이 되어 천상 세계로 올라간다. 그러나 천상 세계에서 살아가기를 원치 않는다. 본래 혼인하고 싶었던 인품

후토부인(Wikimedia Commons 자료)

좋은 효렴과의 사랑을 꼭 이루고 싶었기 때문이다. 이에 땅을 주관하는 여신인 후토부인(后土夫人)의 도움을 받아, 천상 세계를 다스리는 상제에게 인간으로 환생해도 된다는 허락을 받아 낸다.

그러나 죽은 자의 환생이 그리 쉬운 것만은 아니었다. 환생을 반대하는 천상의 존재들과 남의 일을 훼방 놓기 좋아하는 마귀 무리의 방해가 있었다. 하지만 향랑은 천상의 상제와 지상의 김유신 장군의 도움을 받아 이를 모두 이겨 낸다. 그리고 마침내 효렴의 마을에 사는 어떤 60대 부인에게서 태어난다. 그러나 갓난아이인 향랑이 이미 24세인 효렴과 혼인할 수는 없었다. 이 문제도 천상 세계가 해결해 준다. 향랑이 단 7일 만에 21세의 처녀로 자랄 수 있도록 만들어 준 것이다.

결국 향랑은 다시 태어나 꿈에 그리던 효렴과 혼인하는 데 성공한다. 지난 생에서 이루지 못한 사랑을 이루었을 뿐만 아니라, 혼인 상대를 스스로 선택할 수 없었던 다른 여성들의 한을 대신 풀어 주기까지 한다.

열녀라는 타이틀을 거부하다

향랑은 첫 번째 생에서 자결한 뒤에 자신이 열녀로 칭송되는 것을 좋아하지 않았다. 그녀는 처음부터 열녀라는 타이틀을 원하지 않았다. 주변 사람들의 시선과 억압적인 사회구조가 향랑이 자결하고 열녀가 될 수밖에 없도록 내몰았다. 그렇기에 혼령이 된 향랑은 어떻게든 인간으로 환생해 새로운 삶을 살기를 원했다. 원치 않았던 열녀가 아닌 자신이 진정으로 원하는 다른 무언가가 되고 싶었다.

이때 향랑은 함께 환생할 여성들을 모으려고 한다. 자신과 뜻이 맞는 동반자를 만들어 함께 환생하기 위해서다. 그러나 향랑이 찾아간 여성들의 생각은 향랑과는 전혀 달랐다.

정의녀가 이마를 매우 찡그리며 말했다.

"나는 지금 쉬고 있으니, 누가 산 사람들의 일로 이미 죽은 후에 피곤하게 할 수 있겠습니까? 만약 사람이 모두 그대와 같은 마음을 지녔다면 죽을 날이 없을 것입니다. 바삐 왔다 갔다 하시는 게 귀찮지도 않으십니까?"

조아가 말했다.

"나는 무릇 세상 사람들이 부모와의 만남을 끊고 다른 사람에게로 멀리 시집가서 뜰에서 꾸짖고 화내고 원한 맺히게 욕하는 일들을 당하고, 남편이 때리고 욕하는 것도 달게 받아들여야 하는 것이 싫습니다."

사씨가 하늘을 올려 보며 한숨을 쉬더니 말했다.

"아, 낭자가 나를 어떤 사람으로 여기시는지요? 나를 이같이 아시니 아예 태어나지 않음만 못합니다. 나는 이미 깨끗한 몸이 되었으니, 이를 인간 세상에서 더럽힐 수가 없습니다."

향랑은 정의녀(貞義女), 조아, 사씨 세 여성을 각각 찾아가 자신과 함께 인간으로 환생해 좋은 배필을 만나 행복한 결혼 생활을 하자고 설득한다. 이 세 여성 모두 향랑처럼 이전 생에서 그러한 삶을 살지 못했기 때문이다. 그러나 세 여성은 향랑의 요청을 단칼에 거절한다. 그들은 자신들의 이름이 '정녀(貞女)'나 '의녀(義女)', '효녀(孝女)' 등의 평판으로 인간 세상에 남는 데 만족했다. 굳이 다시 태어나 누군가의 아내가 되어 고단한 삶을 이어 가고 싶어 하지 않았다. 향랑과는 추구하는 삶의 방향이 전혀 달랐다.

결국 향랑은 크게 실망하고 탄식하다가 혼자 환생한다. 향랑은 세 여성과는 달리 자신이 원했던 남자와 혼인해 행복한 삶을 꾸려 보고 싶었기 때문이다. 그래서 우여곡절 끝에 효렴과 혼인하고 그 꿈을 이룬다. 그럼 결혼 생활은 어땠을까?

향랑은 효렴과 혼인한 후 신라에 위기가 찾아오자, 효렴에게 당나라에 가서 구원병을 요청하라고 조언한다. 효렴은 향랑의 말에 따라 당나라 소정방의 군대를 빌려 오고, 신라는 백제와 고구려를 차례로 합병하는 데 성공한다. 결국 향랑이 여성이기는 하지만 집안에서 작전을 지시함으로써 삼국통일의 주역으로 거듭난 것이다.

이러한 공로를 인정받아 향랑은 왕실 여성들의 스승이 되고, 사람들에게 '어머니와 같은 스승'이라는 뜻의 '모사(母師)'로 불리게 된다. 나라에 도움을 주는 어머니이자 스승! 이것이야말로 향랑이 진정으로 원했던 평판이 아니었을까?

향랑에게 열녀는 본인의 의지와 상관없이 사회가 규정해 준 것이었고 죽은 후에 받은 상처뿐인 명예에 불과했다. 그렇기에 향랑은 새 삶을 살기를 원했고, 이전과는 다른 삶을 사는 여성으로 다시 태어났다. 그 과정에서 여러 고난도 겪었지만 환생하겠다는 강한 의지로 극복했고, 환생해 혼인한 후에는 남편과 국가를 위해 헌신하며 노력했다. 자신이 꿈꾸던 삶을 이루어 나간 것이다. 이런 점에서 향랑은 지난 생에서 얻은 열녀 지위에 연연하지 않고 자신이 원하는 삶을 스스로 개척해 나간 여성이라고 할 수 있다. (이후남)

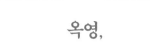

옥영,
사랑과 가족은 그녀의 힘

"물길에 여러 어려움이 있다고 하지만, 나는 경험이 많단다. 일본에
있던 시절 배를 집 삼아 봄이면 복건성 및 광동성 일대에서, 가을에
는 유구(오키나와)에서 장사했어. 거센 바람과 거친 파도를 헤치고 다
녀 밤하늘의 별을 보고 조수(潮水)를 점치는 데 익숙하단다. 그러니
바람과 파도의 험난함은 내가 감당할 수 있고, 항해의 온갖 위험도
이겨 낼 수 있단다. 혹 예기치 못한 어려움이 있다고 한들 해결할 방
도가 왜 없겠니?"[14]

— 조위한, 「최척전」

나라에 변고가 생기거나 전쟁이 나면 두려움에 떠는 사람들은 힘

없는 노약자와 여성이다. 그들은 젊은 남성들처럼 나가 싸울 수도 없고, 자신을 스스로 보호하기가 여의찮다. 하물며 그 옛날 가장이 없는 집안의 상황은 오죽하겠는가! 부친을 여읜 후 어려운 어린 시절을 극복하고 전쟁 중에는 남편과 이별해 적지에서 외롭고 힘든 포로 생활을 겪으면서도 외국 생활을 슬기롭게 극복한 여성 캐릭터가 있는데, 그녀가 바로 「최척전(崔陟傳)」의 여성 주인공 옥영(玉英)이다.

옥영은 여느 여성과 달리 최척(崔陟)과 인연을 맺는 데 먼저 나섰다. 먼저 최척에게 시를 적어 자신이 아름다운 짝을 구하고 있음을 은근히 전한다. 이때는 옥영이 난리를 피해 어머니와 함께 잠시 친척의 집에 의탁하던 중이었다.

옥영, 최척과의 혼사를 주도하다

"낭군께 시를 적어 던지는 아름답지 못한 행실을 제가 먼저 했고, 직접 나서 혼인을 청하는 추악한 일을 저질렀으며, 사사로이 편지를 주고받기까지 해서 여자의 정조를 잃고 말았습니다. 이제 서로의 속마음을 알게 되었으니 우리가 주고받은 편지를 남에게 함부로 보여서는 안 될 것입니다. 지금 이후로는 매파를 통해서 혼사를 의논해 주시고, 제가 부정하게 외간 남자와 놀아난다는 조롱을 받지 않게 마음 써 주신다면 다행이겠습니다."

옥영은 최척의 사람됨을 알아보고 적극적으로 혼인하기를 바랐다. 최척은 마을에서 배움에 뛰어난 인재였고, 옥영은 최척에게 자신이 어울리는 짝임을 시로써 보여 주었다. 옥영도 스스로 자신이 마음을 적극적으로 밝히는 것을 최척이 옳지 못하다고 생각할까 봐 우려한다. 옥영은 편지에 자신이 처한 상황을 세세히 밝힌다. 그리고 자신이 최척을 마음에 둔 연유와 함께 남편을 평생 지극히 공경하고 신의를 지키겠다고 약속한다. 최척의 잠재성을 알아본 옥영은 주저하지 않고 그에게 혼인의 의사를 표했고, 최척도 그녀에게 마음을 주었다. 그들의 혼사는 옥영의 주도하에 일사천리로 진행되었다.

그러나 최척의 가난이 그들의 첫 번째 난관이었다. 딸 가진 세상의 모든 부모가 그렇듯 잠재력이라는 미래 가치만을 보고 흔쾌히 사위로 삼겠다는 집은 드물다. 옥영의 어머니도 예외는 아니었지만, 영민한 옥영은 모친을 설득해 최척과의 혼인을 성사시킨다. 옥영은 어머니에게 "깊은 규방에 숨어 남의 입이나 바라보고 있다가 자기 몸을 위태로운 지경에 빠뜨릴 수 없어요."라고 말한다. 옥영의 부친은 이미 세상에 없고, 도적 떼가 난무하는 어지러운 난리 속에서 평범하게 혼인할 수 없을 것으로 판단한 것이다. 옥영은 스스로 자신과 자신의 모친을 지킬 방도를 찾았고, 가문의 부유함을 보기보다는 최척의 인물됨이 훌륭함을 강조해 모친을 설득한다.

그런데 혼인 직전에 예기치 못한 두 번째 변수가 나타난다. 바로 전쟁이다. 최척이 출전하면서 기약 없는 이별이 찾아왔다. 또 다른 위기가 닥친 것이다. 전쟁터로 나간 남편감은 돌아올 기약이 없었고, 옥영의 어머니는 부유한 남자를 사위로 삼고자 했다. 그러나 자아가 강하고 간절한 사랑을 하던 옥영은 자결 시도로 어머니의 뜻을 거부한다. 최척 역시 전쟁터에서 옥영을 향한 간절함으로 병을 얻었다. 전쟁이라는 시대적 불우로 인해 사랑을 이룰 수 없었던 우울함 혹은 상사병으로 보인다. 결국 옥영의 어머니도 최척의 상관도 이들의 간절함을 막을 수 없었으므로 옥영과 최척은 사랑의 결실을 이룬다.

그러나 옥영의 고난은 여기서 끝나지 않고 최대 위기를 맞는다. 바로 임진왜란이었다. 전쟁이 가져온 가족의 이산은 서사를 국내에서 아시아 전체로 확장한다. 옥영은 남장한 채 왜장의 포로가 되어 일본으로 잡혀가고, 최척은 명나라 군인의 도움으로 중국으로 간다. 이후 이들은 모두 배를 타며 장사하는 일에 종사하는데, 베트남에 있는 어느 항구에서 극적으로 상봉한다. 임진왜란과 명·청 교체기라는 혼란에 휩싸인 동아시아의 상황은 그들이 조선으로 돌아오는 것을 허락하지 않았다. 그리고 병자호란으로 인해 생긴 또 다른 이별을 극복한 것은 옥영의 노력과 집념이었다.

옥영, 조선으로 돌아갈 계획을 세우다

"너는 배를 빌리고 양식을 준비해라. 여기서 조선까지는 뱃길로 이삼천 리밖에 안 되니 하늘이 도와 순풍을 만난다면 열흘 남짓 만에 해안에 도착할 수 있을 게다. 내 계획은 이미 섰다!"

광동성 광주 앞바다의 중국 선박(Wikimedia Commons 자료)

옥영은 중국 생활 중에 늘어난 식구들과 함께 귀국 프로젝트를 기획했다. 다시 한번 전쟁에 참여한 최척의 소식이 끊긴 지 오래되었으니, 가만히 앉아 남편의 소식만을 기다릴 수는 없었다. 옥영은 배를 타고 황해를 건너기로 결심했다. 아들은 모친에게 아버지가 돌아오기를 기다리는 것이 좋겠다고 말하지만, 오히려 옥영은 최척이 살아 있다면 고국으로 돌아갔을 것으로 판단한다. 이후 옥영은 항해 과정에 생길 수 있는 위험 요소를 예상하고 이를 극복할 수 있는 대안을 마련했다. 아들의 우려를 이해한 옥영이었지만, 이미 포로 생활과 타지

조선의 걸 크러시

생활로 인해 일본어와 중국어를 할 수 있었고, 항해 기술도 이해하고 있었다. 그뿐만 아니라 옥영은 조선과 중국, 일본의 복장을 준비하고 아들과 며느리에게 조선과 일본의 말을 가르쳤는데, 이는 항해 도중에 어느 국적의 사람을 만나더라도 위장할 방법이 필요했기 때문이다. 그러고는 배를 마련한 후 예전에 배를 타고 장사하던 때에 익힌 항해술을 발휘해 귀국에 성공한다. 무려 30년 만이었다.

옥영, 그녀는 불안하고 어지러운 시대에 자신과 가족을 지켜 나간 강한 여성이다. 최척과의 혼인이 무산되려 했을 때 자신의 의지로써 혼인을 관철했고, 전쟁터로 떠나는 최척과 헤어져야 했을 때 죽음을 각오함으로써 차라리 자신도 편해지고 남편의 마음도 편하게 해 주겠다는 모습을 보이기도 한다. 그러나 옥영은 죽음을 택하지 않고 고국에 돌아가겠다는 일념으로 남편을 찾아 다시 한번 고된 여정을 준비함으로써 삶의 의지를 보여 준다.

이렇게 옥영이라는 여성은 동아시아 최대의 전쟁이었던 임진왜란과 병자호란을 통해 만들어지기 시작해 조선과 일본, 베트남, 명나라, 청나라를 아우르는 대서사 속에서 가족에 대한 간절함과 사랑으로 완성되었다. 전쟁이라는 격변 속에서 여성이 주체적으로 자기 삶을 택하기란 어려운 일이다.

자신이 처한 상황을 이해하고 어려운 삶 속에서 살아남아 가족을 만나는 꿈을 이룬 옥영을 통해 우리는 조선 시대의 여성이 절대 나약한 존재가 아니었음을 다시 한번 느낀다. (임현아)

무운,
운대사로 불러 주시오

무운은 강계의 기생이다. 고운 외모뿐만 아니라 재능과 기예가 있어 한때 이름이 높았다. 서울 사는 성 진사라는 자가 우연히 강계에 내려왔다가 무운과 동침하고는 서로 정이 깊이 들었다. 그러다가 성 진사가 돌아갈 때 서로 연연한 마음으로 차마 떨어지지 못했다.

무운은 성 진사를 떠나보낸 뒤 그 누구에게도 몸을 허락하지 않기로 맹세했다. 그래서 양쪽 허벅지에 쑥으로 뜸을 떠 창독의 흔적처럼 만들고 고약한 병을 얻었다는 핑계를 댔다. 이 때문에 이후 강계에 내려온 사또들이 무운과 잠자리를 하지 못했다.[15]

— 이희평, 『계서잡록』

조선의 길 크러시

평안북도 강계 지역의 기생인 무운(巫雲)은 아름다운 얼굴과 뛰어난 재주로 유명했다. 이 때문에 고을에 내려오는 관리마다 동침하기를 요구했다. 그런데 무운은 서울에서 내려온 성 진사와 깊은 정을 맺으면서부터 다시는 다른 남자에게 몸을 허락하지 않기로 맹세한다. 그러나 기생이라는 천한 신분으로서 신분 높은 관리들의 요구를 듣지 않는다면 그 결과는 죽음뿐이다. 이에 무운은 동침하지 않으면서도 죽음을 피할 수 있는 계책을 강구한다. 과연 그 방법은 무엇일까?

두 번에 걸쳐 자기 몸을 훼손하다

무운은 고을 사또들의 동침 요구를 모면하기 위해 자기 몸을 훼손하기로 한다. 양쪽 허벅지를 쑥뜸으로 지져 창독(瘡毒)을 앓은 흔적처럼 만드는 것이다. 부스럼이 나는 고질병이 있다고 말하면 남자들이 꺼리고 멀리할 것으로 생각해서다.

멀쩡한 생살을 뜨거운 불로 지지는 것이 얼마나 괴로운 일인가? 또한 다리에 불에 덴 흉터가 있으면 얼마나 보기 싫겠는가? 그런데도 무운은 육체적 고통이나 몸에 생기는 징그러운 흉터 따위에 전혀 신경 쓰지 않는다. 그만큼 성 진사에 대한 사랑을 지키고 싶었던 것이다. 그러나 성 진사의 마음은 무운의 마음과 같지 않았다. 이후에 그 어떠한 연락도 보내지 않았을 뿐만 아니라, 영영 찾아오지 않았기 때문이다.

시간이 흘러 이경무(李敬懋, 1728년~1799년)라는 사람이 고을 사또로 내려온다. 이경무도 무운이 아름답다는 소문을 듣고 그녀를 불러 동침을 요구하는데, 무운은 끔찍한 흉터를 내보이며 고질병이 있다고 말한다. 그러자 이경무는 무운을 타박하거나 질책하지 않고 자기 곁에서 시중을 들게 한다.

그렇게 무운은 네다섯 달 동안 잔심부름을 하면서 이경무를 관찰한다. 곁에서 차분히 살펴본 결과, 이경무는 당당한 대장부이자 인품이 매우 훌륭한 사람이었다. 남은 인생을 바쳐 절의를 지킬 만한 가치가 있는 남자였다. 그래서 무운은 성 진사에 대한 수절 의지를 꺾고 이경무 곁으로 가기로 한다. 자신을 버리고 떠난 성 진사 대신에 이경무에게 몸을 허락하고 그에 대한 절개를 지켜 나가기로 마음먹은 것이다. 이경무야말로 진정으로 자신을 알아줄 만한 남자라고 판단했기 때문이다. 그렇게 무운은 이경무에게 몸을 허락한다.

그러나 또 다른 불행이 찾아온다. 이경무가 임기가 끝나 자기 고향으로 돌아가게 되자, 무운은 그를 따라가서 첩이 되고 싶다는 의사를 밝힌다.

이경무가 임기를 마치고 돌아가게 되자 무운이 따라가기를 원했다. 이경무가 말했다.

"내가 거느린 첩이 셋이란다. 그러니 네가 또 첩이 되는 것은 매우 필요치 않은 일이구나."

무운이 말했다.

"그러면 제가 마땅히 수절하겠습니다."

이경무가 웃으며 말했다.

"네가 수절이라고 말하는 것이 성 진사를 위해 수절하는 것이 되지 않겠느냐?"

이 말을 들은 무운이 발끈 화를 내어 얼굴빛이 달라지면서 은장도를 꺼내 왼손 네 번째 손가락을 찍어 내렸다. 이경무가 매우 놀라 데려 가겠다고 했으나, 무운이 끝내 듣지 않았다. 그래서 두 사람은 작별하게 되었다.

이경무의 대답은 냉정한 거절이다. 이미 첩이 셋이나 있기에 집안 사람들을 볼 면목이 없었기 때문이다. 그런데 이러한 이유를 밝히고 거절하는 데 그쳤으면 좋았으련만, 이경무는 무운의 마음을 오해하고 자존심까지 짓밟아 버린다.

무운이 첩이 될 수 없다면 수절하겠다는 의사를 당당히 밝히자, 이경무는 자신을 위해 수절하는 것이 아니라 성 진사를 위해 수절하는 것이라며 무운의 진심을 왜곡하고 조롱한다. 이경무 역시 성 진사와 마찬가지로 무운을 한번 동침하고 마는 여자 정도로만 생각했다. 자기 속마음까지 알아주리라는 무운의 판단이 완전히 틀린 것이다.

마음에 큰 상처를 입은 무운은 즉시 은장도를 꺼내 왼쪽 약지 손가락을 찌른다. 다시 한번 신체를 훼손하는 방법으로 자신의 진심을 밝히고 싶었던 것이다. 이로써 무운은 기생도 수절할 수 있는 사람임을 강렬하게 표현한다. 그리고 이제는 이경무라는 남자에 대한 수절이 아니라 이 세상 모든 남자에 대해 수절하리라는 의지를 갖는다.

큰머리를 한 기생(한국데이터산업진흥원 자료)

기생도 수절할 수 있다

무운은 이경무와도 가슴 아픈 이별을 한다. 벌써 두 번째 이별이
다. 이후 무운은 수절한다. 그렇게 10년의 세월이 흐르는데, 그때 이경

조선의 걸 크러시

무가 강계에서 300리 거리에 있는 함경북도 성진 지역에 관리로 부임한다. 이 소식을 들은 무운은 이경무를 찾아가 반갑게 인사를 나눈다. 지난날 큰 상처를 준 남자이기는 하지만, 한때 사랑했던 남자이기도 하므로 만나 보고 싶었던 것이다.

그날 밤 이경무는 아무 생각 없이 무운과 동침하려고 한다. 그러나 무운은 죽기로써 거부한다. 이때 이경무는 "나를 위해 수절한다면서 왜 나를 거부하느냐?"라고 묻는다. 그러자 무운은 "이미 남자를 가까이하지 않기로 맹세했으니 아무리 사또님이라도 동침할 수 없습니다. 한번 동침한다면 곧 절개를 훼손하는 일이 됩니다."라고 대답한다.

이후 무운은 무려 1년이 넘는 기간을 이경무와 함께 지내지만, 끝내 동침하지 않는다. 일전에 있었던 자신의 수절 의지가 진심이었음을 보여 준 것이다. 이렇게 무운은 이경무가 자신의 사랑을 배신하고 수절 의지를 무시했을지라도 스스로 한 다짐을 굳게 지켜 나간다. 그리고 이경무와 그의 아내가 죽었을 때 장례를 치르고 상복까지 입으며 헌신적인 사랑을 보인다. 사실 무운은 이경무의 아내나 첩이 아니므로 특별한 상관이 있는 인물이 아니다. 그런데도 이경무를 진심으로 사랑했으므로 자신이 할 수 있는 일을 다 한 것이다. 결국 무운은 여생을 수절하다가 죽는다.

보통 '기생'이라고 하면 어느 남자에게나 몸을 쉽게 허락하는 여자로 생각한다. 그러나 무운은 기생이라는 신분적 제약 안에서 소신과 정조를 지키고자 했다. 그 과정에서 신체를 망가뜨리는 일도 서슴지 않았다. 자신이 선택한 남자에 대한 확고한 믿음이 있었기에 주변 사람들의 시선을 신경 쓰지 않았고, 그 남자들에게 버림받고 인정받지 못했지만, 그것 역시 담담하게 받아들였다.

평소 무운은 '무운'이라는 기생 이름보다는 '운대사(雲大師)'로 불러 주기를 원했다. 대사는 승려들에게 많이 붙이는 칭호인데, 꼭 승려가 아니더라도 사람을 높일 때 쓰기도 한다. 무운은 신분 제도가 명확한 현실 세계, 곧 속세에서 벗어난 승려가 되고 싶었던 것일까? 아니면 현실 세계와는 달리 자신을 높여 불러 주기를 원했던 것일까? 어쩌면 무운은 '운대사'로 불릴 때만큼은 기생이라는 신분에서 벗어나 자유로울 수 있었을 것이다. '무운'이 아닌 '운대사'일 때는 자신의 속마음까지 알아주는 진정한 사랑을 만날 수 있으리라 기대했는지도 모른다. (이후남)

5부

뛰어난 기개와 재주

만덕,
세 가지 기특함과 네 가지 희귀함을 가졌네

너는 탐라에서 태어나고 자랐으며 한라산에 올라 백록담의 물을 떠올렸다. 이제 또 금강산까지 두루 구경했으니, 삼신산(한라산, 금강산, 지리산) 중에 그 둘은 네게 정복된 셈이다. 천하의 수많은 남자 가운데 이러한 자가 있겠느냐?

— 채제공, 『번암집』

조선이 열광했던 여성!

여성 사업가의 이야기다. 2022년의 한국이 아니라 18세기 말의 조선에서, 그것도 변방의 섬 제주도에서 나고 자라고 생을 달리했던 한 여성의 이야기다. 김만덕(金萬德, 1739년~1812년)은 저 멀리 바다 건너 유배객들이 모여드는 섬의 가난한 집에서 태어나 12세에 부모와 이별하고 기생의 몸종으로 전락했다. 이후 기적(妓籍)에 올라 기생이 되기도 했다. 만덕이 기생에 머물렀다면 그저 그렇게 살다가 흔적 없이 사라졌을지도 모른다. 그러나 만덕은 달랐다.

정조가 초계문신들에게 직접 시험을 출제했는데, 문제가 바로 김만덕의 전(傳)을 지으라는 것이었다. 정말 놀라운 일이 아닐 수 없다. 변방의 섬 출신 기생을 주제로 정조가 당대 최고의 젊은 지식인들에게 시험문제를 낸 것이다. 그 시험에서 서준보(徐俊輔, 1770년~1856년)가 1등을 차지했는데, 그가 지은 「만덕전(萬德傳)」이 『정조실록』 1796년 11월 28일 자 기사에 실려 있다. 채제공이 지은 「만덕전」과 더불어 만덕의 생애를 가장 잘 정리했다고 전해진다.

김만덕은 제주읍성 동문 밖 건입포구 주변의 한 귀퉁이에서 상업적 능력을 발휘해 엄청난 부를 축적했다. 만덕의 활동 무대는 제주목의 물류 중심지였던 화북포구, 별도포구, 조천포구가 아니었다. 만덕은 건입포구 주변의 작은 객주에서 시작해 결국 자수성가한 사업가가 되었다. 기생에서 시작해 제주의 거상으로 성장한 것이었다. 그러나 만덕이 조선 지식인들에게 알려진 이유는 따로 있었다. 1794년과 1795년에 제주 지역은 말 그대로 아비규환이었다. 100년 만에 찾아온 최악의 흉년 탓이었다. 이때 만덕은 재산을 털어 굶주린 제주 백성을 살려 냈다. 이 일이 정조에게 알려지면서 만덕은 자신의 소원대로 왕실로 초대되어 조선 시대 제주 여성으로는 최초로 한양과 금강산을 유람한다. 가는 곳마다 사람들이 만덕을 구경하고 그녀의 의로운 행동을 칭찬했다. 그리고 당대의 수많은 선비와 고위 관리들도 만덕을 의로운 여성으로 칭송했다.

심노숭(沈魯崇, 1762년~1837년)이 김만덕의 부정적인 면을 기록하기는 했다. 하지만 정조의 칭송 덕택일까? 당대 최고의 정치가이자 문인인 채제공, 최고의 학자인 정약용과 박제가(朴齊家, 1750년~1805년), 형조판서였던 이가환(李家煥, 1742년~1801년), 서준보 등을 비롯한 초계문신들, 이면승(李勉昇, 1766년~1835년), 유재건(劉在建, 1793년~1880년), 이재채(李載采, 1721년~?), 조수삼, 이희발(李羲發, 1793년~1880년), 김희락(金熙洛, 1761년~1803년) 등 다양한 사람들이 다양한 형태의 기록을 남겼다. 당대 한양의 명기 홍도(紅桃) 역시 만덕을 흠모하는 시를 지어 주기도 했다. 파란만장했던 삶을 살았던 만덕은 18세기 말에서 19세기 초까지 그야말로 조선을 열광시켰다.

한쪽 눈동자가 두 개라던데……?

역사에 남은 기생들의 평가를 보면 외모는 대부분 미인으로 묘사된다. 그런데 김만덕에 관해서는 유독 다양한 해석이 나온다. 만덕은 자기 외모를 어떻게 생각했을까? 이재채가 지은 「만덕전」에서 그 답을 찾을 수 있다. 만덕은 서울에서 지낼 때 많은 남자가 자신에게 접근하자 "내 나이가 쉰을 넘었다. 저들은 나의 얼굴을 아름답게 여기는 것이 아니라 나의 재물을 아름답게 여기는 것이다."라고 말한다. 그 자신도 자기 외모를 그리 아름답게 생각하지는 않았음을 알 수 있다. 전을 쓰는 사람에 따라 혹자는 외모가 뛰어나다고 칭찬하기도 하고, 혹자는 외모는 그저 그렇다고 평가하기도 했다. 이희발과 김희락은 그녀의 용모가 그리 아름답지 않았고 천성적으로 가무를 좋아하지 않아 노래와 춤도 잘하지 못했다고 기록했다. 반면에 이가환이 환송시에서 "예순 나이 마흔쯤으로 보이구료."라고 표현한 것을 보면 무척 활달하고 젊게 살았던 것 같다. 그런데 만덕의 외모에 관한 논쟁 중 가장 재미있는 것은 그녀가 겹눈동자를 가졌다는 소문이었다.

> 가까이 가서 보니 그 검고 흰 동자가 조금도 사람들과 다르지 않았다. 그런데도 겹눈동자라는 말이 마침내 유행하고 그치지 않으니 사람들이 거짓말을 좋아하고 스스로 바보짓을 하는 것이 이와 같았다.
>
> ― 정약용, 『여유당전서』

정말 재미있는 소문이다. 김만덕이 정조의 부름을 받고 한양에 도착하자 수많은 벼슬아치가 떠들썩하게 하는 말 중에 그녀의 눈이 겹눈동자라는 소문이 있었다. 정약용은 역시 실학자다운 면모를 보였다. 하도 소문이 괴이하고 이상했다. 정약용 역시 궁금했을지도 모르겠다. 정약용은 만덕을 직접 찾아가 대화를 나누면서 그녀의 눈동자를 관찰한 결과 그 소문이 터무니없음을 증명했다. 그리고 이에 관한 글을 한 편 남겼다는 것은 그 소문이 얼마나 흥미진진했는지 반증하는 것이기도 하다. 그런데도 정약용 이후의 기록들에서 만덕이 겹눈동자를 가졌다는 언급은 끊이지 않는다. 무엇이 그토록 그녀의 외모에 주목하게 했을까?

세 가지 기특함과 네 가지 희귀함!

김만덕에 관한 대부분의 기록을 보면 용모, 노래, 춤 등이 뛰어나지 않았다. 그리고 성격은 의로움이 있었으며 재물을 모으는 능력이 매우 뛰어났다고 언급한다. 정조에게 1등의 점수를 받은 서준보의 「만덕전」에는 만덕이 어려서부터 매우 활달했고 기개가 있어 장부의 뜻이 있었다고 그녀의 성정을 설명했다. 비록 천한 기생으로 노닐면서도 일 처리에서는 명분을 가지고 처신했으므로 관리들도 함부로 하지 못했다고 한다.[1] 만덕의 활달한 성격과 의로운 기개, 공과 사를 명확히 구분하는 일 처리 방식이 결국 그녀를 기생 신분에서 왕과 지식인의 칭송을 받는 의로운 여성이 되게 한 것이다. 정약용이 만덕을 주목한 이유는 총 일곱 가지였다.

나는 만덕에게 세 가지 기특함과 네 가지 희귀함이 있다고 말하고 싶다. 기생의 신분이면서도 과부로 수절한 것이 한 가지 기특함이고, 많은 돈을 기꺼이 베푼 것이 두 번째 기특함이며, 바다의 섬에 살면서도 산을 좋아하는 것이 세 번째 기특함이다. 여자로서 겹눈동자를 가졌고, 종의 신분으로 임금의 부름을 받았으며, 기생으로서 중이 가마를 메게 했고, 외딴섬의 사람이 왕비의 총애와 선물을 받았으니 네 가지 희귀함이다.

―『여유당전서』

이 내용 중에 겹눈동자를 가졌다는 소문은 정약용 스스로 그렇지 않음을 증명했다. 정약용이 정리한 세 가지 기특함과 네 가지 특이함은 심노숭의 「계섬전(桂纖傳)」을 제외하면, 만덕을 설명하는 모든 자료의 중심 내용이다. 만덕과 관련된 대부분 기록에서 그녀는 의협심 강한 여성으로 등장한다. 특히 서준보의 「만덕전」은 그녀를 뛰어난 상인의 목록에 올려야 할지 아니면 의협심이 강한 여성의 목록에 올려야 할지를 고민하면서 끝맺을 정도였다. 관비에서 기생을 거쳐 성공한 여성 사업가가 되고, 국왕과 국가가 인정하는 의로운 여성이라는 최고의 명예를 얻고 금강산 여행까지 다녀온 만덕의 삶 자체가 극적이어서일까? 2010년에는 만덕의 삶을 다룬 드라마가 제작되어 꽤 높은 시청률을 기록하기도 했다.

운명에 항거하고 자아를 실현하다

김만덕의 경쟁력은 외모와 기예가 아니라 긍정적 성격과 적극적

「금강전도」(한국데이터산업진흥원 자료)

삶에 있었다. 무엇보다 만덕은 뛰어난 여성 사업가였다. 배를 만들고 다스리는 해양 운송업에 능했으며, 한양과 제주의 물가 변동을 분석해 상품 거래의 시점을 정했다. 제주 백성에게 가장 필요한 상품이 쌀과 양곡임을 간파하고 이를 육지에서 구매해 제주 백성을 상대로 장사하고, 제주의 특산물을 육지로 팔아 많은 부를 쌓았다. 특히 흉년이 들어 많은 사람이 위기에 처했을 때 자기 재산을 지역사회로 환원해 위기를 극복하는 데 많은 공헌을 하는 등 기업가의 사회적 책임을 몸소 실천했다.

김만덕은 자아가 강했으며 성품이 호탕한 여성이었다. 여성이면서도 항상 장부의 뜻을 품었고, 남성들을 직접 고용하면서도 혼인하지 않았다. 험난한 삶에서도 구애됨이 없었고 여성들의 따분한 기질을 몸소 버렸다. 선행의 대가로 소원을 물었을 때 만덕은 신분 상승이나 면천 따위에는 관심이 없었고 이를 요구하지도 않았다. 만덕이 요구한 것은 조선의 문명과 경관의 중심인 한양과 금강산의 유람이었다. 박제가는 이러한 만덕을 일러 "여성이라는 운명에 항거해 자아를 실현하고, 이 세상에 태어나 떠나는 순간까지 넉넉하게 멋쟁이로 살았던 귀한 사람"[2]이라고 했다. 변방의 여성 만덕은 18세기 조선의 사회적 분위기에서는 보기 드물게 강한 주체적 자아를 소유한 여성이었다. (강문종)

석개,
조선 최고의 여가수, 나는 노래하리라

석개는 나라에서 제일가는 명창이 되었는데, 근래 100년 동안 없었던 일이다. 비단옷을 입고 수가 놓인 말안장에 올라 매일 권세 있고 부유한 사람들의 연회에 불려 갔다. 이때 받은 금과 비단이 집안에 쌓여 마침내 부자가 되었다.

― 유몽인, 『어우야담』

조선 시대 최고의 가수였던 석개(石介)에 관한 내용으로, 유몽인(柳夢寅, 1559년~1623년)이 지은 『어우야담(於于野談)』에 실려 있다. 석개는 중종의 셋째 서녀인 정순옹주(貞順翁主, 1517년~1581년)와 혼인한 여성군(礪城君) 송인(宋寅, 1517년~1584년)의 여종이다. 그런데 석개는 그리

285

아름다운 편이 아니었다.

얼굴은 늙은 원숭이처럼 생겼고, 눈은 좀대추나무로 만든 화살같이 찢어졌다.

석개는 눈이 작고 주름이 많았던 듯하다. 한마디로 볼품이 없는 인물이다. 송인은 임금의 외척으로 부자였으니 그의 곁에는 항상 곱게 화장하고 화려하게 꾸민 미인이 가득했을 것이다. 석개를 돌아볼 이유가 없다. 그러니 못생긴 석개에게는 그저 나무 물통을 지고 물 길어 오는 일 정도만이 맡겨질 뿐이다. 석개는 그저 특별함이 없는 평균 이하의 몸종에 불과하다. 어쩌면 이것이 석개에게는 도리어 다행이었던 것 같다.

여종 신분에서 최고의 가수로

노래를 좋아했던 석개는 여종으로서 맡은 일도 잊은 채 그저 노래만 부른다.

석개는 우물에 가서 나무 물통을 우물 난간에 걸어 놓고는 종일 노래만 불렀다. 하지만 그 노래는 곡조를 이루지 못해 나무꾼이나 나물 캐는 아녀자들이 부르는 수준 정도였다.

그녀의 노래 실력은 평범하다 못해 부족하다. 전문적으로 배운 적이 없으므로 제대로 익힌 곡조도 없다. 하지만 물을 길러 가서도 종일 노래만 부르는 그녀의 열정은 높이 살 만하다. 그래서 집으로 돌아왔을 때 석개의 물통은 항상 비어 있다. 한번 우물에 가면 날이 저물 때까지 있으면서도 물조차 길어 오지 않는 석개를 기다리는 것은 매질이다. 그래도 그 버릇을 고치지 않고 석개는 늘 빈 통으로 돌아온다.

송인의 집안에서는 참다못해 석개에게 다른 할 일을 준다.

나물을 캐 오라고 광주리를 들려 야외로 내보냈다. 석개는 광주리를 들판에 놓아두고 작은 돌멩이를 많이 주워 모았다. 그러고는 노래 한 곡을 부를 때마다 돌멩이 하나를 광주리에 집어넣었다. 광주리가 가득 채워지면 노래 한 곡 부를 때마다 광주리 속의 돌멩이 하나를 집어 밖으로 던졌다. 이러기를 두세 차례 반복하다가 날이 저물면 빈 광주리로 돌아왔다.

석개는 이때도 매를 맞는다. 하지만 행동을 바꾸지 않는다. 여기에서 우리는 석개의 열정을 엿볼 수 있다. 배운 적이 없어 곡조도 모르지만, 석개는 노래 부르기를 멈추지 않는다. 광주리에 돌멩이가 차도록, 그리고 다시 그 돌멩이가 없어지도록 연습에 연습을 더했으니, 이 정도면 발성이나 성량에서는 그 누구도 따라올 수 없는 튼튼한 기초를 갖추게 되었을 것이다.

하늘은 스스로 돕는 자를 돕는다고 했던가? 여성군 송인이 석개가 노래를 부른다는 사실을 알게 된다. 송인은 석개의 행동을 질책하기보다는 기특하게 여겨 본격적으로 노래를 배우게 한다. 성량이 갖추어진 상태에서 음악 교육을 제대로 받은 석개는 곧 장안의 제일가는 명창이 된다. 기록자 유몽인조차 근래 100여 년 동안 이런 일은 없었다고 감탄할 정도로 대단한 성공이다.

이후 석개는 많은 공연 대금을 받고 권세가들의 연회에 불려 간다. 그러한 모습은 심수경(沈守慶, 1516년~1599년)의 『견한잡록(遣閑雜錄)』에서 찾아볼 수 있다.

여성군 송인의 여종인 석개는 당시에 견줄 사람이 없을 정도로 가무에 뛰어났다. 이에 영의정이었던 홍섬(洪暹)이 절구 3수를 지어 주었다. 그 후 다시 좌의정이었던 정유길(鄭惟吉), 영의정이었던 노수신(盧守愼), 좌의정이었던 김귀영(金貴榮), 영의정이었던 이산해(李山海), 좌의정이었던 정철, 우의정이었던 이양원(李陽元)과 내가 연이어 화답하고, 나머지 재상들도 많이 화답하여 마침내 커다란 시첩을 이루었다.

— 심수경, 『견한잡록』

석개는 당대의 내로라하는 명문대가 사람들에게 인정받은 것이다. 석개는 용모가 변변하지 않았다. 이는 예나 지금이나 예인(藝人)에게는 큰 핸디캡이 될 수 있다. 판소리 거장 신재효(申在孝, 1812년~1884년)도 광대가 갖추어야 할 첫째 조건으로 '인물 치레'를 들면서도, 인물은

곡을 연주하는 모습(국립민속박물관 소장)

천성이기 때문에 변통할 수 없다고 한다. 즉 외모가 중요하기는 하지만, 선천적으로 타고나는 것이기 때문에 어쩔 도리가 없다는 논리다. 이런 점에서 보면 분명히 석개는 기본적으로 불리한 조건 속에 있었다. 하지만 석개는 이것을 당당히 실력으로 극복해 낸 것이다. 허균도 『성소부부고(惺所覆瓿藁)』에서 노래에서만은 석개가 제일이라고 인정할 정도다.

　물론 누구나 석개의 노래를 즐긴 것은 아니다.

율곡과 우계 및 우리 아버님 송강께서 함께 진사 이희삼(李希參)의 집에 모였다. 주인집에서 술자리를 마련하였는데, 당시의 이름난 기생인 석개가 함께 참석하였다. 술을 돌리고 노래를 부르려 하자 우계께서 갑자기 일어서 나가는데, 그 자리에 있던 누구도 감히 만류하지 못하였다. 이는 우계 선생이 평생에 음탕한 소리를 듣지 않는 것을 원칙으로 삼았기 때문이라 한다.

— 정홍명, 『기옹만필』

이 일화는 정홍명(鄭弘溟, 1582년~1650년)이 적은 『기옹만필(畸翁漫筆)』에 실려 있다. 율곡(栗谷) 이이(李珥, 1536년~1584년), 우계(牛溪) 성혼(成渾, 1535년~1598년), 송강(松江) 정철(鄭澈, 1536년~1593년)과 같은 당대의 명망 있는 사람이 모인 자리에 초대되었다는 것은 석개의 능력이 그만큼 대단했음을 말해 준다. 성혼은 석개의 가창 능력을 무시한 것이 아니라, 심성을 해치는 노랫소리를 듣지 않기 위해 그 자리를 피한 것일 뿐이다. 아마도 술을 마시며 가수의 노래를 감상하는 것이 자기 수양에 도움이 되지 않는다고 판단한 듯하다.

그렇지만 석개의 노래는 조선에서 믿고 듣는 예술이 된다. 그 결과 석개의 집에는 공연의 대가로 받은 돈과 비단이 점점 쌓여만 간다. 못난 용모에 미천한 신분의 여종에서 조선 최고의 명창으로 변신해 부와 명성을 거머쥔 석개의 행적은 놀랍기만 하다. 어느새 석개는 좀 더 사랑스러운 이름인 석아(石娥)로도 불리게 된다. 아름다운 여인이라는 뜻을 지닌 애칭이 붙은 것이다. 지금으로 치면 예명이라고 할

조선의 걸 크러시

수 있지 않을까? 석개가 당대에 얼마나 인기가 있었는지를 가늠할 수 있다.

석개의 성공이 시사하는 것

그렇다면 성공한 석개는 행복하게 살았을까? 임진왜란 직후 석개는 해주에 있는 행재소(임금이 멀리 행차했을 때 머무는 임시 거처)에 간 적이 있다. 그곳에서 석개는 말을 듣지 않는, 사나운 사내종을 관아에 고소해 처리하려다가 도리어 그에게 살해당하고 만다. 자세히 기록되지 않은 탓에 무슨 일이 있었는지는 알 수가 없다. 석개가 초심을 잃고 종에게 심하게 굴었을 수도 있고, 정말 사내종에게 문제가 있었거나 그것도 아닌 다른 요인이 작용한 것일 수도 있다. 다만 조선 시대의 입지전적 인물인 석개의 허무하고 비극적인 죽음은 진한 아쉬움으로 남는다.

인생을 개척하려고 한 석개의 노력은 칭찬받아 마땅하다. 온갖 악조건 속에서도 포기하지 않고 꿋꿋하게 나아간 석개의 모습은 현재의 우리에게도 시사하는 바가 적지 않다.

아! 세상의 일은 열심히 노력한 후에야 이루어지는 법이니, 어찌 석개의 노래만이 그러하겠는가? 나태하여 굳게 서지 못하면 무슨 일인들 이룰 수 있겠는가?

유몽인이 석개의 행적을 통해 전해 주는 메시지가 가볍지 않다.

석개는 딸 옥생(玉生)을 둔다. 옥생은 좋은 유전자를 물려받아서인지 어머니 석개를 이어 당대 최고의 가수가 된다. 이는 이안눌(李安訥, 1571년~1637년)이 지은 『동악선생속집(東岳先生續集)』에 실린 「옥생이 상공 정철의 사미인곡을 부르는 소리를 듣고」라는 시에서 찾아볼 수 있다.

칠아가 늙고 석아가 죽었으니, 요즈음 대신하여 노래 부를 수 있는 사람은 옥생이다. 높은 당 위에서 「사미인곡」을 부르는데 들어 보니 이 세상의 곡조가 아닌 듯하였다.

— 이안눌, 『동악선생속집』

칠아는 당대의 또 다른 명창 칠이(七伊)를 가리킨다. 예전의 명창들은 늙거나 죽으니 이제 가왕의 자리는 석개의 딸 옥생의 차지가 된 것이다. 사람은 변해도 예술은 여전히 흘러간다. (임치균)

사부인,
천하 지도는 내가 완성하고 말리라

"이제 네 눈으로 친히 보아 극락에서 즐거우니 어미가 부처가 된 줄 기뻐하지 않고 사생존망을 모를 때와 같이 앞으로 남은 어미의 인생을 판단하니 설사 내가 인간 세상에 괴로움을 다시 겪는다고 해도 차마 너를 위하여 다시 힘든 일을 하지 못할 것이다. 반드시 돌아갈 것이니 걱정하지 말라."[3]

— 「삼강명행록」

장성한 아들은 어머니가 혹시라도 집에 돌아오지 않을까 봐 걱정한다. 이에 어머니는 자기 즐거움을 뒤로한 채 아들의 걱정을 덜기 위해 집으로 돌아가겠다는 위로의 말을 한다. 집을 떠난 현재 상황이 마음에 드는데도 말이다.

조선 후기의 대장편소설 「삼강명행록(三綱明行錄)」 속 사부인은 자신에게 주어진 천하 지도 완성이라는 임무를 완수하기 위해 중국 전역 및 바다 너머의 별세계, 나아가 선계까지 다녀온 인물이다. 소설 속 인물이므로 마음만 먹으면 어디든 갈 수 있다고 생각할 수 있겠지만, 아무리 가상 속 이야기라고 하더라도 조선 시대에 여성이 천하를 주유한다는 것은 매우 이례적인 일이다. 「삼강명행록」은 명나라 초기에 황위를 둘러싸고 벌어진 내란으로 인해 흩어진 정씨 가문 사람들이 천태라는 새로운 땅으로 모이기까지의 기나긴 여정을 담아내고 있다. 그런데 이 작품에서 가족을 모으기 위한 구심적 역할을 하는 것은 사부인이다. 가족을 모으기 위한 조건으로 사부인에게 천하 지도의 완성이라는 중대한 임무가 맡겨진 것이다.

그런데 왜 꼭 사부인이어야만 했을까? 사부인의 아들 정철도 사부인을 찾기 위해 중국 전역을 돌아보는데, 정철이 지도를 완성하면 안 되는가? 이들이 가는 길 곳곳에는 그들을 위험에 빠뜨리려는 요괴와 도적들, 왕의 명을 받아 뒤쫓는 사람들이 깔려 있고, 주인공은 그러한 위험을 피해 안전한 장소에 도착해야 한다. 이것이 지도를 완성하는 방법이다. 하나의 장소에 머물면 그곳에 관한 자세한 소개가 나오고, 그곳에서 각종 사건을 겪고 난 후 새로운 장소로 다시 떠나게 된다. 마치 온라인 게임 속 플레이어들이 방대한 스테이지에서 다양한 콘텐츠를 즐기고 경험치를 쌓은 후 다음 단계로 이동하는 것과 비슷하다. 물론 각종 아이템을 갖추어야 하는 것은 기본이다. 이러한 거대한 사건의 주인공 역할이 여성에게 주어지다니 멋지지 않은가?

조선 시대 남성들이 자유롭게 유람을 다니며 산수풍경을 즐긴 것과는 달리 조선 시대 여성들에게 유람의 자유는 극히 드물었다. 그런데도 새로운 세계에 대한 여성들의 욕망은 강했다. 황진이는 금강산이 천하제일 명산이라면서 유람의 기회를 마련했고, 거상 김만덕은 임금에게 금강산 유람임을 소원이라고 밝힌다. 그뿐만 아니라 김금원 같은 인물은 남장을 하고 홀로 금강산 여행을 하는 당찬 모습을 보여 주었다. 이러한 현실 여성들의 소망이 바로 소설 속 사부인으로 나타난 것이다.

사부인, 남편을 만나기 위해 먼 곳을 돌고 돌다

"내 한림을 위한 마음가짐이 부족하여 가까이 절강에 올 것을 멀리 하남까지 가서 배를 타고 황하 만 리의 동남쪽 억만 리 창파를 지나 18개 외국에 표류하였고, 죽을 고비를 넘기면서 아침저녁으로 운남을 바라고 들어왔다. 그러나 얼마 전까지 여기에 계시던 남편과 임금님께서 내가 오기 전에 이미 떠났으니 이 또한 멀리 떨어져 있어야 함이라. 인생을 기약하여 발이 하늘 멀리까지 다 밟아 영파부 마지막 땅에 들어가면 대사가 어찌 나를 용서해 주지 않겠는가?"

사부인의 여정은 중국 땅으로만 한정되지 않는다. 사부인은 넓은 중국 땅을 벗어나 바다를 건너 현실 세계와는 동떨어진 미지의 세계까지 돌아본다. 그 세계에 사는 존재들은 인간이 아닌 금수의 형상을 했고, 키가 아주 작은 소인이었으며, 하나의 몸에 머리가 셋인 존재들이었다. 이러한 미지의 세계를 사부인이 몸소 경험한 것은 두려운 일이기도 하지만, 사부인이 아니면 결코 경험할 수 없는 일이기도 하다. 중국을 벗어나 중국의 풍속과 다른 새로운 곳을 둘러보고, 이어 마지막 선계까지 나아간 것은 미지에 대한 여성들의 욕구가 매우 컸음을 의미한다.

본래 사부인은 적극적으로 외유하는 성격이 아니었다. 한마디로 사부인은 유교 사회가 낳은 전형적인 아내이자 어머니였다. 그런 사부인이 지도를 완성하기 위해 여행하면서 새로운 자신을 찾게 된다. 여정의 시작은 헤어진 남편과 자식 등 가족을 찾기 위한 것이었지만, 어느새 사부인은 자신이 원하는 것이 인간 세상의 괴로움을 잊고 부처의 세계와 신선의 세계에 머무는 것이었음을 깨닫는다. 현실 세계에서 벗어나고자 한 것이다. 그러나 현실은 사부인의 바람대로 되지 않고 아들의 간청으로 결국 그녀는 현실 세계로 돌아온다. 자식의 간청에 자신의 마음을 접은 것이다.

사부인이 속세에 대한 미련을 두지 않기를 바라다

"내 이미 유가의 도를 지켜 수많은 환란을 겪은 가운데 세속의 인연을 끊지 않고 집으로 돌아왔으니 어찌 다시 향을 피우고 참선을 닦겠는가? 오직 81난으로 도를 닦아 얻은 것을 잃지 않고 속세의 욕심을 버리고자 할 뿐이다."

지도를 완성하고 모든 여정을 끝낸 사부인이 집으로 돌아왔지만, 여전히 그녀는 신선의 모습을 잃지 않는다. 이것은 사부인이 천하를 주유하면서 새로운 존재가 되었다는 증거다. 이러한 사부인의 모습에 전전긍긍한 것은 아들 정철이다. 정철은 부친과 모친이 화합하기를 바랐고, 그가 바라는 모습은 유교 사회의 전형적인 부부 형상이었다. 즉 현실에 순응하는 어머니를 바란 것이다. 그러나 사부인은 유교 이념을 철저히 지키던 여성의 모습으로 돌아갈 생각이 없었고, 오히려 현실의 속박에서 벗어나 인간이 지닌 감정에서 벗어나는 것을 주저하지 않았다. 결국 아들 정철은 신선에서 인간으로 되돌리는 약을 몰래 써서 사부인을 이전의 모습으로 되돌린다. 이후 사부인은 인간의 감정을 되찾기는 하지만, 신선의 모습을 어느 정도는 유지한다. 사부인의 소원을 어느 정도 남겨 둔 것이다.[4]

사부인은 지도를 완성하기 위해 떠나는 길에 함께 다닐 팀을 꾸린다. 그 모습은 『서유기(西遊記)』와 비슷하다. 삼장법사의 모습을 한 사부인, 손오공과 비슷한 원숭이를 닮은 현원, 흰 사슴인 백록 등은 때로는 도술을 부리고 변신하며 어려움을 함께 헤쳐 나간다. 이처럼 사부인은 평범한 존재가 아니다. 평범한 여성이라면 천하 지도를 완성할 수 없다. 그렇기에 자기를 평범하고 나약한 존재에서 점점 성장해

『서유기』의 한 장면(Wikimedia Commons 자료)

나가는 모습으로 바꾼다. 인간의 한계를 벗어난 신선의 모습으로 말이다.

인간 세계로 내려오기 전 신선이었던 사부인은 지도를 완성해 줄 인물을 찾던 옥황상제에게 누구보다 먼저 당당하게 말한다. "첩이 이 소임을 원하옵니다." 사부인은 자신이 명산대천을 보는 것을 소원하며 자신이 천하 지도를 완성할 수 있다고 자신 있게 나선 것이다.

우리가 아는 지도를 만든 인물은 대부분 남성이었다. 그런데 중국과 중국을 넘어선 미지의 세계(물론 조선도 포함된다.)까지 기록할 지도를 완성하는 과업을 남성 인물을 제치고 여성 인물에게 주었다는 것은 어떤 의미일까? 이것은 집 밖, 미지의 세계에 대한 여성의 호기심과 모험심이 간절하게 나타난 결과라고 볼 수 있다. 또한 보수적인 유교 사회에 변화의 바람이 불고 있다는 증거이기도 하다. 우리가 사부인에게 열광할 수 있는 이유는 현실 세계에서 벗어나 새로운 세계로 뛰어들어 자신이 진정으로 원하는 바를 찾아가는 적극적인 모습 때문일 것이다. 조선의 여성들이 작성해 보고 싶었던 것이 세계를 두루 돌아보고 쓸 견문록이었고, 그러한 욕망을 대변해 준 인물이 사부인이다. 사부인이야말로 조선판 콜럼버스가 아니겠는가![5] (임현아)

김씨,
방탕한 남편을 길들이다

한 여자가 스스로 남자의 옷을 입고 비장이 되어 평양에 내려갔다. 그러고는 추월을 혼내 주고, 이춘풍과 같이 허랑방탕한 남편을 데려왔으며, 호조에서 빌린 돈까지 갚았다. 이후 부부 두 사람이 종신토록 해로했다. 이 일을 대강 기록해 후세 사람들에게 전하니, 여자 된 사람은 이 김씨를 본받으라![6]

— 「이춘풍전」

여자들이 본받을 만한 사람이라는 김씨는 과연 어떤 사람일까? 대체 어떤 일을 했기에 여자들의 본보기가 된다는 것인지 궁금해진다. 고전소설 「이춘풍전(李春風傳)」의 주인공인 김씨(金氏)는 정확한 이

놀잇배를 띄우고 즐기는 모습(한국데이터산업진흥원 자료)

름으로 불리지 않고 그저 '김씨'로만 불린다. 그리고 이춘풍(李春風)이라는 못난 남자를 남편으로 두었다.

이춘풍은 본래 서울의 부잣집에서 나고 자랐다. 귀한 외아들이었기에 부모가 죽은 뒤 많은 재산을 물려받았고, 김씨와 혼인도 했다. 그런데 성격이 허랑방탕하기 그지없어 가장으로서 돈벌이는 전혀 하지 않고 술과 여자, 노름에 빠져 지냈다. 특히 기생집에 수없이 드나

들면서 그 많던 유산을 모두 탕진해 버렸다.

　김씨는 돈을 허투루 써 대는 이춘풍에게 이미 여러 번 충고했다. 간절히 달래 보기도 했으나 도무지 듣지 않아 포기했다. 그러다 결국 의식주를 해결하지 못할 정도로 집이 가난해졌다. 덜컥 겁이 난 이춘풍은 그제야 슬그머니 김씨에게 무거운 짐을 맡긴다.

남편에게 각서를 받은 뒤 집안 살림을 일으키다

　사실 김씨는 생활력이 매우 강한 여성이다. 이춘풍과는 달리 두 사람의 먹거리 정도는 충분히 마련할 능력이 있었다. 그래서 이춘풍은 김씨에게 웃지 못할 각서 한 장을 써 준다. "김씨가 살림을 맡은 뒤로 비록 천금의 재물이 생길지라도 이것은 다 김씨의 재물이다. 남편 이춘풍은 일 푼의 돈과 한 알의 곡식도 차지하지 않기로 이와 같이 각서를 쓴다. 이후에 만약 주색잡기를 하면 내가 더럽고 못된 사람의 아들이다."라는 내용으로 말이다.

　조선 시대에 양반가 남성이 여성에게 경제권을 넘겨준다는 것은 상상하기 어려운 일이다. 가부장적인 사회에서 경제권은 전적으로 가장인 남성의 몫이었기 때문이다. 그러나 이춘풍은 돈을 쓸 줄만 알았지 버는 방법을 전혀 몰랐고, 가난하게 살기는 끔찍하게 싫었다. 그래서 먼저 자청해 이러한 각서를 써 주면서 김씨에게 집안 살림을 맡아 달라고 부탁한 것이다.

조선의 걸 크러시

이춘풍의 각서를 받은 김씨는 매우 기뻐한다. 그리고 그날부터 바느질, 옷감 짜기, 염색하기 등의 고된 잡일을 닥치는 대로 다 한다. 사오 년 동안 사계절 내내 쉬지 않고 일한 결과 차근차근 돈을 모았고, 먹을 것과 입을 것이 풍족해졌다. 이춘풍으로 인해 기울어진 집안을 김씨 혼자만의 힘으로 일으킨 것이다.

그런데 어느 정도 살 만해지자 이춘풍의 못된 버릇이 또 도졌다. 철없는 이춘풍은 김씨에게 상의도 하지 않고 무작정 호조(戶曹, 조선 시대에 호적, 세금, 돈, 곡식 등을 관장하던 관청)에 가서 2000냥의 돈을 비싼 이자로 빌렸다. 그리고 평양으로 장사하러 가겠다고 선포하였다. 놀란 김씨가 무릎을 꿇으며 말려도 보고 각서를 들먹이며 가지 말라고도 했지만, 전혀 듣지 않았다. 오히려 이춘풍은 김씨의 머리채를 잡아 때리고는 김씨가 그동안 악착같이 모은 돈 500냥까지 빼앗아 떠나 버렸다. 효력 없는 종잇조각에 불과한 각서만으로는 이춘풍의 허세와 바람기를 잡을 수는 없었던 모양이다.

김씨는 돈을 벌어 오겠다며 큰소리치고 평양으로 떠난 이춘풍을 믿을 수 없었다. 그래도 속는 셈 치고 그가 돈을 불려 돌아오기만을 고대하며 4년을 넘게 기다렸다. 그런데 이게 웬일인가? 제 버릇 개 못 준다고, 이춘풍이 평양에서 제일가는 기생인 추월에게 홀려 모든 돈을 털린 뒤 종살이한다는 소문이 들려왔다. 그야말로 청천벽력 같은 소식이었다.

김씨는 총 2500냥이라는 큰돈을 날린 것도 기가 막혔지만, 무엇보다 기생에게 속아 정신 못 차리는 이춘풍에게 더욱 분통이 터졌다.

한평생을 같이 살아가야 할 남편이 이 모양 이 꼴이라면 자신의 앞날도 깜깜했기 때문이다. 이에 이번에는 남편을 제대로 길들여야겠다고 결심한다. 어떤 복안이 있는 것일까?

관리로 변장해 남편을 두 번 혼쭐내다

평소에 김씨는 뒷집의 김 승지 어머니와 친분을 잘 쌓아 두고 있었다. 그런데 일이 되려고 때마침 김 승지가 평양 감사로 발령받아 평양으로 가게 되었다. 김씨는 얼른 감사 어머니에게 자기 오빠를 감사의 비장으로 삼아 달라고 부탁한다. 비장은 감사를 따라다니며 일을 돕는 말단 관리인데, 감사가 자리에 없을 때는 그의 위세를 등에 업고 큰소리칠 만큼 힘이 있었다.

물론 김씨는 오빠가 없다. 여성인 자신이 비장이 되겠다고 하면 허락하지 않을 듯해 거짓말한 것이다. 그리고 그날 저녁에 남성의 옷을 입어 김씨의 오빠로 행세하고는 감사 어머니와 감사에게 사실을 고백한다. 거짓말한 것을 꾸짖을 줄 알았던 감사 어머니와 감사는 오히려 남편의 버릇을 고치겠다는 김씨의 당찬 포부를 기특하게 생각한다. 그래서 비장 행세를 할 수 있도록 비밀을 지켜 주고 '김양부'라는 이름까지 지어 준다.

이렇게 비장이 된 김씨는 평양에 도착해 추월의 집으로 가 보았다. 그 집에서 목격한 이춘풍의 모습은 가관이었다. 머리는 덥수룩하고,

얼굴은 때가 껴 있었으며, 얼룩덜룩 기운 누더기를 입고 있어 차마 눈 뜨고 볼 수 없을 지경이었다. 김씨는 자기에게는 온갖 위엄을 다 부리며 호령하던 남편이 추월의 하인이 되어 개보다 못한 취급을 받는 모습을 보니, 억장이 무너져 내렸다.

다음 날 김씨는 먼저 이춘풍을 불러 호조의 돈을 5년 가까이 안 갚은 죄를 묻고, 곤장 10여 대를 때렸다. 그리고 추월도 불러 50여 대의 곤장을 치고, 10일 안에 이춘풍에게 5000냥을 갚으라고 명한다. 이춘풍이 추월에게 잃은 2500냥의 두 배나 되는 돈이었다. 결국 이춘풍이 김씨 덕분에 돈을 두 배로 불려 집으로 돌아가게 된 것이다.

그러나 이춘풍은 아내 덕에 큰돈을 얻은 것을 까맣게 모른 채 예전의 방탕한 모습 그대로 집으로 돌아갔다. 그렇게 혼쭐이 났으면 뉘우칠 만도 한데, 서울에 도착하자마자 온갖 거드름을 다 부렸다. 김씨는 이춘풍보다 먼저 집에 돌아와 있었는데, 이춘풍이 자기 능력으로 큰돈을 번 것처럼 거들먹거리는 모습이 우스웠다. 또한 반찬 투정을 하며 다시 평양으로 가겠다는 말까지 내뱉는 것에 기가 막혔다. 그래서 다시 한번 비장으로 변장해 이춘풍 앞에 나타난다.

다시 비장이 된 김씨는 배가 고프다며 이춘풍에게 흰죽을 쑤어 오라고 한다. 이춘풍은 아내가 갑자기 없어졌기에 어쩔 수 없이 직접 죽을 만든다.

부엌 쪽을 내다보니 이춘풍이 죽을 쑤는 모습이 매우 우습고 볼만했다. 한참 뒤에야 이춘풍이 죽을 담아 상을 올리니, 비장이 먹기 싫어

아주 조금 먹는 체하다가 이춘풍에게 상째로 주면서 말했다.

"네가 평양의 추월이 집에서 종살이할 때, 다 깨진 사발에다가 눋은 밥과 국을 부어서 숟가락도 없이 뜰에 서서 되는 대로 먹었었다. 그때를 생각해 이 죽을 다 먹어라."

그러자 이춘풍이 자기 아내가 어디선가 나타나 자기가 죽 먹는 모습을 볼까 해서 여기저기를 곁눈질하면서 재빠르게 죽을 먹었다.

김씨가 이춘풍에게 죽을 건네주면서 하는 말과 이춘풍이 아내가 자신을 볼까 봐 눈치 보며 죽을 먹는 모습이 압권이다. 결국 김씨는 여자의 옷으로 갈아입고 "이 멍청한 양반아! 눈치가 그리도 없으시오?"라고 하며 타박한다. 그리고 자신이 비장이라고 고백한다. 그러자 민망해진 이춘풍은 "사실 자네인 줄 알았는데 어떻게 하는지 보려고 그리한 것이오."라고 받아친다. 끝까지 궁색하게 변명하면서 알량한 자존심을 부리는 것이다. 그래도 이춘풍은 다행히 이 사건을 계기로 잘못을 완전히 뉘우치고 방탕한 생활을 청산한다.

이처럼 김씨는 무능하고 허위에 찬 남편을 직접적으로 질책하거나 남편과 헤어지는 길을 택하지 않았다. 그보다는 슬기롭게 계획을 세워 남편 스스로 깨우치도록 유도했다. 그 이유가 남편을 진정으로 사랑해서인지, 한 남자와만 혼인해야 하는 풍조를 의식해서인지 정확히 알 수는 없다. 그러나 아무리 뛰어난 능력을 갖춘 김씨라고 하더라도 여자 혼자 자립해 살아가는 일이 불가능한 사회였던 것만은 분명하다. 그렇기에 김씨는 자신에게 주어진 현실 안에서 나름의 타개책을

조선의 길 크러시

찾은 것이다.

호조에서 빌린 돈을 모두 갚고, 노비와 토지를 사서 풍족하게 살아갔다는 결말은 모두 유능한 김씨 덕분이다. 특히 무너진 집안을 일으켰다는 사실보다 남편의 성격을 영리한 방법으로 개조한 김씨의 지혜와 활약이 돋보인다. 이런 점에서 조선에 거주하던 일본인들이 1895년에 창간한 신문인 《한성신보(漢城新報)》에서 이 작품의 제목을 「남준여걸(男蠢女傑)」로 바꾸어 1896년 9월 28일부터 10월 22일까지 연재한 것은 의미심장하다.[7] '남자 벌레'와 '여자 호걸'이라니! 일본인들의 눈에도 이춘풍은 벌레만도 못한 남자로, 김씨는 멋진 여장부로 비쳤나 보다.[8] (이후남)

강남홍,
조선 여성들의 '워너비'

"제가 비록 관상 보는 사람만큼의 안목은 없지만, 이 시대 최고의 인
물이라는 걸 알겠습니다. 그래서 이 한 몸 의탁하여 천한 이름을 씻
어 볼까 합니다."[9]

— 남영로, 「옥루몽」

요즘 여성들은 자신들이 바라는 이상형을 두고 '워너비(wannabe)'
라는 표현을 쓴다. 유명인을 동경하고 그들과 같은 사람이 되고 싶다
는 현대의 워너비는 고전소설에서도 다양한 캐릭터를 통해 드러난다.
그들은 미모와 자색이 뛰어난 숙녀로, 법도와 예절을 굳게 지키는 절
개 있는 여자로, 혹은 전투에 능한 이민족 여성으로 표현되기도 한다.

조선의 걸 크러시

남영로(南永魯, 1810년~1858년)가 쓴 한문 소설 「옥루몽(玉樓夢)」에는 조선 시대의 귀감이 될 만한 숙녀부터 시작해 미모와 자색을 지녔으나 투기가 심한 여성, 자색과 무예가 뛰어난 이민족 여성, 각기 다른 개성을 지닌 교방 기녀 등이 등장한다. 이 여성들은 미모를, 우아한 성품을, 여성의 한계를 뛰어넘는 특출한 능력을 보여 준다. 그런데 이러한 여성들을 뛰어넘는 여성이 있으니, 바로 소설 속 여성 주인공 강남홍(江南紅)이다. 강남홍은 영특함과 출중한 재능으로 자신의 인생을 바꾼 여성이다. 그녀는 양창곡(楊昌曲)을 최고의 인물로 점찍고 자신의 한 몸을 그에게 의탁해 신분 상승을 꿈꾼다.

　강남홍은 미천한 교방 기녀다. 그러한 그녀가 자기 인생을 바꾸기 위해 가장 먼저 한 일은 자신의 욕망을 실현해 줄 인재를 찾는 일이었다. 자신의 신분을 알고서도 존중해 주고 지기가 될 수 있는 남자를 찾기 위해 강남홍은 시 짓는 재주를 시험해 양창곡이라는 최고의 인물을 발굴한다. 그런데 강남홍이 찾은 인재는 아직은 보잘것없는 평범한 서생이었다. 평범한 서생이 어떻게 강남홍의 신분을 바꾸어 줄 수 있을까? 강남홍은 먼저 양창곡을 신분이 높은 숙녀와 맺어 준다. 자신의 처지로는 양창곡의 사회적 위치를 바꾸어 줄 수 없기 때문이다. 그렇다고 강남홍이 양창곡에게만 의지해 신분 상승을 꿈꾼 것은 절대 아니었다. 강남홍은 정절을 위협받는 상황에서 죽음을 각오할 정도의 당찬 모습에 더해 영웅의 기상까지 갖추어 나갔다. 이러한 강남홍의 영웅성은 양창곡의 인생을 바꾸어 놓는 힘이 된다. 양창곡이 최고의 인물임을 알아보고 그를 국가적 영웅으로 바꾸어 놓은 것 또한 강남홍의 힘이었다.

여성에게 금기시되던 투기를 과감하게 부리다

"세상에 믿기 어려운 것은 적국의 간인이군요. 제가 벽성선과 다 같은 기방의 천한 출신이라 지기로 교유하면서 고귀한 문중에 들어온 이래 조금도 투기하는 마음이 없었습니다. 그런데 오늘 벽성선이 자기 솜씨를 스스로 자랑하여 상공의 뜻에 부합하면서 저를 무안하게 만들 줄 어찌 생각했겠습니까?"

강남홍은 조선 시대 여성들에게 금기시되었던 투기를 과감히 부린다. 조선 시대 여성들의 미덕은 부모를 봉양하고 남편의 말에 순종하는 것이었지만, 강남홍은 할 말은 하고 사는 당찬 여성이었다. 신분이 낮은 강남홍은 양창곡 주변의 여성 중 하나인 벽성선이 음식 솜씨로 양창곡의 마음을 사로잡으려고 한다고 에둘러 타이른다. 그런데 강남홍의 투기하는 말을 아무도 막지 않는다. 이미 그녀는 가정의 대소사를 결정하는 주도권을 쥐었고, 양창곡과 그의 아버지가 강남홍의 투지와 대찬 성격을 인정해 그녀와 의기투합했기 때문이다. 그러나 강남홍은 집안의 다른 여성들을 무시하지 않고 여러 여성과 경쟁이 아닌 상호 존중의 유대로써 지기가 된다. 여성들 사이에서 경쟁과 암투 없이 우위에 설 방법은 여성들의 선망과 존경을 받을 수 있는 리더십을 발휘하는 것이다.

강남홍은 한마디로 '슈퍼 우먼(super woman)'이다. 강남홍은 양창곡을 만나 신분이 상승하고, 이후 모든 사람의 믿음 속에서 각종 활약을 펼친다. 그러나 그 기회는 양창곡이 준 것일까? 강남홍은 스스로 신분 상승의 기회를 잡았을 뿐만 아니라, 그 누구도 기생 출신이라는 그녀의 신분을 가지고 왈가왈부하지 않는다. 자신이 바라는 가장 높은 위치에 도달한 것은 강남홍 그 자신의 노력 덕택이었다. 게다가 강남홍은 여성 간의 유대가 무엇인지 확실히 보여 준다.

양창곡에게 윤 소저를 천거한 강남홍의 진심

"내 이미 윤 자사님의 따님을 그분께 천거했지. 공자께서는 신의가 있는 남자라, 아마도 그 말을 잊지 않으셨을 것이다. 그렇다면 윤 소저는 나와 평생 괴로움과 즐거움을 함께할 뿐이다. 내 어찌 먼저 두터운 정을 붙이지 않겠는가?"

강남홍은 양창곡에게 윤 소저라는 다른 여성을 천거한다. 물론 그 밑바탕에는 양창곡이 자신을 배신하지 않고 끝까지 함께 갈 것이라는 믿음이 깔려 있다. 시대적으로, 그리고 사회적 분위기로 볼 때 미모와 능력이 뛰어난 강남홍일지라도 양창곡을 독점할 수는 없다. 그래서 강남홍은 자신이 함께할 사람을 직접 선택하는 과감한 모습을

하늘을 나는 듯 검을 휘두르는 여성(한국데이터산업진흥원 자료)

보여 주기도 한다. 자신의 신분 자체를 바꿀 수 없는 상황에서 강남
홍은 최선의 선택을 한 것이다. 현대적 관점에서는 이해할 수 없는 행
동이지만, 오히려 조선 시대에는 이러한 모습이 더 자연스럽게 받아
들여졌을 것이다.

　강남홍의 강한 리더십은 전쟁을 승리로 이끌어 가던 장군의 모습
에서만 나타나는 것이 아니라, 주변 사람들을 하나로 모으는 것에서
빛을 발한다.[10] 즉 이미 힘과 권력을 갖춘 강남홍에게 사람들이 모이
는 것은 힘과 지위에 굴복해서가 아니라 그녀를 좋아하고 존경하는
마음을 가졌기 때문이다. 이러한 것들이 바로 강남홍의 권력을 상징

　　　　　　　　　　조선의 걸 크러시

한다. 일례로 강남홍은 투기로 양창곡의 집안을 어지럽히던 양창곡의 또 다른 처 황 소저와 대면하는 자리를 갖는다. 황 소저는 이전에 자신이 잘못한 일이 컸기 때문에 강남홍을 만나는 것을 매우 부끄러워했다. 그러나 강남홍은 황 소저의 잘못을 들추기보다 오히려 여성이 투기하는 것은 자연스러운 일이라고 말한다. 그러나 투기로 인해 저질렀던 나쁜 행동들이 잘못된 일임을 알고 후회하는 것이 더 어려운 일이라면서 황 소저의 마음을 이해하고 위로한다. 강남홍은 상대방의 마음을 움직일 줄 알았고, 오히려 자신을 낮추어 겸손한 모습을 보이기까지 한다.

강남홍은 고금을 막론하고 모든 여성이 흠모하고 따르기를 바랄 만한 여성이다. 사람의 됨됨이와 능력을 알아볼 줄 아니 남녀노소를 가리지 않고 모두 강남홍의 화통함과 시원하고 적극적인 행보에 눈길이 갈 테니 말이다. 그러나 그런 강남홍에게도 감추고 싶은 여린 부분은 있다.

"나는 일개 여자로 부모도 친척도 없는 신세다. 살고 죽는 일, 영광과 욕됨이 전적으로 이분에게 달려 있다. 구구하게 살기를 바라면서 지금까지 온 것도 죽는 게 두려워서가 아니라 이분을 위해서 그렇게 했던 것이다."

강남홍이 높은 위치에 오르고 사람들의 중심에 설 수 있었던 것은 바로 양창곡 없이는 그 무엇도 해내기 어렵다는 자신의 처지를 분명하게 알았기 때문이다. 그런데도 그녀가 보여 준 꺾이지 않는 의지와 적극적인 노력, 사랑하는 사람과의 낭만적인 로맨스, 신분에 굴하지 않고 모든 사람 앞에서 당당히 주도권을 쥐는 모습은 조선의 여성들이라면 한 번쯤은 꿈꾸어 보았을 만한 모습이다.[11] (임현아)

조선의 걸 크러시

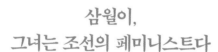

삼월이,
그녀는 조선의 페미니스트다

매 같은 성미로 눈썹을 그리고
매달아 놓은 목을 앞에 두고 뺨을 후려친다
부서진 삼간초옥도 침탈을 금하거늘
감히 구중궁궐을 엿보려 하다니![12]

— 조수삼, 『추재기이』

탁월한 이야기꾼의 시선을 사로잡은 여성들!

조선 후기 한 문인의 이목을 끌었던 여성들의 이야기다. 그 문인은 당대 최고의 시인이었다. 추사(秋史) 김정희(金正喜, 1786년~1856년)에게 극찬받기도 했고, 사신을 보좌하며 무려 여섯 번이나 중국을 다녀오기도 했다. 그러나 신분이 중인이어서 그랬을까? 그는 벼슬과는 거리가 멀었다. 바로 조수삼이다. 조수삼은 말년에 손자를 불러 놓고는 한양의 주옥같은 이야기들을 풀어냈다. 손자가 필사한 조수삼의 구술 자료를 모아 놓은 문헌이 『추재기이』다. 그냥 이야기가 아니다. 그저 평범한 자들 혹은 '마이너리티(minority)'들의 극적인 이야기가 모여 있다. 그중에서도 개성 있는 여성들의 서사가 눈에 띈다.

한 남자를 위해 의리를 지켰으며 무덤가에서 술과 노래로 기이하게 그를 추모했던 기생 한섬(寒蟾), 사랑하는 사람이 죄를 지어 죽게되었을 때 먼저 자결했던 기생 금성월(錦城月) 등이 조수삼의 시선을 사로잡았다. 몇 년 동안 병들어 누워 있다가 조금 나아지자 욕조로 들어가 목욕하다가 물고기가 되어 버렸다는 다소 황당한 할미 이야기, 송도의 도둑이 죄를 지어 죽을 위기에 처했을 때 시를 너무나 잘 짓는 아내 덕분에 살아난 이야기 등은 무척이나 흥미롭다.

물구나무서서 다니는 여성

직업이 삯바느질이었던 여자의 이야기다. 무슨 삯바느질이 직업이냐 하고 생각하겠지만, 말 그대로 삯, 즉 수당을 받는 바느질이다. 단순히 뜯긴 옷을 꿰매는 수준이 아니다. 조선 시대의 바느질은 수공업의 한 분야로 큰 시장을 형성했다. 바느질 최고 전문가를 침선장(針線匠)이라고 불렀고, 여유 있는 집이라면 바느질을 전담하는 여종인 침선비(針線婢)를 두기도 했다. 침선비를 둘 형편이 못 되면 세탁소와 옷 수선하는 집의 기능을 합쳐 놓은 침가(針家)를 이용하기도 했다.[13] 따라서 삯을 받으며 바느질하는 사람은 이 분야에서 전문가로 인정받는 사람이다. 그런데 지금 우리가 소환하는 삯바느질 전문가는 장애인이다. 그것도 열 손가락이 모두 붙어 버린 합지증을 앓는 여성이다. 손가락이 없는데 어떻게 바느질을 할 수 있었을까?

한 여자가 있는데 손가락이 모두 달라붙어 물건을 잡지 못했다. 반면 발가락은 가늘고 길어 바느질하거나 절구질하고 다듬이질할 때 편리하였다. 걸을 때는 손바닥을 짚신에 넣어 거꾸로 서서 비틀비틀 길을 걸었다. 밤이면 심지를 돋우고 삯바느질을 하여 생계를 꾸려 갔다.

물구나무를 서서 다닌다고 해서 그녀를 도행녀(倒行女)로 불렀다. 합지증이라는 장애에도 불구하고 도행녀에게는 가늘고 긴 발가락이 있었다. 도행녀는 발가락으로 못 하는 것이 없었다. 곡식을 빻거나 찧는 절구질은 물론이고 옷이나 옷감 따위를 방망이로 두드려 펴는 다듬이질까지 능숙했다. 더욱 놀라운 것은 바느질 전문가라는 사실이다. 가는 바늘을 발가락으로 잡고 가는 실을 좁은 바늘구멍 안으로 넣어 꿰매는 일을 직업으로 삼을 만큼 잘했다.
도행녀는 장애로 인해 집안에 틀어박히지 않았고 공개적으로 활

절구질하는 여성들(국립 기메 동양 박물관 소장)

동했다. 가장 중요한 신체 부위 중 하나인 발가락을 보호하기 위해서
였을까? 무슨 이유인지는 모르겠지만, 도행녀는 물구나무를 선 채 당
당하게 사회생활을 해 나갔다. 주변의 시선에 신경을 썼으면 불가능
한 일이다. 조선 시대 기록에 남아 있는 여성 중에 오롯이 자신의 의
지와 노력으로 장애를 극복한 유일한 여성인 듯하다. 도행녀는 손가
락을 사용할 수 없었지만, 좌절하거나 포기하지 않았다. 발가락이 있

었기 때문이다. 조수삼은 도행녀의 발가락을 "생강처럼 가늘고 가늘다네."라고 표현했다. 미인의 아름다운 손을 섬섬옥수(纖纖玉手)로 부르듯이 도행녀에게 장애를 극복하게 해 준 발가락은 '섬섬옥족(纖纖玉足)'으로 불러야 하지 않을까?

효수된 역적의 뺨을 때리다!

조선에 페미니스트가 있었을까? 한 명만 꼽으라고 하면 단연 삼월(三月)이를 선택할 것이다. 삼월이는 허난설헌이나 김금원처럼 시와 문장으로 이름을 떨친 여성이 아니며, 사주당 이씨처럼 학문적 명성을 날린 여성도 아니다. 그렇다고 여성임을 숨겨 남성의 모습으로 캐릭터화되었던 여성 영웅소설 속 주인공도 아니었다. 그런데 삼월이가 살았던 당대의 한양에서 대중이 불렀던 노래에는 "처녀인데 남편이 많다는/ 동구 밖 삼월이"라는 가사가 있었다고 전해진다. 흥얼거리는 노랫말에 나온다는 것은 대중에게 매우 유명한 여성이었다는 것이다.

삼월이는 나이가 오십인데 늘 처녀처럼 치장하고서 떡과 엿을 팔아지분을 사서 아침저녁 화장품을 장만했다. 온 세상 남자가 다 제 남편이었기 때문이다.

50세인데 처녀였다. 이런 경우 노처녀로 부른다. 그런데 항상 화장을 하고 다녔다. 그것도 혼인하지 않은 처녀처럼 말이다. 유장원(柳長源, 1724년~1796년)이 1783년에 초고를 완성한 『상변통고(常變通攷)』는 조선 후기의 가장 대표적인 예서 중의 하나다. 이 문헌에는 여자들이 14세에서 20세 사이에 혼인한다고 나와 있다. 따라서 당시 여자들은 조금 늦더라도 40세를 전후해 손자를 보았음이 틀림없다. 즉 40세 무렵은 할머니가 되는 나이다. 삼월이는 몇 년 더 있으면 증손자를 볼 나이라는 것이다.

특히 이옥의 「동상기」에는 1790년대의 한양에서 가장 어려운 것 세 가지가 등장하는데, 그중 하나가 바로 노처녀의 혼인이다. 나이가 많은 것이 아니라 경제적으로 어려운 것이 주된 이유였다. 그런데 삼월이는 달랐다. 손자를 볼 나이가 훨씬 지났는데도 혼인할 생각은 아예 없었고, 사치품 중 하나였던 화장품을 마음껏 구매해 치장했다. 꾸미기에 진심이었다. 노처녀였는데도 그 누구에게도 구속받지 않고 화려하게 치장하며 당당하게 살 수 있었던 이유는 나름대로 경제적 기반이 있었기 때문이다.

삼월이는 자영업을 하고 있었다. 삼월이가 만들어 파는 것은 떡과 엿이었다. 배고픔을 해결하기 위한 음식이 아니라 군것질거리로 보이는 간편식을 다루는 자영업을 했던 것이다. 이 세상 남자들이 모두 나의 남편감이라고 당당하게 외치고 자신감 있게 살았다. 개성적이면서도 당돌한 삼월이의 성격을 극명하게 보여 주는 일화가 있다.

언젠가 술에 취해 역적의 목을 잘라 매달아 놓은 곳을 지나다가 손으로 그 뺨을 치면서 말하였다.

"세 칸짜리 초가집일지라도 침탈을 금하는 법이 있거늘 구중궁궐이야 말해 무엇하겠느냐? 네놈은 도적이라기보다는 진짜 바보다!"

굉장히 그로테스크한 장면이다. 조선 시대, 그것도 한양 한복판에서 한껏 멋을 낸 노처녀가 대낮에 술에 취해 저잣거리를 활보하는 장면도 특이하거니와, 국가에 반역을 꾀한 역적의 잘린 머리 앞에서 그 뺨을 후려치는 모습은 자못 기괴하다. 가부장의 말을 잘 듣는 착한 딸인 요조숙녀나 요리와 바느질, 옷감 만들기, 남편 내조, 자식을 돌보는 현모양처의 모습은 전혀 찾아볼 수 없다.

그저 자유로운 영혼으로 술 한잔 걸치고 당당하게 거리를 돌아다니며 모든 남성을 내려다보고 "까불지 마라. 잘나 봐야 너희는 모두 내 남편감 정도지."라고 외치기도 하고, 흉측하게 잘려서 내걸린 역적의 머리 앞에서 뺨을 때리는 여성의 모습은 분명 조선 시대의 여성상을 뛰어넘고 있다. 삼월이는 스스로 만든 사회적·경제적 기반을 바탕으로 당당하게 살아가는 노처녀였다. 그녀는 가부장제라는 유교적 이데올로기를 조롱하고 손바닥으로 세게 후려친 것이다. 삼월이는 조선의 페미니스트다! (강문종)

우하형의 후처,
내조의 여왕

"내가 대략 글자를 볼 줄 아는데 조보의 정사(政事)를 보는 게 재미있대요. 우리 고을에 오는 조보를 좀 빌려다 주세요."[14]

— 노명흠, 『동패낙송』

조보(朝報)란 국가에서 발행한 신문으로, 정치 소식 및 인사 발령 등 조정과 관리들의 소식을 알렸다. 이러한 조보는 지방 관리 및 중앙 정치에 관심이 있는 사람들에게는 매우 중요한 정보를 제공한다. 따라서 사람들은 관에서 이를 빌려 보기도 하고 필사해 소장하기도 했다. 그런데 조정의 정치 상황과 주요 인사 동정에 큰 관심을 가진 여성이 있었다. 그녀는 누구였을까!?

조선의 걸 크러시

조보(국립중앙박물관 소장)

　황해도 평산에 우하형(禹夏亨)이라는 사람이 있었다. 우하형은 가난
한 무관으로 평안도 압록강변의 어느 고을에서 근무하다가 관아에
소속되어 잡역을 하던 한 여자와 함께 살게 되었다. 사실 우하형은
그녀에게 기대하는 바가 없었다. 객지에 머무는 고단한 신세였기 때
문에 소소한 잡일을 부탁하고자 했다. 그러나 그녀의 생각은 달랐다.
소소한 가사들은 기본으로 하되 무언가 우하형을 위해 좀 더 중요한
일을 찾고 싶어 했다. 우선 여성은 우하형을 위해 의식주를 꼼꼼하게
챙기면서 그를 극진하게 대접했다. 이후 우하형이 임기가 끝나 떠나게
되자 좋지 못한 형편으로 인해 자존감이 떨어질 대로 떨어진 그에게
사회적 지위 상승에 대한 욕망을 자극한다. 그리고 그녀는 우하형에
게 자신의 인생을 건다.

높은 안목으로 훗날을 도모하다

"제가 선달님의 관상을 보니 결코 출세하지 못할 분이 아닙니다. 나중에 무관 한자리는 충분히 얻을 것입니다. 제가 평생 노력하여 모아 놓은 은자 600냥으로 말과 의복을 마련해 상경한 후 일을 도모해 보세요."

그녀는 뛰어난 감각으로 우하형의 잠재력을 알아차렸고, 그녀가 가진 모든 경제력을 동원해 지원했으며, 우하형이 새로운 일을 할 수 있다고 격려하며 그의 자존감을 높였다. 당장은 아니더라도 훗날의 성공 가능성을 점쳐 자신의 모든 것을 내건 것이다. 여성은 우하형과 정식으로 혼인한 것이 아니어서 당장 그와 함께할 수도 없다는 것도, 천한 신분으로 수절하며 혼자 살기도 어렵다는 것을 알고 있었다. 그러므로 어쩔 수 없더라도 솔직하게 자신은 일시적으로 다른 사람에게 몸을 의탁할 것이고, 우하형이 돌아오면 당장 달려갈 것이라고 말한다. 우하형은 여성의 의기가 높고 사리 판단이 밝은 것에 감동하는 한편, 서글픈 마음으로 훗날을 기약하며 떠났다.

그녀는 경영에 뛰어난 능력이 있었다. 우하형과의 훗날을 위해 당장 의지할 곳이 필요했고, 이를 위해 홀아비로 지내는 장교를 선택했다. 이 장교 역시 그녀의 현명함을 알고 후처로 삼고 싶어 했다. 여성은 장교 집안의 재산 현황을 꼼꼼하게 정리해 장부를 작성한 다음 자신의 경영 능력을 발휘하니 장교 집안의 재산은 날로 늘었으며, 이에 장교는 더욱 그녀를 신뢰했다.

어느 날 그녀는 장교에게 조보를 빌려 와 달라고 부탁했고, 이에 장교는 조보가 오는 대로 빌려다가 보여 주었다. 그녀는 정부의 인사 동정을 꼼꼼하게 관찰했는데, 몇 년이 지나지 않아 조보의 인사 발령 란에서 우하형의 이름과 그가 지방관으로 나간다는 소식을 발견할 수 있었다. 그녀가 기다리던 소식이 마침내 조보에 실린 것이다.

제 몫을 다한 후 떠나기를 고하다

"제가 7년 동안 당신의 아내로 이 집 재산을 관리했습니다. 표주박 하나 사발 하나라도 본래 있던 수보다 줄어들지 않았으니 부끄러운 일이 없습니다. 하나가 둘이 되고 둘이 셋이 되고 다섯이 열이 되어 모두 예전보다 늘어났으니 제가 할 일을 모두 다 한 셈입니다. 이제 떠나는 제 마음도 가볍습니다."

그녀는 장교에게 애초부터 오랫동안 같이 살 생각이 없었음을 밝히고 작별을 고한다. 또한 자신이 처음 살림을 맡으며 받았던 문서와 현재 재산 장부를 비교하면서 자신이 살림을 맡은 후 재산이 늘었음을 확인시켰다. 그녀는 자신을 보호해 준 장교에게 은혜를 갚았다는 생각에 흐뭇하고 당당한 마음으로 떠날 수 있었다. 또한 자신이 장교를 위해 한 일을 조목조목 나열하면서 7년간 자신이 허투루 시간을 보내지 않았음을 확인시켰다. 어찌 보면 그녀의 행동은 참으로 냉정하다. 그러나 처음부터 그녀는 이러한 앞날을 계획했고, 우하형이 떠난 뒤에도 자기 삶이 흔들리지 않게 단단히 붙들어 놓은 것이다.

그녀는 장교와 작별하고 우하형을 찾아갔다. 이때 우하형은 아내가 죽어 혼자였으므로 그녀를 아내로 맞아들이니 그녀는 정실의 권한을 받게 되었다. 그녀는 경제적 능력뿐만 아니라 뛰어난 정치적 감각도 갖고 있었다. 이후에도 우하형이 구해 오는 조보를 통해 중앙 조정의 권력 흐름을 꿰뚫었다. 따라서 우하형이 장차 높은 벼슬에 오를 관원과 미리 친분을 쌓도록 하니, 이후에 높은 벼슬을 맡은 관리는 우하형을 극진히 대접하기에 이르렀다. 그녀의 선견지명으로 인해 관리로서 우하형의 미래는 탄탄해져 그 관직이 절도사에 이르렀다.

그녀, 후회 없는 삶을 살다

"영감께서 시골 무인으로 절도사 지위에 오르셨고, 일흔 살 가까이 수를 누리셨습니다. 그러니 유감이 없으실 것이요, 자제들 또한 지나치게 슬퍼할 일은 없지요. 나로 말하자면 여자가 지아비를 섬김에 여러 해 동안 벼슬길을 도와 높은 지위에 오르게 했으니 나의 본분은 다한 셈입니다. 그러니 또 무엇이 슬프겠습니까?"

세월이 흘러 우하형이 생애를 마치자, 그녀는 우하형의 아들을 위로한다. 우하형의 인생도 자신의 인생도 모두 만족스러웠다고, 우하형을 위해 자신이 할 수 있는 모든 일을 해냈다고 말한다. 그녀는 초상을 치른 지 얼마 되지 않아 창고의 재물과 장부를 며느리에게 넘긴 후 방에 들어가 문을 잠그고는 곡기를 끊고 숨을 거두었다.

그녀의 삶과는 달리 우하형이 성공하기까지 어떤 노력을 하고 치열한 삶을 살았는지 그 과정은 나오지 않는다. 다만 우하형과 그녀의 대화를 통해 우하형이 성공 지향적 인물이 아닌 것을 짐작할 수 있다. 우하형이 그녀에게 바란 것은 자신의 빨래를 해 주고 바느질할 평범한 여성들이 해 줄 법한 일들이었다. 그러나 그녀는 조보를 통해 소식만으로도 앞을 내다볼 줄 아는 혜안을 가진 여성이었고, 우하형의 자존심을 높여 주어 그를 성공의 길로 들어서게 했다.

남자는 여자 하기 나름이라고 했던가? 지금은 많은 여성이 자신의 성공을 위해 힘껏 노력한다. 그러나 여성의 사회 진출이 금기시되고 남성들만의 세계에 여성이 설 자리가 없던 시절에도 뒤에서 남성의 성공을 이끈 것은 바로 여성들이었다. 우하형이 이 여성을 만나지 못했더라면 그는 그저 그런 평범한 인생을 살았거나 패배자의 삶을 살아갔을지도 모른다. 여성으의 기본 자질과 사람을 알아볼 줄 아는 식견, 경영 능력 및 정치적 감각을 두루 갖춘 우하형의 후처는 자신에게 주어진 불리한 상황에서도 최고의 선택으로 최고의 결과를 만들어 냈다. 실로 스스로 자아를 실현한 내조의 여왕이었다. (임현아)

| 주 |

1부 복수자들

1 이 글에 인용된 「현씨양웅쌍린기」의 번역은 다음 교주본을 참고했다. 이윤석·
   이다원 교주, 『현씨양웅쌍린기』 I~II(경인문화사, 2006). 이 책은 연세대학교에 소
   장된 한글 필사본 24권 24책을 대본으로 삼았다.

2 안승준 소장 19세기 필사본 『민원문서 사례집』에 실린 「박명첩원정소지」의 번
   역은 다음 책을 참고했다. 한국학중앙연구원 장서각, 『옛사람들의 사랑과 치
   정』(한국학중앙연구원, 2017).

3 유정기와 신태영의 사건은 다음 책을 참고했다. 한국학중앙연구원 장서각, 『옛
   사람들의 사랑과 치정』(한국학중앙연구원, 2017), 170쪽. 그 외에 『숙종실록』 30년

(1704) 11월 14일, 39년(1713) 4월 27일, 5월 7일, 14일, 18일, 21일, 26일의 기사를 참고했으며, 한국학중앙연구원 장서각에 소장된, 민진원(閔鎭遠, 1664년 ~1736년)의『민문충공주의(閔文忠公奏義)』(1757)도 참고했다.

4 은애 이야기를 대상으로 한 서술의 계보는 홍성남,「〈銀愛傳〉 硏究」,《시민인문학》, 35(2018)에 자세히 규명되어 있다.

5 이 글의 인용문은 모두 다음 책을 참고했다. 박희병·정길수 편역,『조선의 야담』2(돌베개, 2018).

6 완판본「유충렬전」의 원문을 필자가 현대어로 바꾸었다.

7 인명 살인에 관한 자세한 사항은 김지·고사경 직해, 정도전·당성 감수,『대명률직해: 조선시대 범죄와 형벌의 근간』, 조지만 역해(아카넷, 2020) 참조.

2부 영웅의 기상

1 송사 김화진이 소년 시절, 포교로 다니던 사람에게 들었다고 술회했다고 한다. 이에 관해서는 김형중,「조선시대 다모의 실체에 관한 小考」,《한국공안행정학회보》, 59(2015) 참조.

2 방관주와 영혜빙에 관한 이 글은 한국학중앙연구원 장서각에 소장된『가심쌍완기봉』을 포함해 다음 책들을 참고했다. 朴鍾洙 엮음,「방한임젼(方翰林傳)」,『羅孫本 筆寫本古小說資料叢書』11(保景文化社, 1991); 정병헌·이유경 엮음,『한국의 여성영웅소설』(태학사, 2012).

3 윤희순의 시들은 다음 책들을 참고했다. 江原道 엮음,『朝鮮時代江原女性詩文

集』(江原道, 1998); 박한설 엮음, 『외당선생삼세록』(강원일보사, 1983).

4 윤희순과 관련된 내용은 다음의 책과 신문 기사를 참고했다. 박무영·김경미·
조혜란, 『조선의 여성들, 부자유한 시대에 너무나 비범했던』(돌베개, 2004); "민
족학교 세워 抗日정신 교육", 《강원도민일보》, 2002년 7월 30일 자, 7면; "軍
자금 모아 병기 구입 抗日 훈련", 《강원도민일보》, 2002년 8월 9일 자, 13면;
2002년 7월 30일 자, 7면; "抗日투쟁 魂 곳곳서 '부활'", 《강원도민일보》, 2002년
8월 16일 자, 13면; ""시국을 좇아 오륜을 알라" 유훈", 《강원도민일보》, 2003년
8월 27일 자, 12면.

5 『뎡수정전』(54장본), 한국학중앙연구원 소장본.

6 임현아, 「「정수정전」에 나타난 성 역할 인식의 변화 고찰」, 《藏書閣》, 33(2015).

7 이 글에 인용된 『일사유사』의 번역은 다음 책을 참고했다. 장지연, 『조선의 숨
은 고수들: 장지연의 『일사유사』』, 김석희 외 옮김(청동거울, 2019).

3부 쓰고 노래하다

1 이 글에 인용된 「호동서락기」의 번역은 다음 책을 참고했다. 江原道 엮음, 『朝
鮮時代江原女性詩文集』(江原道, 1998).

2 이 글의 인용문들은 작자 미상의 야담집 『좌계부담(左溪裒談)』에 실린 것으로,
번역은 다음 책을 참고했다. 이우성·임형택 편역, 『이조한문단편집』 1(창비,
2018).

3 이 글은 다음 책을 참고했다. 金氏夫人, 『浩然齋遺稿』, 宋昌準 옮김(鄕志文化

社, 1995).

4 『호연재유고(浩然齋遺稿)』에 실린 「둘째 오빠에게 편지를 보내 쌀을 꾸다(簡仲氏 乞米, 둙시긔 편지ᄒ여 ᄡᆞᆯ을 비다)」라는 시로, 번역은 다음 책을 참고했다. 김호연재, 「오라버님, 쌀 좀 보내 주세요」, 강혜선 엮음, 『한시 러브레터』(북멘토, 2015).

5 한국문중문화연구원, 『시대를 앞서간 여성시인, 김호연재의 선비적 삶과 정신』 (대전광역시 한국문중문화연구원, 2019).

6 민찬, 『김호연재의 한시 세계』(다운샘, 2005).

7 성민경, 「자기 치유적 글쓰기 관점에서 본 김호연재의 『自警編』」, 《漢文學論集》 53(2019).

8 『浩然齋遺稿』, 「自警編」.

9 그 외에 이 글은 다음 책과 논문들을 참고했다. 이숙인, 『또 하나의 조선: 시대의 틈에서 '나'로 존재했던 52명의 여자들』(한겨레출판, 2021); 정해은, 『조선의 여성, 역사가 다시 말하다: 조선시대 여성들의 안과 밖, 그 천의 개성을 읽는다』(너머북스, 2011); 허경진, 『사대부 소대헌·호연재 부부의 한평생』(푸른역사, 2003); 문희순, 「同春堂 宋浚吉家의 여성문학 전통과 문화사적 의의: 김호연재와 청송심씨를 중심으로」, 《한국시가문화연구》 32(2013).

10 이 글은 다음 책과 논문을 참고했다. 임치균·부유섭·강문종 역주, 『기각한필: 조선 사대부 여성 기각의 한시집』(한국학중앙연구원출판부, 2015); 부유섭·강문종, 「『綺閣閒筆』 硏究」, 『고전문학연구』 32(2007).

11 이 글은 허균의 문집인 『성소부부고(惺所覆瓿藁)』 제2권 시부 2에 실려 있다. 번역은 '한국고전종합DB'를 참고했다.

12 이매창의 시는 다음 책들을 참고했다. 朴孝寬·安玟英, 『歌曲源流』(國立國樂院,

1981); 辛夕汀,『對譯 槑牕詩集』(浪州梅窓詩集刊行會, 1958).

13 『매창집』에는 58수의 시가 실려 있는데, 그중 「윤공비(尹公碑)」는 허균의 친구 이원형(李元衡)이 지은 시임이 최근에야 밝혀졌다.

14 그 외에 이매창에 관련된 내용은 다음 책들을 참고했다. 김민성 엮음,『梅窓全集: 李梅窓의 文學과 人生』(부안문화원, 2001); 김준형,『이매창 평전: 시와 사랑으로 세상을 품은 조선의 기생』(한겨레출판, 2013); 閔丙燾 엮음,『朝鮮歷代女流文集』(乙酉文化社, 1950); 정해은,『조선의 여성, 역사가 다시 말하다』, 211~217쪽. 유희경의『촌은집(村隱集)』과『태종실록』10년(1410) 6월 25일 기사도 참고했다.

15 『묵재일기』의 내용은 다음 책을 참고했다. 이문건,『역주 묵재일기』 1~4, 김인규 옮김(민속원, 2018).

16 김찬웅,『선비의 육아를 읽다』, 문학동네, 2008, 65쪽.

17 이숙희의 공부 과정은 다음 과정을 참고했다. 김선경,「공부와 경계 확장의 욕망: 16세기 여성 이숙희 이야기」,《역사연구》, 17(2007). 그 외에 이숙희에 관해서는 다음 책을 참고했다. 정해은,『조선의 여성, 역사가 다시 말하다』.

18 李秉岐,「朝鮮語文學名著解題」,《文章》, 19(1940).

19 한국학중앙연구원에 소장된 한글 필사본 180권 180책을 대본으로 삼아 필자가 현대어로 옮겼다.

20 전주 이씨와 「완월회맹연」에 관련된 내용은 다음의 책과 논문들을 참고했다. 김진세,『완월회맹연』 1~12(서울대학교출판부, 1987~1994); 이상택 외,『한국 고전소설의 세계』(돌베개, 2005); 이현주,「〈완월회맹연〉 연구」(영남대학교 박사 학위논문, 2011); 정병설,『완월회맹연 연구』(태학사, 1998); 한국고소설학회 편저,

조선의 걸 크러시

『한국 고소설 강의』(돌베개, 2019); 탁원정, 「180권의 대하소설을 집필한 여사 (女士), 『완월회맹연(玩月會盟宴)』의 전주 이씨」, 《이화어문논집》, 49(2019); 한길 연, 「대하소설의 의식성향과 향유층위에 관한 연구: 〈창란호연록〉·〈옥원재합 기연〉·〈완월회맹연〉을 중심으로」(서울대학교 박사 학위논문, 2005).

21 심경호, 「사주당 이씨의 삶과 학문」, 《한국고전여성문학연구》, 18(2009).

22 柳僖, 「先妣淑人李氏家狀」. 이 자료를 인용한 글은 모두 박용만의 번역을 따랐 다. 자료를 제공해 준 박용만 박사에게 이 자리를 빌려 감사의 말을 전한다.

23 강문종·김동건·장유승·홍현성, 『조선잡사: '사농' 말고 '공상'으로 보는 조선 시대 직업의 모든 것』(민음사, 2020).

24 『태교신기』에서 유희가 쓴 발문의 번역은 다음 글의 번역문을 참고했다. 심경 호, 「사주당 이씨의 삶과 학문」.

25 그 외에 사주당 이씨에 관해서는 다음 글을 참고했다. 박용만, 「사주당(師朱堂) 이씨(李氏)」, 『2013 충북의 역사문화인물』(충청북도, 2013).

26 『규합총서』의 번역은 다음 책을 참고했다. 憑虛閣李氏, 『閨閤叢書』, 鄭良婉 역 주(寶晋齋, 1987).

27 그 외에 『규합총서』와 관련된 내용은 다음의 책과 논문들을 참고했다. 빙허각 이씨 지음, 윤숙자 엮음, 『규합총서』(백산출판사, 2014); 정해은, 『조선의 여성, 역사가 다시 말하다』, 119~130쪽; 김영혜, 「『규합총서』의 편찬과 필사양상에 관한 고찰」(성균관대학교 석사 학위논문, 2016); 정해은, 「19세기 『『규합총서』의 탄 생과 가정 살림의 지식화」, 《지역과 역사》, 45(2019). EBS 초등사이트의 강의 "조선시대 여성 경제학자 빙허각 이씨"도 참고할 만하다.

4부 사랑을 찾아서

1 조현우, 「환관 이야기에 나타나는 젠더 이분법의 균열 양상과 그 의미: 환관·환처 소재 야담을 중심으로」, 《한국고전연구》, 41(2018).

2 「노처녀가」, 『삼설기(三說記)』 경판본 합본.

3 이 글의 인용문은 모두 다음 책을 참고했다. 김경미·조혜란 역주, 『19세기 서울의 사랑: 절화기담, 포의교집』(도서출판 여이연, 2016).

4 조혜란, 「19세기 애정소설의 새로운 양상 고찰: 〈절화기담〉과 〈포의교집〉을 중심으로」, 《국어국문학》, 135(2003).

5 이 글의 인용문은 국립중앙도서관에 소장된 「해당향」 한글 필사본 3권 3책을 대본으로 삼아 필자가 현대어로 옮겼다.

6 이후남, 「〈海棠香〉 연구」(한국학중앙연구원 한국학대학원 석사 학위논문, 2013); 정인영, 「〈해당향〉 연구: 소설사적 맥락을 중심으로」, 《한국문학논총》, 43(2006).

7 「금오신화」의 번역은 다음 책을 참고했다. 리가원, 『금오신화·매월당집』, 허경진 옮김(한양출판사, 1998).

8 앤서니 기든스, 『현대 사회의 성·사랑·에로티시즘』, 배은정·황정미 옮김(새물결, 2003), 79쪽.

9 기든스, 『현대 사회의 성·사랑·에로티시즘』, 76쪽.

10 이 글의 인용문은 모두 다음 책을 참고했다. 김경미·조혜란 역주, 『19세기 서울의 사랑: 절화기담, 포의교집』(도서출판 여이연, 2016).

11 김수연, 「〈포의교집〉 주인공 초옥의 反烈女적 성격」, 《고소설연구》, 31(2011).

12 케이트 커크패트릭, 『보부아르, 여성의 탄생』, 이세진 옮김(교양인, 2021),

조선의 걸 크러시

121~122쪽.

13 『삼한습유』의 번역은 다음 책을 참고했다. 조혜란 역주, 『삼한습유』(고려대학교
민족문화연구원, 2005). 이 책은 서울대학교에 소장된 한문 필사본 3권 2책을 대
본으로 삼았다. 그 외에 다음 책도 참고했다. 金起東 엮음, 『筆寫本 古典小說
全集』1(亞細亞文化社, 1980).

14 이 글의 인용문은 모두 다음 책을 참고했다. 박희병·정길수 편역, 『전란의 소
용돌이 속에서』(돌베개, 2007).

15 『계서잡록(溪西雜錄)』은 조선 후기 인물 이희평(李羲平, 1772년~1839년)이 엮은
야담집으로, 번역은 다음 책을 참고했다. 이우성·임형택 편역, 『이조한문단편
집』1(창비, 2018).

5부 뛰어난 기개와 재주

1 徐俊輔, 「萬德傳」.

2 朴齊家, 「送萬德歸濟州詩」, 『貞蕤閣集』 券4.

3 『삼강명행록』 31권 31책, 국립중앙도서관 소장본의 내용을 대본으로 삼아 필
자가 현대어로 옮겼다.

4 임현아, 「〈삼강명행록〉의 여성 인물 연구」, 《영주어문》, 45(2020).

5 그 외에 이 글은 다음 책들을 참고했다. 박무영·김경미·조혜란, 『조선의 여성
들, 부자유한 시대에 너무나 비범했던』(돌베개, 2004); 부영발, 『산해경 지리발
견: [산해경] 지리고 신주의 발견』, 오정교 옮김(진한엠앤비, 1993); 유몽인, 『어

우야담』, 신익철 외 옮김(돌베개, 2006).

6 「이춘풍전」의 번역은 다음 책을 참고했다. 신해진 역주,『朝鮮後期 世態小說
選』(月印, 1999).

7 김영민,『한국의 근대신문과 근대소설』2(소명출판, 2008), 451~465쪽.

8 그 외에 이 글은 서울대학교 가람문고에 소장된 한글 필사본 단권『이춘풍전』
을 포함해 다음의 책과 논문들을 참고했다. 金起東 엮음,『筆寫本 古典小說全
集』6(亞細亞文化社, 1980); 김준형,「『한성신보』수재 고전소설의 실상과 향유
양상」,《고전문학연구》, 48(2015); 이후남,「《한성신보》소재 〈몽유역대제왕연
(夢遊歷代帝王宴)〉연구: 이본적 특징을 중심으로」,《정신문화연구》, 39(2016).

9 이 글의 인용문은 모두 다음 책을 참고했다. 남영로,『완역 옥루몽』1~5, 김풍
기 옮김(그린비, 2006).

10 최지연,「〈옥루몽(玉樓夢)〉의 여성 인물 형상화와 그 의미: 강남홍, 벽성선, 일지
련을 중심으로」,《한국고전연구》, 10(2004).

11 그 외에 이 글은 다음의 책과 논문들을 참고했다. 장효현 외,『(校勘本 韓國漢
文小說) 英雄小說』2(고려대학교 민족문화연구원, 2002); 이지하,「19세기 한문장
편소설의 여성형상화와 그 의미」,《국어국문학》, 149(2008); 조혜란,「〈옥루몽〉
황소저의 성격 변화: 악인형 인물의 개과천선 과정 서술과 관련하여」,《한국고
전여성문학연구》, 22(2011).

12 조수삼, 안대회 역,『추재기이』, 한겨레출판, 2010.『추재기이』의 번역문은 모
두 이 번역을 활용했다.

13 강문종·김동건·장유승·홍현성,『조선잡사: '사농' 말고 '공상'으로 보는 조선
시대 직업의 모든 것』(민음사, 2020).

14 이 글의 인용문은 모두 다음 책을 참고했다. 박희병·정길수 편역, 『조선의 야
담』 2(돌베개, 2018).

조선의
걸 크러시

'남성' 말고 '여성'으로 보는
조선 시대의 문학과 역사

1판 1쇄 찍음 2023년 2월 17일
1판 1쇄 펴냄 2023년 2월 24일

지은이 임치균·강문종·임현아·이후남
발행인 박근섭, 박상준
펴낸곳 (주)민음사

출판등록 1966. 5. 19. 제16-490호

주소 서울특별시 강남구 도산대로1길 62(신사동)
　　　강남출판문화센터 5층 (우편번호 06027)
대표전화 02-515-2000 | 팩시밀리 02-515-2007
홈페이지 www.minumsa.com

ⓒ 임치균·강문종·임현아·이후남, 2023. Printed in Seoul, Korea

ISBN 978-89-374-2765-7 (03910)